製品開発と市場創造

技術の社会的形成アプローチによる探求

宮尾　学

東京 白桃書房 神田

目　次

第1章　問題意識 ―― 1

1. はじめに ―― 1
2. 問題の所在 ―― 2
3. 研究の進め方 ―― 4
   市場創造研究と製品開発研究の体系的整理と評価 ―― 4
   構築主義的視座と実在主義的視座の矛盾へのチャレンジ ―― 5
   市場創造型製品の開発についての事例研究 ―― 6
4. 本書の構成 ―― 8

第2章　先行研究の検討 ―― 11

1. 市場創造型／追跡型製品の定義 ―― 12
   イノベーションの類型化 ―― 12
   細分化市場の役割 ―― 14
   市場創造型／追跡型製品の定義 ―― 17
2. 製品開発研究における市場適応アプローチとその限界 ―― 20
   市場適応アプローチ ―― 20
   市場適応アプローチの限界 ―― 25
3. 構築主義的アプローチによる研究 ―― 26
   市場レベルの研究：製品市場のダイナミクス ―― 27
   組織レベルの研究：製品開発における意味構成・了解と説得 ―― 29
   構築主義的アプローチによる研究の示唆 ―― 31

4. まとめ ─────────────────────────── 33
    残された疑問 ───────────────────── 34

第3章 リサーチ・クエスチョンと研究方法 ─── 39

1. リサーチ・クエスチョン ──────────────── 39
    市場レベルの対話についての問い ─────────── 39
    組織レベルの製品開発についての問い ────────── 40
    組織レベルと市場レベルの相互作用についての問い ─── 42
2. 方法論的問題 ─────────────────── 43
3. 技術の社会的形成 ─────────────── 45
    技術の社会的形成とは何か ───────────── 45
    製品と市場の社会的形成 ────────────── 48
    技術の社会的形成の見方の有効性 ──────────── 49
4. 研究方法 ─────────────────────── 54
    技術の社会的形成アプローチ ───────────── 54
    事例と選択の理由 ──────────────── 56
    データ収集と分析方法 ───────────── 59
5. まとめ ──────────────────────── 61

第4章 着色汚れ除去ハミガキ市場の形成 ─── 63

1. 事例の記述：新たな市場・製品評価の枠組みの形成 ─── 63
    美白ハミガキ市場の概要 ───────────── 63
    アパガードMのヒットと他メーカーの対応 ───────── 65
    2001年に発売された美白ハミガキ ─────────── 66
    新たな製品評価の枠組みの形成 ────────────── 68

2. 事例の記述：組織レベルの製品開発 —————————— 70
    要素技術の開発 —————————————————— 70
    Ora2 のブランド・マネジメント —————————— 72
    Ora2 ステインクリアの開発 ———————————— 73
3. 事例の分析 ————————————————————— 77
    市場レベルの対話 ——————————————————— 77
    組織レベルの製品開発 ————————————————— 79
    組織レベルと市場レベルの相互作用 ———————— 82
4. 発見事項 ————————————————————— 83

第5章　健康茶飲料市場の形成 ———————————— 85

1. 事例の記述：新たな市場・製品評価の枠組みの形成 ———— 86
    茶系飲料市場の概要 —————————————————— 86
    特定保健用食品制度 —————————————————— 88
    ヘルシア緑茶の発売 —————————————————— 89
    競合企業の追跡 ———————————————————— 91
    健康茶飲料市場の形成 ————————————————— 92
2. 事例の記述：組織レベルの製品開発 —————————— 96
    ヘルシア緑茶の開発 —————————————————— 96
    黒烏龍茶 OTPP の開発 ————————————————— 100
    引き締った味カテキン緑茶の開発 ———————————— 101
3. 事例の分析 ————————————————————— 103
    市場レベルの対話 ——————————————————— 103
    組織レベルの製品開発 ————————————————— 106
    組織レベルと市場レベルの相互作用 ———————— 108
4. 発見事項 ————————————————————— 109

第6章　高級炊飯器市場の形成 ─── 113

1. 事例の記述：市場レベルの対話プロセス ─── 113
- 電気炊飯器市場の概要 ─── 113
- 高級炊飯器市場の形成 ─── 117

2. 事例の記述：組織レベルの製品開発 ─── 124
- 三菱電機による本炭釜の開発 ─── 124
- タイガー魔法瓶による土鍋IH炊飯ジャーの開発 ─── 129
- 象印マホービンによる圧力IHジャー炊飯器『極め炊き』（極め羽釜）の開発 ─── 135
- シャープによるヘルシオ炊飯器の開発 ─── 138

3. 事例の分析 ─── 143
- 市場レベルの対話 ─── 143
- 組織レベルの製品開発 ─── 145
- 組織レベルと市場レベルの相互作用 ─── 148

4. 発見事項 ─── 150

第7章　考　察 ─── 153

1. 市場レベルの対話 ─── 153
- 対話のステップ ─── 153
- 物的存在・構造的要因の影響 ─── 156

2. 組織レベルの製品開発 ─── 157
- 新たな製品評価の枠組みの構想 ─── 157
- 製品評価の対立 ─── 159
- 対話による新たな製品評価の枠組みの了解 ─── 160

3. 組織レベルと市場レベルの相互作用 ─── 162
- 直接ルート：主体としての対話への参加 ─── 163
- 間接ルート：物的存在や構造的要因を媒介にした関連性の発生 ─── 163

フィードバック・ルート ───────────────── 165
　4. 事例間の比較 ───────────────────────── 166
　5. まとめ ─────────────────────────── 168

第8章　結論とインプリケーション ───────── 173

　1. 要約と結論 ───────────────────────── 173
　　　既存の議論の整理 ─────────────────── 173
　　　方法論的立場の明確化 ──────────────── 174
　　　事例研究 ──────────────────────── 175
　　　結論 ────────────────────────── 177
　2. 本書の貢献 ───────────────────────── 178
　　　市場レベルの対話についての理解 ─────────── 179
　　　組織レベルの製品開発についての理解 ────────── 180
　　　市場レベルと組織レベルの関連性についての理解 ──── 183
　　　分析アプローチの確立 ──────────────── 183
　3. 理論的インプリケーション ────────────── 184
　4. 実践的インプリケーション ────────────── 188
　5. 本書の限界と今後の展望 ─────────────── 192
　　　本書の限界 ─────────────────────── 192
　　　今後の展望 ─────────────────────── 193

　　　インタビューリスト
　　　参考文献
　　　あとがき
　　　事項索引
　　　人名索引
　　　団体・企業名索引
　　　製品名索引

第1章

問題意識

1. はじめに

　製造業を営む企業にとって，新製品開発は極めて重要な活動のひとつである。現代の企業の多くは，同様の事業を営む企業と熾烈な競争を繰り広げている。他社に先駆けて顧客のニーズを捉えた製品を開発できれば，その競争において優位に立つことができるだろう。成功する新製品を効果的・効率的に開発する能力をもつことができるかどうかは，企業のマネジメントや競争を考えるうえで重要な要因となっている (Clark & Fujimoto, 1991; Cooper, 2011)。

　ところが，新製品開発は最もマネジメントが難しい企業活動のひとつでもある（延岡，2002）。Griffin によって行われた米国企業を対象とした1995年の調査では，製品開発プロジェクトで生み出されたアイデアのうち市場導入されたものは28%だった (Griffin, 1997)。近年では，製品ライフサイクルが短くなっており，十分な経済的成果を得るという意味で成功する製品開発の比率は，ますます下がっているともいわれている（近能・高井，2010）。効果的な製品開発マネジメントの探求には，今のところ終わりはみえていない。

　本書は，このような製品開発マネジメントの研究潮流に，新たな知見を付け加えようとする試みである。特に，新たな市場を形成するような新製品——以下，市場創造型製品（market-creating product）という——の開発に注目し，製品開発と市場創造のダイナミクスについて理解を深めることを目的とする。

　本書がこのような研究テーマを掲げるのは，新たな市場の形成という戦略が，コモディティ化という多くの製造業者にとって重要な問題を解決する可能性を有しているからだ。コモディティ化とは，製品の差別化が困難になることによって価格競争が激化し，結果として企業が利益をあげられないほど

に製品の価格が低下することをいう（延岡, 2006; 恩蔵, 2007）。ある製品市場において，製品の機能が，顧客がその違いを知覚できないレベルまで高まってしまうと，価格のみで競争が行われるようになる。このようにして，製品がコモディティ化してしまう（延岡, 2006; 楠木, 2005）。

　市場創造型製品の開発は，このコモディティ化を回避する方法のひとつであるといわれている。ブルー・オーシャン戦略（Kim & Mauborgne, 2005），ラテラル・マーケティング（Kotler & Trias de Bes, 2003），新市場型破壊（Christensen & Raynor, 2003），カテゴリ・イノベーション（楠木・阿久津, 2006）など，様々な論者が新たな市場の形成とコモディティ化の回避の関連を論じてきた。その要諦は，細分化市場の構造は一定ではなく新製品の導入などによって変化しうるというダイナミクスに着目し（Dickson, 1992; 石井, 2003a），新たな製品評価の枠組みを提示して，独占市場を形成することにある（Kim & Mauborgne, 2005; 楠木・阿久津, 2006; 楠木, 2005）。つまり，本書でいう新たな市場の形成とは，製品評価の枠組みを変えることで細分化市場の境界を引き直すことを意味する。本書の出発点は，このダイナミクスを自らに都合の良いようにコントロールしようという実践的な関心なのである。

2. 問題の所在

　しかし，市場創造型製品の開発にはいくつかの困難が潜んでいる。そのうち最も重要なものは，そこに含まれる本質的な矛盾である。新製品を開発するためには，市場から得られる様々な情報を利用しなければならないが，市場創造型製品の開発では，その市場がその製品をきっかけに変化してしまう。このとき，事後的に形成される市場についての情報を事前に入手しなければならない，という矛盾が生じる。

　これまでの製品開発マネジメントの研究は，市場から得られる情報を十分に利用することが新製品を成功に導く要因のひとつであることを明らかにしてきた（Brown & Eisenhardt, 1995; Fujimoto, Iansiti, & Clark, 1996; 川上, 2005）。例えば，Stage-Gate® を提唱する Robert Cooper は，製品開発の初期から市場の情報を入手して開発目標を明確化すること，市場の情報にもと

づいて多くの開発テーマから望みのあるものをスクリーニングすることなど，開発プロセスにおいて何度も市場の情報を利用すべきだと主張している（Cooper, 2011）。

市場の情報を利用するためには，開発する製品をどの市場に投入するのかを特定しなければならない。生産者と消費者が製品を取引する市場は，類似性や使用時の代替可能性によって無数の下位市場に細分化されている（Day, Shocker, & Srivastava, 1979）。この細分化市場の構造を参照しながら，生産者は競争する市場の境界を定め（Porter, 1980, 1985），競合関係を特定し（Porac, Thomas, Wilson, Paton, & Kanfer, 1995），その細分化市場での製品評価の枠組みを見極める（Carpenter & Nakamoto, 1989; Sujan & Dekleva, 1987; Sujan, 1985）。すなわち，新製品を開発しようとする組織は，開発中の製品がどの細分化市場に属するのかを見定め，その市場の顧客ニーズを理解し，競合製品を特定してそれらと差別化しなければならないのである。端的にいえば，新製品を開発しようとする組織は，細分化市場の構造を足場[1]として利用する必要がある。

ところが，市場創造型製品の開発の場合，その製品の発売をきっかけとして細分化市場の境界が変化することになる。近年のマーケティング研究においては，細分化市場の構造を企業と消費者の間で共有されている競合関係や製品評価の枠組みについての知識とみなし，その知識が共有されるプロセスに着目する研究が注目を集めている（Rosa, Porac, Runser-Spanjol, & Saxon, 1999; 石井, 2003a）。このような見方によれば，新たな市場は市場参加者が相互作用によって知識を共有した結果として形成されるものだ，ということになる。あたりまえのことではあるが，新たな市場は新製品の導入後に形成されるのだ。

では，どうすれば新たな市場の形成を事前に知り，それをコントロールすることができるのだろうか。その答えとしてよく取り上げられるのが，他社

---

1 『広辞苑［第5版］』によると，足場とは「事をしようとするときの基礎。また，きっかけ」とされている。一般的には，足場という言葉からは，何らかの作業をする際の足がかり，土台，仮組みといった構造物がイメージされるだろう。本書では，これらの定義・イメージをもった「足場」というアナロジーで，製品市場の機能を把握する。

が気づいていない潜在的な顧客ニーズを読み取り，そのニーズに応えるような製品を開発することだ（Narver, Slater, & MacLachlan, 2004）。しかし，それは容易ではない。組織にとっては既存市場への対応も不可欠であり，そのことと潜在的な市場への対応とは多くの場合矛盾する（Christensen, 1997）。既存の足場に依拠しつつ，足場そのものを解体・再構築するというのは本質的に矛盾した行為なのではないだろうか。

このように，市場創造型製品の開発という局面は，製品市場に制約されつつその製品市場を革新するという矛盾をはらんでいる。筆者の知る限り，この矛盾を解決するための知見はまだ十分に蓄積されているとはいえない。その理由のひとつは，この局面についての研究が，製品開発やイノベーション・マネジメントという技術マネジメントの研究領域と，市場のダイナミクスというマーケティングの研究領域の両方にまたがっているためであると考えられる（楠木・阿久津, 2006）。我々は，この研究領域の壁を乗り越え，市場創造型製品の開発という局面についての知見をさらに蓄積し，この矛盾を解かなければならない。これが本書で取り組む問題である。

3. 研究の進め方

以上のような問題意識のもと，本書は新製品開発と市場のダイナミクスについての理解を深めることを目的として，以下のように研究を進めていく。

市場創造研究と製品開発研究の体系的整理と評価

上述のとおり，市場創造型製品の開発という局面の研究は，技術マネジメントの研究とマーケティング研究の領域を横断するものである。そこで本書では，まず文献レビューによって既存の議論を整理し，リサーチ・クエスチョンを明確にすることに取り組む。

これまでのイノベーション・マネジメントについての研究は「技術に係る多様な選択肢と管理的・経済的・社会的制度上の要因の，多様なトレードオフを明らかにする」ことに取り組んできた（宗像, 1989）。生産ラインの効率性と柔軟性のトレードオフや（Abernathy, 1978），バリュー・ネットワーク

への適合と分断的イノベーションへの対応のトレードオフについての検討 (Christensen, 1997) がその例としてあげられるだろう。本書の問題意識もこの系譜につながるものである。すなわち、本書では、製品の開発という技術選択にかかる市場の制約と、新たな市場を形成するという革新のトレードオフを明らかにしようとしている。

そこで、本書では、まず市場創造型製品の開発という局面についての研究が、既存のイノベーション研究、新製品開発研究の蓄積においてどのように位置づけられるのかを明らかにする。具体的には、イノベーションの類型と新たな市場の形成の関連性、および新製品開発における市場への適応についての研究成果とその限界を検討する。さらに、製品市場のダイナミクスや、製品開発における意味構成・了解と説得についての議論を検討し、先行研究が明らかにしてきたことと残された疑問を整理する。

構築主義的視座と実在主義的視座の矛盾へのチャレンジ

本書では、製品市場の構造は一定ではなく新製品の導入などによって変化しうるという考え方をとる (Dickson, 1992; 石井, 2003a)。これは、製品市場を組織のいわゆる外部環境として実在主義的に捉えるのではなく、開発チームや消費者など様々な主体が相互作用を通じて共有した知識として構築主義的に捉えることを意味する。(社会) 構築主義は、(1)社会を知識の観点から検討しようという志向性をもち、(2)それらの知識は人々の相互作用によって絶えず構築されているという考えのもと、(3)その知識と広義の社会制度との結びつきを検討する (千田, 2001)。すなわち、製品市場とその構造は人々に共有されている知識であり、その知識が人々の相互作用によって構築されると考えたうえで、それらが人々の行為にどのような影響を与えるのかを検討するのである。

しかし、新たな市場が形成されるプロセスには、一般的な構築主義的視座に立脚するだけでは扱えない側面がある。製品市場とその構造は企業と消費者が共有している知識ではあるが、一方で制度、文化、歴史、経済、および物の物理的特性に基盤を置いている (Rosa & Porac, 2002)。つまり、新たな市場が形成される局面においては、様々な社会・経済的文脈や人工物が実

在物として主体の行為に影響を与えるという側面も看過できないのである。特に，本書は新たな市場を形成する製品開発という局面の分析を企図しているため，製品という「物」の働きについての吟味が不可欠となる。このとき，製品市場とその構造については構築主義的視座に立脚して読み解きながら，一方でその形成プロセスに影響を与える社会・経済的文脈や物的存在について，実在主義的に説明するという方法論的な矛盾が発生する[2]。

　本書では，この矛盾を乗り越える分析枠組みとして「技術の社会的形成アプローチ」（原, 2007）を採用する。しかし，同アプローチは確立されてからの歴史が浅く，分析への適用事例も不足している（Hara, Kambayashi, & Matsushima, 2008; 宮尾, 2013; 原, 2007）。そこで本書では，同アプローチの基板となった「技術の社会的形成」という研究領域における成果をレビューし，その理論的背景を整理する。これにより，本研究に同アプローチを適用することの有効性を明らかにする。

市場創造型製品の開発についての事例研究

　以上の文献レビュー，および方法論的な検討を踏まえ，本書では市場創造型製品の開発についての事例研究を行う。事例研究では，消費財産業[3]において新たな市場・製品評価の枠組みが形成された事例を3つ取り上げ，それぞれの事例に含まれる複数の製品開発を詳細に検討する。この検討では，以下の3つの局面に注目する。

(1) 市場レベルでみた細分化市場の形成プロセス

　ある企業が新たな市場を形成することを企図して新製品を導入したとして

---

[2] 一般的な構築主義的視座では，あたかも実在物のように自明視されていた社会的事物をその構築過程に着目して解体することを共通の関心としている（千田, 2001）。しかし本書では，製品市場とその構造は社会的に構築されたものであると主張するだけでなく，製品開発を通じて新たな市場が形成されるメカニズムについて検討することを目的としている。このような分析を行うには，構築主義的視座に立脚する一方で，人々の相互作用を一定の秩序に収斂させる要因を特定し，その影響を吟味するという，一見すると実在主義的な立場をとることも必要となる（山田, 2003）。

[3] 本研究で消費財産業を取り上げるのは，それが産業財と比較して多くの生産者と消費者が市場に参加するため，製品市場の変化が激しく，ダイナミクスを観察するのに適しているからである。

も，それが市場参加者の間で意図したとおりに受け入れられるかは定かではない。新たな市場を形成しようとする企業は，単に製品を発売するだけではなく，それが既存の市場には収まらない製品であるという知識が共有されるプロセスに関与しなければならないのである。そのプロセスでは，初期に製品を導入した企業だけでなく，新たに形成されつつある市場に参入する企業も重要な役割を果たすだろう。また，消費者や流通業者なども，このプロセスに参加する可能性がある。かくして，市場レベルでみたときの新たな市場が形成するプロセスは，様々な主体の行為を含んだ複雑なプロセスになる。事例研究では，まずこのプロセスに注目する。

(2) 組織レベルでみた市場創造型製品の開発プロセス

既存の製品市場にエントリーする製品——以下，追跡型製品（follower product）という——の開発では，その市場における製品評価の枠組みにしたがって競合製品と比較することができるので，開発中の製品の良し悪しを判断するのは容易である。しかし，市場創造型製品の開発では，競合製品との比較はできないし，製品評価の枠組みの妥当性を判断するのも困難である。市場創造型製品の良し悪しは，既存の市場を前提として判断することができない（石井，2003b）。したがって，市場創造型製品の開発は，追跡型製品の開発とは異なっていると考えられるが，その詳細については探求の余地がある。そこで本書では，市場創造型製品の開発プロセスそのものを詳細に検討する。

(3) 新たな市場の形成と製品開発の相互作用

そのうえで本書では，製品開発をきっかけとした新たな市場の形成という局面を市場レベルと組織レベルの両方を射程に収めて分析し，両者の関連を明らかにする。ある企業が新製品によって新たな市場の形成を試みると他の企業や消費者はそれに何らかの反応を示す。この反応はまた，別の企業や最初に市場の形成を試みた企業の製品開発にも影響を与える。このように，新たな市場が形成されるプロセスにおいては，組織レベルの製品開発と市場レベルの対話の両方が分かちがたく関連しあっている。したがって，新製品に

よる新たな市場の形成という局面の理解のためには，これら2つのレベルのプロセス両方を把握し，それらの関係を明らかにする必要がある。

4. 本書の構成

以上の研究の進め方にもとづき，本書では以下のような構成で議論を進める。第1章では，序論として本書の問題意識と研究のアウトラインを示した。これを受けて，第2章では文献レビューを行い，先行研究が明らかにしてきたことと残された疑問を明らかにする。

第3章では，文献レビューにもとづいてリサーチ・クエスチョンを示し，それに取り組むための研究方法を検討する。ここでは，本書において技術の社会的形成アプローチを採用することと，その妥当性が示される。

第4章から第6章では，本書の核心部分となる事例研究を示す。第4章では，ハミガキの下位カテゴリとして着色汚れ除去ハミガキという細分化市場が形成された事例を取り上げる。事例研究では，主にサンスター[4]の「Ora2ステインクリア」というハミガキの開発プロセスが詳細に検討される。また，市場レベルでみたときの競合企業の行為についても検討が行われる。第5章では，健康茶飲料という細分化市場が形成された事例を取り上げる。事例研究では，花王「ヘルシア緑茶」，サントリー「黒烏龍茶OTPP」，伊藤園「引き締った味カテキン緑茶」の製品開発と，これらの製品が健康茶飲料という細分化市場を形成するに至ったプロセスが示される。第6章では，電気炊飯器の市場において高級炊飯器という細分化市場が形成された事例を取り上げる。事例研究では，三菱電機「本炭釜」，タイガー魔法瓶「土鍋IH炊飯ジャー」，象印マホービン「極め羽釜」，およびシャープ「ヘルシオ炊飯器」の製品開発と，これらの製品が高級炊飯器という細分化市場を形成するに至ったプロセスが示される。

第7章では，事例研究についての考察を行う。ここでは，これまでに示した3つの事例を横断的に検討し，市場レベルの対話，組織レベルの製品開発，

---

4 本書では，正式な社名に含まれる「株式会社」の表記を適宜省略している。

およびその両者の関係についてのパターンを見いだし，リサーチ・クエスチョンに答えていく。

　最後に，第8章では本書の結論と含意を述べる。また，その限界について考察したうえで，今後の研究展望を示す。

第 2 章

先行研究の検討

　本章では，市場創造型製品の開発に関連する先行研究をレビューし，これまでの研究蓄積と残された課題を整理する。

　製品開発研究は，広くはイノベーション研究に属する研究領域である。イノベーション研究は，経済学的な視点でマクロなイノベーションのパターンや技術の変化などを探究する研究と，組織的な視点で特定の製品開発に焦点をあてる研究とに大別される（Brown & Eisenhardt, 1995; 桑嶋, 2002; 青島, 1997）。新製品開発については既に膨大な量の研究蓄積があり，それらについての優れたレビューやメタ・アナリシスも多数存在している（青島, 1997; Brown & Eisenhardt, 1995; Ernst, 2002; Evanschitzky, Eisend, Calantone, & Jiang, 2012; Krishnan & Ulrich, 2001; 桑嶋, 2002; Montoya-Weiss & Calantone, 1994; Sivasubramaniam, Liebowitz, & Lackman, 2012）。しかし，本書で必要なのはこういった包括的なレビューではなく，市場創造型製品の開発という特定のテーマに絞ったレビューである。

　そこで本章では，次のようにレビューを進める。はじめに，そもそも市場創造型／追跡型製品とはどのように区別されるのか，その定義について検討する。ここでは，イノベーションの類型化，および細分化市場の役割についての研究を参照し，本書での市場創造型／追跡型製品の定義を明らかにする。

　以上の定義を受けて，本章の後半では市場創造型製品開発のマネジメントを理解するためのアプローチについて，既存の研究を整理する。これまでの製品開発研究で主流の市場適応アプローチによれば，市場創造型製品の開発の要諦は，将来の市場で受け入れられる製品評価の枠組みをいかに上手く予測するかにある，ということになる。しかし，製品開発組織は，様々な理由により既存の製品評価の枠組みに束縛される。これをどのようにして乗り越えるのか，という疑問には市場適応アプローチでは答えられないのである。そこで，本章では，それに代わるアプローチとして構築主義的な見方による研究を取り上げ検討する。これらの議論を整理し，先行研究が残した疑問を

明確にするのが本章の目的である。

1. 市場創造型／追跡型製品の定義

市場創造型製品と追跡型製品の違いはどこにあるのだろうか。もちろん、その語義によれば、製品が新たな細分化市場を形成するきっかけになったか、既にある市場にエントリーしたかが両者の違いである（Golder & Tellis, 1993; Lambkin, 1988; Lieberman & Montgomery, 1988; Szymanski, Troy, & Bharadwaj, 1995）。しかし、市場の形成は新製品導入の後に起こることであり、多くの市場参加者の相互作用に委ねられている。すなわち、市場を形成したかどうかという区別は、様々な市場参加者の行為の結果による回顧的（retrospective）な区別であって、製品開発という局面での区別には適さない。

結論を先取りすれば、本書では、市場創造型製品を製品評価の枠組みが不連続な製品、すなわち新たな性能属性や、性能属性の重み付けの変更を提案する製品として定義する。一方で、追跡型製品は、製品評価の枠組みが連続的な製品、すなわち性能属性やその重み付けは変化せずに、その評価枠組みでより高水準を目指す製品と定義する。以下では、イノベーションの類型化、および細分化市場の役割についての先行研究を参照し、この定義を導く。

イノベーションの類型化

イノベーションの類型化とは、様々な分類概念でもってイノベーションを分類する方法のことである。イノベーションとは、既存のものの新たな組み合わせによって新たな財や製造方法などを生み出すことだが（Schumpeter, 1926）、その新しさの度合いや、組織、市場、社会へのインパクトは、様々であることが知られている。例えば、Abernathy & Utterback（1978）は、革新的（radical）なイノベーションの後には、製品や工程の漸進的（incremental）な改善が続くこと、特に、このプロセスの初期には製品のイノベーションが多くみられるが、後期には工程のイノベーションが多くみられることを指摘した。彼らは、革新性の度合い（革新的／漸進的）あるいは対象（製品／工程）によってイノベーションを分類しうることを示したとい

えよう。

　イノベーションを分類する概念には様々なものがありうるが，そこには大きく分けて2つの着眼点がある。ひとつめは，革新性の度合いである。上述のAbernathy & Utterback（1978）による漸進的／革新的の分類がそれである。この分類方法は最もシンプルであるが，組織のマネジメントに影響を与える重要な要因として，これまで様々な論者に注目されてきた。例えば，開発しようとする製品の革新性の度合いによって，適切な製品開発マネジメントの方法が異なるというのが代表的な結果であろう（Ettlie, Bridges, & O'Keefe, 1984; 原, 2003; McDermott & O'Connor, 2002; Olson, Walker, & Ruekert, 1995; Song & Montoya-Weiss, 1998）。

　2つめは，イノベーションの対象による分類である。Abernathy & Clark（1985）は，技術を破壊する／発展させる，顧客・市場との関係を壊す／維持する，という見方でイノベーションを4つのタイプに分類する方法を提示した。技術への注目では，製品を構成するコンポーネントの結びつき（architecture）に着目した分類も知られているし（Henderson & Clark, 1990），市場・顧客との関係では，既存顧客との関係に注目した分断的（disruptive）イノベーションと持続的（sustaining）イノベーションという分類も知られている（Christensen, 1997）。また，Tushman & Anderson（1986）は，業界で発生した，あるいは業界に持ち込まれたイノベーションが，その業界で活動する組織に与える影響について検討し，これまでその業界で活用されていた能力が無効化される能力破壊型（competence-destroying）イノベーションと，能力が向上する能力発展型（competence-enhancing）イノベーションを分類した。それ以外にも様々な論者が様々な分類概念を提示しており，Garcia & Calantone（2002）は，先行研究のレビューからイノベーションを類型化する分類概念を15種類抽出している。

　このように，イノベーションを分類する方法は様々なものが知られているが，それらにはひとつの共通点があることも指摘されている。原（2003）は，以上のイノベーションの類型に関する議論を整理し，それらの分類概念の根底には何らかの不連続性についての認識があることを指摘した。そのうえで，その不連続性は誰にとっての不連続性か，何についての不連続性かの2軸で

表 2-1 イノベーションの類型学の類型（不連続性の視点から）

		何についての不連続性か		
		技　術	組織能力	顧客関係
誰にとっての不連続性か	産　業	抜本的／漸進的		破壊的／持続的
	企業・組織	(抜本的／漸進的)	能力破壊型／能力発展型	(破壊的／持続的)

出典：原（2003）

分類できることを示した[1]（表 2-1）。

　このように，何らかの不連続性に注目することで，イノベーションをいくつかの類型に分けることができる。以上の議論を踏まえると，市場創造型製品と追跡型製品を区別するためには，両者で何の連続性が異なっているのかを明らかにすれば良いことがわかるだろう。次項では，このことを考察するために，細分化市場の役割を確認していこう。

細分化市場の役割

　生産者と消費者が取引を行う場である製品市場は，通常，いくつかの階層構造を有した多くの下位市場に細分化されている。生産者にとって，この細分化市場は競争戦略を立案・実行するうえでの基盤という役割を果たしている。彼らは，細分化市場を参照することで自らの事業を定義し，競争相手を特定して差別化を行ったり，より収益性の高い事業分野に自らの事業をポジショニングしたりする（Porter, 1980, 1985）。

　Abell（1980）は，市場シェアを算出したり，それにもとづいた戦略計画を立案したりするために，自社が取り組む事業をどのように定義するかという問題に取り組んだ。彼が得た結論は，事業を定義するには，製品・市場といった 2 次元での定義（e.g. Ansoff, 1957）を用いるのではなく，顧客グループ（customer groups）・顧客機能（customer functions）・技術選択肢（alternative technology）の 3 つの次元を用いるべきだというものだった。

---

[1] 原（2003）は，これまでのイノベーションの分類法は，連続性あるいは不連続性の認識，および産業特殊性への配慮の不足という問題を抱えていると指摘した。そのうえで，特に医薬品イノベーションの類型に特化した議論を展開し，化合物の基本的分子構造と適用される治療領域の 2 つの軸が新奇か既知かによる類型法を提示している。

図 2-1　Abell（1980）による細分化市場の定義

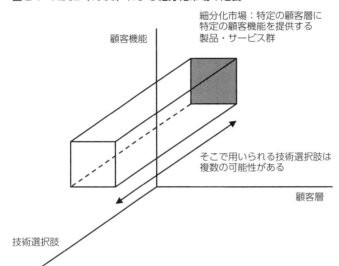

出典：Abell（1980）を元に筆者作成

　すなわち，競争戦略立案のために事業を定義するには，どういった顧客グループを対象として，どのような機能を提供するのかによって市場を定義し，そこにどのような技術で製品・サービスを提供するのか，ということを決めなければならないのである。このとき，細分化市場は「（技術によらず）顧客グループと顧客機能が同じ製品・サービスの市場」として定義される（図2-1）。

　ある顧客グループに同じ顧客機能を提供する製品は，消費者にとって代替可能な製品群を形成する。この代替可能な製品群は，生産者にとっての細分化市場を意味するが（Day et al., 1979），消費者はそれらを製品を評価するための基盤として用いる。

　消費者は，製品をいくつかのカテゴリに細分化して理解していると考えられている[2]。消費者の購買決定行動は，問題認識から始まり，情報探索，代替

---

2 消費者行動論においては，消費者は類似した製品群，あるいは代替可能な製品群をひとつのカテゴリとして扱うと考え，そのカテゴリが消費者の行動に与える影響を考察する（新倉, 2005）。このとき，消費者は無数にある製品を様々な方法でカテゴリ化し，それらを理解したり評価し

案評価，選択を経て購買へと至るプロセスとしてモデル化される（Blackwell, Miniard, & Engel, 2006）。この代替案評価と選択の過程で，消費者はいくつかの製品群を想起し，選択肢の集合を形成すると考えられている。

このとき，消費者は Abell のいう顧客機能にもとづいて代替可能な製品を評価し，購買する製品を決定する。ただし，この評価はあるひとつの機能の優劣で製品を評価するというような単純なものではない。例えば，多属性態度モデル（multi-attribute attitude model）（Fishbein, 1963）では，ある対象に対する個人の態度は，その対象に対する個人の信念（belief）によって決まると考える。具体的には，ある対象が有するいくつかの属性について，個人の主観的判断と重要性の積を算出し，その総和でもってその対象への態度を評価する。製品の性能は，属性についての主観的判断を意味すると考えると，消費者は製品の多面的な性能属性を考慮して，その評価を下すといえるだろう。

しかし，消費者は製品を評価する際にありとあらゆる属性を用いるわけではない。例えば，消費者が製品を評価する際に用いる属性は，その製品がどのカテゴリに位置づけられるかによって決まることが知られている。Moreau, Markman, & Lehmann（2001）は，広告表現を2種類用意することでデジタルカメラをパソコンの周辺機器かカメラのいずれかにカテゴリ化するように統制し，それぞれの場合での消費者によるデジタルカメラの評価を検討した。その結果，デジタルカメラがパソコンの周辺機器にカテゴリ化されるときはそれほど画質が高くなくても高い評価を受けうるが，カメラのカテゴリに分類されるときは同じ画質でも評価は低くなってしまうことが明らかになった。ほかにも，同じ製品を評価したとしても，その製品がどのカテゴリに分類されるかによって参照される知識が異なり，評価の結果が異なってしまうことが指摘されている（Rindova & Petkova, 2007; Ziamou & Ratneshwar, 2014）。ある製品カテゴリに位置づけられている製品群は，その製品群で共通した属性で評価されるといえるだろう（Carpenter & Nakamoto, 1989）。

たりしていると考えられている（Cohen & Basu, 1987; Mander, 1982）。これらのことから，消費者は，細分化された製品市場を製品カテゴリとして理解していると考えて良いだろう。

このように，製品市場を細分化するということと，そこに属する製品の評価枠組みは，密接に関係していることがわかる。換言すれば，細分化された製品市場は，市場参加者に製品評価の枠組みを提供するという役割を担っているといえるだろう。ここで，製品評価の枠組み（product valuation framework）とは，性能属性とその重み付けから構成された，市場参加者が共有している製品評価のための認識枠組み[3]のことである。生産者と消費者は，同じ細分化市場に属する製品を，同じような枠組みで評価する。換言すれば，生産者や消費者が，ある製品と他の製品をそれぞれ異なる細分化市場・カテゴリに位置づける場合，彼ら／彼女らは，それらを異なる枠組みで評価しているのである。

市場創造型／追跡型製品の定義

　以上のことから，細分化市場の創造は，製品評価の枠組みの創造を意味することがわかる。市場参加者が，同じ細分化市場に属する製品を，同じような枠組みで評価するのであれば，その枠組みを不連続に変化させる――新たな性能属性を追加したり，重み付けを変えたりする――ことによって，新たな細分化市場を形成することができる。一方，同じ細分化市場で競争する場合，その細分化市場における製品評価の枠組みにおいてより高い性能を発揮する製品を開発し，既存の製品に対する優位性を主張することになる。かくして，市場創造型製品と追跡型製品は，製品評価の枠組みの不連続性／連続性によって定義することができる。

　このような市場の創造と製品評価の枠組みの転換との関係は，これまでにも多くの研究で指摘されてきた。Christensen & Raynor (2003) は Christensen (1997) が示した分断的イノベーションの概念を拡張し，ローエンド型の分断と新市場型の分断に分類した（図2-2）。彼らのいう新市場型

---

[3] ただし，本書では生産者や消費者が，常に多属性態度モデルのように精緻な方法で製品を評価していると考えているわけではない。市場参加者は，より簡便なヒューリスティクスを用いて製品を評価する場合もありうる。しかし，何らかの性能属性に注目すること，およびそれらに重み付けをすることは，購買意思決定プロセスにおける製品評価に共通する特性である（Blackwell et al., 2006）。このことから，本書では，市場参加者は性能属性と重み付けから構成された枠組みによって，製品を評価すると考える。

図 2-2 分断的イノベーションのモデル

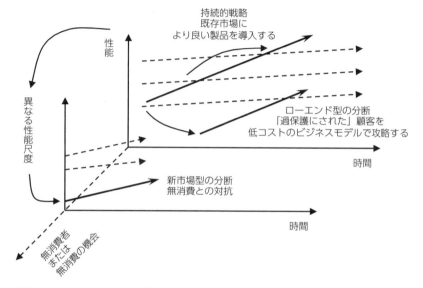

出典：Christensen & Raynor（2003）

の分断においては，既存の市場とは異なる性能尺度で競争が行われる新たな市場が形成される。分断的イノベーションの概念についてはさらなる精緻化が試みられているが，製品を評価する性能尺度（performance metrics）や性能属性（performance attributes）を想定し，その変化によって顧客を分断するという見方は共通している（Danneels, 2004; Govindarajan & Kopalle, 2006）。すなわち，Christensen らがいう分断的イノベーションの要諦は，新たな製品評価の枠組みを提示することで，ローエンド市場や新市場を既存市場から切り分けることにあるといえるだろう。

　また，楠木らは，企業が競争や差別化を考える際に想定する，製品の価値を評価するための要素を価値次元と呼び，その転換によって新たな市場が形成されると指摘している（楠木・阿久津, 2006; 楠木, 2005）。彼らは，価値次元を転換するイノベーションにおいて，価値次元の可視性が低く，使用用途の転換を促すものを，カテゴリ・イノベーションと呼んでいる（楠木・阿久津, 2006; 楠木, 2005, 2010）。カテゴリ・イノベーションに該当する製品は，

図 2-3 戦略キャンバスの例

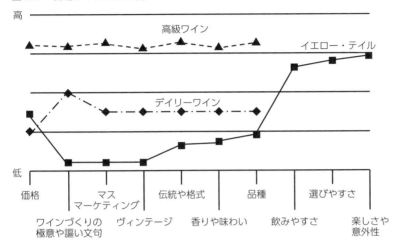

出典：Kim & Mauborgne（2005）

既存の製品とは異なるカテゴリに属するものとして消費者に受け入れられ、新たな市場を形成するきっかけとなる。すなわち、価値次元の不連続な変化によって新たな市場が形成されるというのである。

さらに、Kim & Mauborgne（2005）は、ブルー・オーシャン戦略を実現するためのツールのひとつとして、戦略キャンバス（strategy canvas）という手法を提示している。戦略キャンバスは、横軸に業界の各社が力を入れる競争要因を、縦軸にその実現の度合いをとり、特定のカテゴリの製品や自社が提供する製品が、それぞれの競争要因をどの程度実現しているのかを価値曲線（value curve）として図示する手法である（図2-3）。そして、これまで業界では競争要因とされていなかった要因を付け加えることが、競争のない新たな市場——ブルー・オーシャン——を形成するというのである。

このように、多くの研究が性能尺度、価値次元、戦略キャンバスなどの製品評価の枠組みを不連続に変化させることで、市場を創造することができると主張している[4]。このことは、本書の研究において次のようなことを示唆す

---

[4] ただし、Christensen（1997）のいう性能尺度や、楠木・阿久津（2006）のいう価値次元は、どちらかというと製品のひとつの属性・性能を示唆していることに注意が必要である。例えば、

る。本節で参照した研究は，新たな市場を創造することによって独占的地位を築き，需要が存在しなかったところに需要を創造すること（Christensen & Raynor, 2003），あるいは既存の市場での競争を避けること（Kim & Mauborgne, 2005）を目的とし，製品評価の枠組みの転換をそのための手段として描いている。言い換えれば，これらの研究は，企業が新たな市場の形成を企図して製品を導入することを，他の市場参加者に対する新たな製品評価の枠組みの提案として描いているといえる[5]。本書の関心は，自然発生的な市場の形成ではなく，企業による意図的な市場の形成にあるため，新たな市場の形成を，生産者による新たな製品評価の枠組みの提案として把握するのは妥当な見方であるといえるだろう。

2. 製品開発研究における市場適応アプローチとその限界

　市場創造型製品と追跡型製品は，製品評価の枠組みの不連続性によって区別することができる。このとき，市場創造型製品の開発とは，新たな市場の形成を企図して新たな評価枠組みを市場参加者に提案することだといえる。では，そのような製品を開発するにはどうすれば良いのだろうか。

市場適応アプローチ

　最も素朴な考え方は，将来の顧客がもつ製品評価の枠組みを事前に予測し，それにしたがって高い性能を発揮する製品を開発すれば良い，というものだ。

　Christensen（1997）は，ハードディスク業界における分断的イノベーションを例にあげ，製品の性能尺度を記憶容量というひとつの尺度に限定して議論を展開している。生産財産業について考察する場合は，単一の性能尺度・価値次元で製品を評価するとみなすことにも一定の妥当性はあるが，消費材産業の場合，Kim & Mauborgne（2005）のいう戦略キャンバスのように，より多くの性能尺度・価値次元を考慮に入れる必要があるだろう。このような理由により，本書では複数の性能属性とその重み付けから構成された製品評価の枠組み（product valuation framework）という概念を用いて，市場の創造を論じることとする。

[5] Schumpeter（1926）は，社会における革新は，新しい欲望が消費者の中に現れその欲望を満たすために新しい技術が生まれるというよりは，新しい技術によって新しい欲望が消費者側に教えられると述べ，テクノロジー・プッシュの立場をとった。新たな市場の形成を企図した企業が，新たな製品評価の枠組みを提示することは，消費者に対して製品の価値を見いだすべき属性を提示し，その属性を達成している程度の高さによって欲望を生み出そうとしているといえる。すなわち，本書でもSchumpeterと同様にテクノロジー・プッシュの立場をとるのである。

このような見方によれば，市場創造型製品の開発は，将来の市場の動向を事前に読み取り，その変化に適応することを意味する。本書では，このような見方を市場適応アプローチと呼ぶ。

市場への適応は，新製品開発研究の潮流が生まれた初期の段階から新製品開発を成功に導く要因のひとつであると考えられてきた[6]（Cooper & Kleinschmidt, 1986, 1993; Cooper, 1979, 1988; Kleinschmidt & Cooper, 1991; Myers & Marquis, 1969; Rothwell, Freeman, Horlsey, Jervis, Robertson, & Townsend, 1974）。これらの研究では，事前の十分な検討の過程で，参入すべき市場を特定し，その市場の情報を入手することが重要であると説かれている[7]。

製品開発における市場への適応プロセスを技術選択という見方にもとづいて整理したのが，技術統合（technology integration）という枠組みである（Iansiti, 1998）。新製品開発ではプロセスを進めるごとに新たな問題が明らかになるため，その都度その問題を解決しなければならない（Clark & Fujimoto, 1991）。その際には，その問題を解決する様々な技術的方法からひとつの方法を選択するという意思決定が必要となる。技術統合とは，この技術選択についての意思決定の連鎖を，顧客ニーズに対応するように一貫して組み立てるプロセスをいう（Iansiti, 1998）。

技術統合は，内部統合と外部統合に分けて把握することができる（Fujimoto et al., 1996）。内部統合は，製品開発の過程において組織内で専門分化したユニット間で調整を行い，製品の一貫性を確保することを意味する[8]。それに対し，外部統合はその一貫性を顧客の要望や競合の行動など市場の動向に適合させることを意味する。そして，この両者が達成できれば新製品のパフォ

---

[6] ただし，Mowery & Rosenberg（1979）は，Myers & Marquis（1969）をはじめとするマーケット・プル型のイノベーションが多いという結論に対して，市場ニーズの定義が極めて曖昧であると批判している。

[7] 特に，製品開発プロセス初期の Fuzzy Front-end（FFE）において，新製品のコンセプトを確定し，その市場の情報を収集するとともに技術的な可能性を検討し，事業性を分析したうえで，綿密な計画を立てることが製品開発パフォーマンスを高める，といわれている（Cooper, 1988; Crawford, 1984; Khurana & Rosenthal, 1997, 1998; Kim & Wilemon, 2002）。

[8] Clark & Fujimoto（1991）は，自動車の開発では事前に作成した製品コンセプトに対して細部にわたって一貫性を保った設計を行うためには，重量級プロダクト・マネジャーという組織構造が有効であると指摘した。

図 2-4　内部統合・外部統合と製品の統合度についての仮説的関連性

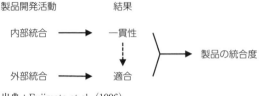

出典：Fujimoto et al.（1996）

ーマンスが高まるというのである（図 2-4）。

　重要なのは，外部統合は，受動的に外部環境に対応するだけでなく，将来の市場の展望を構築することも含意しているということである（Fujimoto et al., 1996, p. 128）。上述のとおり，外部統合とは様々な手段で入手した市場情報を利用して[9]，顧客ニーズに適合する製品コンセプトをつくり出し，そのコンセプトを設計情報へと変換して工業製品に仕上げることを意味する。このとき，現時点で顕在化している顧客ニーズだけでなく，将来の顧客ニーズを予測し，それを適合の目標にしなければならないのである（Narver et al., 2004）。

　また，市場適応アプローチによれば，市場創造型製品の開発には組織が乗り越えなければならないハードルがあることを指摘することができる。第 1 のハードルは，市場創造型製品が市場で受け入れられるか，不確実性が高いという問題である。イノベーションを漸進的なイノベーションと革新的なイノベーションに分類し，それぞれの開発プロセスを検討した研究によれば，革新的なイノベーションの方が漸進的なものより不確実性が高いため，プロセスの特徴が異なることが指摘されている（Ettlie et al., 1984; McDermott & O'Connor, 2002; 原, 2003; Olson et al., 1995; Song & Montoya-Weiss, 1998）。製品評価の枠組みの連続性と革新的／漸進的の区別は必ずしも一致するわけではないが，評価枠組みが連続的な場合は，その枠組みにしたがって製品の性能を高めることが顧客ニーズに応えることを意味するため，顧客ニーズの

9　例えば，製品コンセプトのクリエーターはユーザーと直接対話し，専門スタッフが集めた市場調査や消費者テストのデータから市場情報を入手することで，ユーザーの嗜好を知ろうとする（Clark & Fujimoto, 1991）。

不確実性は低いといえる。一方，評価枠組みが不連続に変化するのであれば，枠組みそのものを予測しなければならない。必要とされる機能を前提に，どの程度の機能で顧客が満足するかを予測するよりも，どの機能を顧客が必要とするかを予測する方が難しいといえよう。

　第2のハードルは，環境変化への適応の難しさである。Leonard-Barton（1992）は組織のコア・ケイパビリティ（core capability）を（1）技能／知識基盤，（2）技術システム，（3）マネジメント・システム，（4）価値観と規範，の4つの次元で把握し，これらのコア・ケイパビリティが組織の競争優位の源泉となる一方で，環境が変化した際にはむしろこれらのコア・ケイパビリティが硬直性（core rigidity）の原因となって，適応を阻害することを指摘した[10]。また，楠木・チェスブロウ（2001）や中川（2006）は，産業のバリュー・チェーンを構成する要素（生産や販売など）の結合関係——ビジネス・アーキテクチャ——が変化した際には，既存のビジネス・アーキテクチャを前提に蓄積していた組織能力が変化への適応を妨げることを指摘し，これを「モジュラリティ／インテグリティの罠」と呼んでいる。このように，これまでの環境に適合した組織能力が，環境が変化した際の適応を阻害するのである。

　また，技術的な要因が環境変化への適応を阻害することも指摘されている。例えば，Abernathy（1978）は，生産性を高めようとして工程を専門化するほど，環境適応を可能とする工程の柔軟性が失われるという「生産性のジレンマ」を指摘した。また，能力拡張型のイノベーションの場合は既存の企業が有利だが，能力破壊型のイノベーションの場合は新興企業が優位になること（Tushman & Anderson, 1986），あるいは，製品のアーキテクチャが変化するイノベーションに対しては，技術的な知識がむしろ足かせとなるため既存の企業は対応が難しいことも知られている（Henderson & Clark, 1990）。ほかには，技術知識の蓄積は技術変化に対応するための重要な要因である一方で，技術変化への対応を誤らせることもあるという「技術知識蓄積のジレ

---

[10] 組織のコア・ケイパビリティは競争優位の源泉であるがゆえに，それを強化しようというフィードバックが働き，組織のルーティンに深く埋め込まれることになる。そのため，環境が変化し，そのケイパビリティが役に立たなくなったとしても，それを保持し続けてしまうのである。

ンマ」も指摘されている（高, 2006）。

　Christensen（1997）は，業界をリードしていた企業は既存の市場や取引先から得られる情報に正しく対応するがゆえに分断的イノベーションに対応できないと指摘し，これを「イノベーターのジレンマ（innovator's dilemma）」と呼んだ。分断的イノベーションが登場したとしても，既存の企業は自らが保有している組織能力や取引構造を利用し，顧客ニーズに対応するという合理的な判断をするため，製品の性能を引き下げたり，従来とは異なる製品評価の基準を採用したりという非合理的な判断をすることができないからだ。そのため，業界で高い地位に立つ企業といえども分断的イノベーションをともなって参入してきた新興企業に敗れてしまうのである。

　以上の議論を整理したのが表2-2である。環境変化への対応を阻害するメカニズムは，組織能力要因，技術要因，制度・構造要因の3つに類型化できる。このような要因が環境変化の認知を阻害し，仮に変化に気づいたとしても対応を妨げるのである[11]。

　市場創造型製品の開発という局面に焦点を絞ると，このような組織能力，技術，制度・構造による環境変化への対応阻害は，既存の製品評価の枠組みによる束縛として理解することができる。市場参加者の間である製品評価の枠組みが共有されていると，生産者はその評価枠組みにしたがって製品の性能を高めようとする。このとき，生産者はそのために組織能力・技術知識を蓄積し，消費者やサプライヤーもその評価枠組みを前提として行動するようになる。その結果，生産者は既存の評価枠組みにしたがった製品の改良は行いやすくなる一方で，それとは異なる評価枠組みを新たに見いだしたり，それを採用したりしにくくなってしまう。かくして，組織は既存の製品評価の枠組みに束縛されるのである[12]。

---

11 この現象は，Kuhn（1962）のパラダイム概念をメタファーにすると理解しやすい。すなわち，通常科学がパラダイムとなる研究業績を見本例として利用して発展するように，組織も既存の制度・構造，組織能力，技術，開発プロセスを利用して新たな技術・製品を開発する。これらが，解くべき技術課題を特定するための枠組みとして働くため，同じパラダイムにおいて常軌的発展をすることは容易だが，パラダイムを転換することは非常に困難になるのである。加藤（2011）も，同様の議論を「技術システムの構造化理論」として展開している。

12 楠木（2010）は，このメカニズムを「可視性の罠」と呼んでいる。

表 2-2 環境変化への適応に失敗する論理

原因の類型	主要な先行研究	失敗のメカニズム
組織能力	Leonard-Barton（1992）	コア・ケイパビリティの慣性による硬直性
	楠木・チェスブロウ（2001） 中川（2006）	産業のビジネス・アーキテクチャが変化した際には，既存のビジネス・アーキテクチャを前提に蓄積していた組織能力が変化への適応を妨げる
技術	Abernathy（1978）	生産性を向上させようと工程の専門化を進めると，環境適応に必要な柔軟性が失われる
	Henderson & Clark（1990）	ドミナントデザインが形成されると，コンポーネントの改善に集中してしまい，アーキテクチャの変化に気づきにくい
	高（2006）	技術知識の蓄積が認知枠組みを規定するため，技術転換を認識できない
制度・構造	Christensen（1997） Christensen & Raynor（2003）	既存企業は，既存のバリュー・ネットワーク（サプライヤーや顧客から構成されるネットワーク）に埋め込まれており，そのネットワークの要請に反する行動ができない

市場適応アプローチの限界

　では，この2つのハードルを乗り越え，市場創造型製品を開発するにはどうすれば良いのだろうか。市場適応アプローチによれば，様々な市場からのシグナルを利用して将来の市場をできるだけ正確に予測する（Fujimoto et al., 1996），あるいは真の市場志向を達成し，潜在的な顧客ニーズを見通す（Day, 1999; Kohli & Jaworski, 1990; Narver et al., 2004），といった方法が考えられるだろう。

　しかし，このような将来予測が仮に可能だとしても，組織はそれを検証できないという問題が待っている。市場創造型製品の場合，開発組織は新たな製品評価の枠組みを提案するわけだが，それが市場で受け入れられ，新たな細分化市場を形成するのは製品が市場に導入された後になる[13]。したがって，

13　石原（1982）は，人間の欲望，製品の使用価値，および企業の競争についての考察から，企業が競争を繰り広げて製品を差別化することが，消費者の新たな具体的欲望を刺激し，このように欲望が発生するからこそ製品に新たな使用価値が付与されることを指摘し，このようにして創発する使用価値を「競争的使用価値」と呼んだ。石井（1993）は，この石原の競争的使用価値概念についての議論を批判的に検討しながら，製品の使用価値は物としての製品にあらかじ

市場創造型製品を開発する組織は，これから提案しようとする製品をその評価枠組みにしたがって評価したり，市場の情報を利用して製品開発を正当化したりできない。端的にいえば，市場創造型製品では市場を審級にできないのである（石井, 2003b）。

市場適応アプローチでは，この問題を上手く乗り越えることができない。市場創造型製品の開発では，適応すべき市場は開発の時点では存在していない。そのため，市場適応アプローチでは，未来の市場を仮定し，いかにしてそれに適応するかを考える。しかし，市場創造型製品の開発は，その市場を再構築する営みである。したがって，適応すべき市場を仮定したとしても，製品開発の結果によってその仮定した市場が変化する可能性がある。かくして，市場創造型製品の開発では，市場を根拠にすることができなくなってしまう。

このような問題が発生するのは，市場適応アプローチが，適応すべき市場の存在を前提とした実在主義的なアプローチだからだと考えられる。存在しない将来の市場を存在すると仮定しそれへの適応を目指すことが，この問題の原因だといえるだろう。ここに，市場創造型製品の開発を市場適応アプローチで理解しようとすることの限界がある。

3. 構築主義的アプローチによる研究

以上のように，市場適応アプローチは，細分化市場が実在することを前提としているため，市場創造型製品の開発という局面の分析には適さない。換言すれば，市場創造型製品の開発という局面の分析には，適応すべき市場や製品評価の枠組みをア・プリオリに仮定せず，その構築に目を向けるアプローチが必要であるといえるだろう。ここでは，そのような研究を市場レベルと組織レベルのそれぞれでいくつか取り上げ，市場創造型製品の開発に対す

め備わっているのではなく，競争過程から偶発的に生まれると主張する。この議論を発端とした一連の研究は，製品の使用価値の恣意性を強調し，その恣意的な製品の価値が，ある一定の秩序として形成されるプロセスに着目する研究を発展させてきた（石井・石原, 1996, 1998, 1999）。

る示唆を検討する。

市場レベルの研究：製品市場のダイナミクス

　生産者は，市場創造型製品によって新たな製品評価の枠組みを提示し，細分化市場の境界を自らに有利なように引き直そうとする（Kim & Mauborgne, 2005）。一方，消費者も，目的に応じて様々な製品を代替品とみなしてカテゴリ化する[14]（Ratneshwar, Barsalou, Pechmann, & Moore, 2001; Ratneshwar, Pechmann, & Shocker, 1996）。このように細分化市場の境界は，市場参加者の行動によって常に変化する可能性を有している（Dickson, 1992）。

　細分化市場の境界が流動的であるという理解は，細分化市場の存在を前提とした戦略から，細分化市場が形成されるプロセスへと研究の対象をシフトさせるきっかけとなった（吉田，2007）。例えば，石井（2003a）は，構造的に産業の境界が定められており，そこで生産者が競争しているという見方を「構造としての競争」と呼ぶ一方で，産業は企業が競争する過程でつくり出されるものであり，企業はこの産業の境界をめぐって競争しているという見方を「プロセスとしての競争」と呼び，そのような見方の意義を論じた[15]。このように，細分化市場の形成プロセスに注目する研究は，競争を生産者間の対話とみなし，その対話によって競争の焦点，競争相手，自社の位置づけが見いだされていく過程を明らかにしていった（沼上・浅羽・新宅・網倉，1992; Porac et al., 1995）。

　また，Rosa et al.（1999）は，社会認知アプローチという枠組みを用いて，市場参加者の対話が，新たな細分化市場の形成という秩序に収束するプロセ

---

[14] 例えば，時計とボールペンは通常は異なる目的に用いられる製品だが，プレゼントという目的では代替品になりうる。

[15] 例えば，DVDプレーヤーという製品を考えるとき，その事業をひとつの産業として定義するか，AVS（audio visual system）産業の一部と定義するか，AVCS（audio visual computer system）産業の一部と定義するかは，企業側に委ねられている。このとき，DVDプレーヤーの市場では，その境界をどのように引くか，についての競争が行われる。コンピュータ事業で好調な企業は，コンピュータと連携することによるDVDプレーヤーの価値（例えば動画の編集など）を強調するが，DVDの技術そのもので勝負をしようとする企業は，両者の競争はDVDプレーヤーそのものの良し悪しで勝負をしたいだろう。このとき，両者の競争は「DVDプレーヤーとは何か」という市場の境界をめぐる競争になっているというのである。

図 2-5 社会認知的市場システム

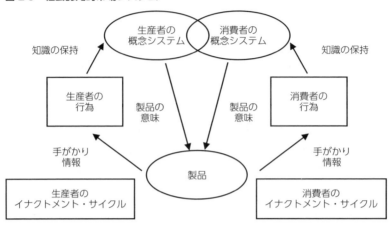

出典：Rosa et al.（1999）

スを描き出した。彼らは，市場を動的な社会認知活動の場として捉え，市場参加者はその活動を通じて認知枠組みを共有し，取引を安定化していると考えた。つまり，細分化された製品市場は市場参加者の間で共有された市場を理解するための枠組みであるというのである（図 2-5）。

社会認知アプローチの特徴は，細分化市場が形成されるプロセスを市場参加者のストーリー[16]を通じて把握することにある（Rosa, Judson, & Porac, 2005; Rosa et al., 1999; Rosa & Porac, 2002; Rosa & Spanjol, 2005; Theoharakis & Wong, 2002）。生産者の打ち手や消費者の反応など，市場参加者の対話は要約されてストーリーをつくり出す。このストーリーを市場参加者はそれぞれ解釈し，製品市場についての理解を共有する。つまり，社会認知アプローチは，細分化市場が一定の秩序に収束する理由を，ストーリーを通じて市場参加者が認識枠組みを共有するからだと説明するのである。

---

[16] Rosa らは，市場参加者が製品を使った体験を要約して発信したものをストーリーと呼んでいる。このストーリーは，市場参加者が保有している知識を反映しているため，細分化市場の境界という知識が共有されるにともなって量的・質的に変化する。Rosa et al.（1999）は，ミニバンタイプの自動車の市場規模が拡大するにつれて，生産者と消費者の語るストーリーが変化することを明らかにした。ミニバンという細分化市場が安定化してくると，消費者側ではミニバンというラベルの使用が減少する一方，生産者側ではむしろミニバンというラベルの使用が増えるのである。

組織レベルの研究：製品開発における意味構成・了解と説得

　一方，組織レベルの製品開発についても，適応すべき市場や製品評価の枠組みの存在を仮定しない研究が，いくつかの論者によって展開されてきた。例えば，石井（1993）は，開発する製品の妥当性を判断する論理について，論理実証主義に対峙するものとして意味構成・了解の論理がありうることを指摘した。石井によれば，製品開発には，開発する製品の評価が客観的に可能で基準が事前に定まっているモノ型と，製品評価の客観性が低く，消費者の属性認知が不明瞭である芸術型の2つのタイプがあるという。特に，意味構成・了解の論理にもとづく芸術型開発では，顧客ニーズは断片的な予兆に対する柔軟な解釈のひとつにすぎず，その妥当性は論理的に判断できるというよりは，対話を通じて了解されることになる。

　同様の議論がLester & Piore（2004）にもみられる。彼らはイノベーションをもたらす企業の活動を「分析的取り組み（analytical process）」と「解釈的取り組み（interpretive process）」に分類し，製品評価の枠組みが明確に定義できるときは分析的取り組みが，そうでないときには解釈的取り組みが適合すると述べている。彼らのいう「解釈的取り組み」は石井（1993）がいう意味構成・了解型の製品開発のプロセスと類似している。解釈的取り組みは，主として人々の間の対話のプロセスであり，異なる専門性や背景をもった人々が開発中の製品についての解釈を統合する過程である。特にLesterとPioreが強調するのは，従来のイノベーション・マネジメントは分析的取り組みを偏重してきたが，革新的な——曖昧で不確実性の高い——製品の開発では，専門性や背景の異なる人々の間にある壁を越えた対話，すなわち解釈的取り組みが必要であり，そのための特別なマネジメント[17]が必要になるということである。

　特に，イノベーションの実現へと至る対話と了解のプロセスは，推進者に

17　彼らはこれをカクテル・パーティのメタファーで説明している。カクテル・パーティの主催者は，ゲストがそこでの会話を楽しめるように，適切なゲストを選び，パーティへと招待し，お互いを紹介したり，適切な話題を提供したりして，会話を促さなければならない。組織においてイノベーションを生み出そうとするマネジャーも，カクテル・パーティの主催者と同様の取り組みによって，組織内の対話を促さなければならないのである。

よる反対者の説得という様相を呈する場合があることも知られている。原（2004）は，医薬品の開発における推進者の説得活動に注目し，社内外の説得のパターンが開発中の医薬品の革新性に応じて異なることを示した。一般的に，医薬品の評価は科学的な手続きによって行われるため，一義的で客観的なものだと考えられている。しかし，原は，実際の医薬品の開発では，候補物質が医薬品になりうるかどうかの評価は容易ではなく，その開発や普及のプロセスでは製品の評価について社会的な同意を確立する説得が重要な役割を果たしているという。そのうえで，3つの革新性の異なる医薬品開発の事例を示すことにより，より革新性の高い医薬品ほど，様々な利害関心をもつ人々や科学・技術を支える物をネットワークに巻き込むとともに，組織内だけでなく市場における社会的合意を形成しなくてはならないと指摘している。

　イノベーションの推進者による反対者の説得[18]（persuasion）という現象については，これまでに多くの研究が蓄積されている。この研究蓄積におけるメイン・ストリームのひとつが，チャンピオン（champion）についての研究である（Burgelman, 1983; 原, 2004; Howell & Higgins, 1990; Schön, 1963）。チャンピオンは，イノベーションの兆しを見いだし，熱意をもってその成立を推進する個人である。彼／彼女は，既存の制度を利用してイノベーションの正当性を主張したり，場合によっては会社の戦略そのものを再構成したりして，周囲を説得することが知られている。

　また，武石・青島・軽部（2012）は，多くのイノベーション事例において，事前の経済的合理性が明らかでなく，特定の推進者・支持者が認める固有の理由によって資源動員が行われたことを見いだした。イノベーションを実現する――技術を事業化する――ためには，開発の進行や生産設備の準備などに多くの資源を動員する必要がある。しかし，イノベーションの起点となる技術が生み出された当初は，それが経済的な成果をもたらすかどうかは不確実であり，そこに資源を動員することは，経済的に合理的ではないと判断さ

---

[18] 一般的に，説得とは他者の判断や行為に影響を与えるように設計された人的コミュニケーションである（Simons & Johns, 2011）。説得については，社会心理学の研究領域で多くの蓄積があるが（深田, 2002），本書は主として社会学・経営学の立場での説得を扱う。

れることが多い。そこで，イノベーションの推進者は様々な理由と支持者を動員し，この壁を乗り越えなければならない。このように，様々な理由や支持者を利用して，当初は経済的には合理的でないとされた技術を正当化し[19]，イノベーションの実現へとつなげるプロセスを，武石ら（2012）は創造的正当化と呼んでいる。

構築主義的アプローチによる研究の示唆

　以上の構築主義的アプローチによる市場レベルの研究，および組織レベルの研究は，市場創造型製品の開発について次のようなことを示唆する。

　第1に，市場創造型製品の開発について検討するうえで，構築主義的な見方は，新たな細分化市場が形成するプロセスについて重要な知見を得ることができるアプローチだと考えられる。市場創造型製品は，新たな製品評価の枠組みを提示し，細分化市場の境界を引き直そうという製品である。にもかかわらず，市場適応アプローチでは，製品が発売された後の市場の形成プロセスについてはあまり注意を払っていない。市場適応アプローチでは，将来の市場を実在するものと考えてそれを予測するため，製品が発売された後は，予測どおりに新たな市場が実現すると考えるからだろう。しかし，プロセスとしての競争，および社会認知アプローチといった構築主義的な見方は，細分化市場を実在物ではなく，市場参加者が対話を通じて共有した構築物として把握し，その形成プロセスに注目する。このような見方をとることで，市場創造型製品が発売された後の細分化市場の形成が分析の射程に入るようになる。

　このとき，市場レベルにおける新たな市場・製品評価の枠組みの形成プロセスは，市場参加者の対話のプロセスを通じて理解できると考えられる。構築主義的な見方では，我々が現実の社会だと感じているものは，言説を用いた対話によって絶えず構築されているものだと考える（Burr, 1995; Gergen, 1999）。社会認知アプローチが注目するストーリーも，このような言説のひ

---

[19] 正当性（legitimacy）とは「社会的に構築された標準，価値観，信念，および定義において，ある主体の行為が望ましく，正しい，あるいは適当であるという一般化された認知や推定」として定義される（Suchman, 1995）。

とつである。彼らの見方によれば，細分化市場の境界が流動化したり，一定の秩序に収束したりするプロセスは，この対話を分析することで理解できる。

さらに，沼上ら（1992）によれば，市場で行われる対話は，言説のやりとりに限定されない。彼らの見方によれば，競争を繰り広げる生産者がお互いに繰り出す様々な打ち手と対応——例えば，新たな機能を搭載した新製品を発売すること——によって，競争者たちは対話しているということになる。

これらの議論を土台にすれば，新たな市場・製品評価の枠組みの形成プロセスは，市場参加者の対話を通じて把握することができそうだ。そして，ここでいう対話は単なる言説のやりとりにとどまらず，新製品の導入なども含んだ様々な行為の連鎖を意味していると考えるべきだろう（沼上, 2000）。すなわち，新たな製品評価の枠組み，および新たな細分化の市場の形成プロセスは，市場レベルでの主体の行為の連鎖を読み解くことで理解できると考えられる。

第2に，構築主義的アプローチによれば，市場創造型製品の開発を理解するうえでの市場適応アプローチの限界を乗り越えることができる。市場適応アプローチでは，製品市場を実在主義的に把握するため，開発中の製品の評価を将来実現する枠組みに依存するという矛盾が生じていた。構築主義的アプローチでは，開発関係者の対話と了解によって，製品と同時に評価枠組みが構築されると考えることで，この矛盾を回避できる。すなわち，市場創造型製品の開発を，石井（1993）のいう芸術型の開発とみなし，論理的な判断ではなく，対話によって新たな製品評価の枠組みを了解していくプロセスとして理解することができるのである。

さらに，説得についての研究は，製品開発における説得に注目することで，製品開発の過程において製品と同時に評価枠組みが構築されるプロセスをよりリアルに描き出す可能性を示唆している。本章第2節で検討したように，市場創造型製品の開発では，既存の製品評価の枠組みによる束縛を乗り越えなければならない。この状況は，新たな製品評価の枠組みを構想した推進者が，既存の評価基準に束縛された反対者を説得しなければならない状況でもある。すなわち，市場創造型製品の開発は，説得的な対話によって新たな製品評価の枠組みを了解するプロセスとして描くことができると考えられる。

4. まとめ

　本章の検討から明らかになったことは以下の3点である。

　第1に，市場創造型／追跡型製品を，製品評価の枠組みが不連続／連続な製品と定義した。イノベーションの類型化に関する研究から，市場創造型製品と追跡型製品を区別するには何らかの不連続性に注目すべきであること，および細分化市場の役割に関する研究から，両者には製品評価の枠組みの連続性に違いがあることが導かれた。本書では企業による意図的な市場創造という局面を想定するため，新たな細分化市場を形成したか，という回顧的な区別ではなく，新たな製品の評価枠組みを提示するという将来に向けての組織の活動に注目する。

　第2に，市場適応アプローチによる製品開発研究を概観し，市場創造型製品の開発の理解に対する同アプローチの寄与と限界を明らかにした。製品開発を成功に導く要因として市場への適応が重要であるという研究は多く，その具体的な方法として技術統合の有効性が示されてきた。また，市場適応アプローチによれば，市場創造型製品を開発するためには，既存の製品評価の枠組みによる束縛を乗り越えなければならないことが示唆された。

　しかし，市場適応アプローチには次のような限界があることも明らかになった。市場適応アプローチでは，将来の市場を実在主義的に仮定し，その将来市場に開発中の製品を適合させようとする。ところが，市場創造型製品の開発では，その開発によって適合すべき市場が変化してしまう。したがって，市場適応アプローチは，市場創造型製品の開発という局面の理解には，不適切なのである。

　そこで第3に，構築主義的な見方による研究について市場レベルと組織レベルのそれぞれで検討を行い，市場創造型製品の開発を理解するうえで，構築主義的な見方がどのような貢献をもたらすかを明らかにした。

　市場レベルの研究としては，プロセスとしての競争，および社会認知アプローチについて検討した。この検討からは，細分化市場は複数の生産者の間で行われる競争を通じて書き換えられる恣意的なものであること，そして，

その細分化市場の境界をめぐる競争は，競争相手や消費者との対話を通じて一定の秩序に収束することが明らかになった。このことは，市場レベルでの新たな市場・製品評価の枠組みの形成プロセスは，市場参加者の対話として理解できることを示唆している。すなわち，市場レベルにおける新たな市場・製品評価の枠組みの形成プロセスは，新たな製品評価の枠組みで製品を評価し，そのような製品群を再分化市場として区別するという認識枠組みを，市場参加者が対話を通じて共有するプロセスとして把握できるのである。

一方，組織レベルの研究としては，製品開発における意味構成・了解と説得について検討した。この検討によれば，市場創造型製品の開発を理解するためには，組織レベルでの説得的な対話に注目するのが有効であると考えられる。構築主義的アプローチでは，製品市場および製品評価の枠組みを前提にせず，それらが構築される対話と了解のプロセスに注目する。また，製品開発における説得の研究からは，既存の製品評価の枠組みによる束縛を乗り越えるためには，推進者が反対者を説得しなければならないことが示唆された。

残された疑問

しかし，以下の3つの疑問については，先行研究は十分に答えていない。

ひとつめは市場レベルでの新たな市場・製品評価の枠組みの形成は，市場参加者の対話のみの分析で理解できるのか，という疑問である。例えば，バイクを排気量や重量で分類したり，スナック菓子を通常のものと減塩タイプのものに分類したりするなど，ある製品を細分化する際には物的な属性が用いられることがある（Rosa & Porac, 2002）。これを物についての言説のやりとりの結果，そのような属性が製品を細分化する際の境界として用いられるようになった，と考えることはできるかもしれない。しかし，水道水を万病に効く秘薬として発売し，新たな市場を形成しようとした場合はどうだろうか。言説のやりとりによって，一時的にはそのような市場を生み出すことはできるかもしれないが，水道水が薬効を継続的に示さない限り，その市場を長期にわたって維持することはできないだろう。製品市場を形成するには，物的な支持も必要であると考えられる。

一方，このことを「細分化市場の境界は物質的な性質によって規定される」と素朴に理解するのもまた誤りであろう。例えば，鉄と鋼の境界は，現在では炭素の含有量という物的な組成の違いによって定義されるが，歴史的には硬さの違いや用途の違い，製法の違いによって定義されたこともあった。それら様々な分類方法が複雑な経緯をたどって安定化し，現在の分類方法が用いられているのである（Misa, 1992）。物的な性質は細分化市場を安定化させる力をもちうるということは認めたうえで，なぜその物的な性質によって市場が細分化されるに至ったのか，そのプロセスを問うことも必要なのではないだろうか。

　また，細分化市場の形成を支えるものとして，社会的・経済的文脈の影響も考慮に入れるべきだろう。Burr（1995）は「言説は，単に抽象的な観念や，実社会のはるか上空に，いわば風船のように浮かぶ事柄について話したり，表現したりする仕方ではない」と述べ，社会を構築する言説は，社会的な文脈と密接に関連していることを指摘している。細分化市場を形成する市場参加者の対話についても同様に，こういった社会的・経済的文脈に影響を受けていることが指摘されている（Rosa & Porac, 2002）。

　2つめは，ひとつめと同様の疑問を組織レベルの製品開発に向けるものである。すなわち，説得的な対話によって新たな製品評価の枠組みを了解するというものの，そこで我々研究者が把握するのは主体間の対話のみで良いのか，という疑問である。ここまでの文献レビューで取り上げた石井（1993）や Lester & Piore（2004）は，製品開発プロセスにおける主体間の対話に焦点をあてている。しかし，実際の製品開発は，主体の対話のみで進行するわけではない。一般的に，製品開発では自然や人工物を対象とした探索が行われ（Latour, 1987），製品やその生産設備という人工物が新たにつくり出される（Clark & Fujimoto, 1991）。製品の評価枠組みの形成を議論するのであれば，このような物的存在の関与を看過するわけにはいかないだろう。

　さらに，開発組織を取り巻く様々な社会・経済的文脈も主体間の対話に影響を与える。例えば，製品のモデル・チェンジが行われる場合，その製品がどのカテゴリに属しているかが，開発の方向性に影響を与えることが知られている（Rosa et al., 2005）。また，あるバリュー・ネットワーク内で活動し

ている企業は，そのバリュー・ネットワークが重視する製品評価の枠組みにしたがって製品の性能を高めようとする傾向があることも知られている（Christensen, 1997）。このように既存の製品市場や他の社会・経済的文脈と，それらの主体の行為への影響も，分析に取り入れる必要があるのではないだろうか。

3つめは，社内の説得と社外の説得，すなわち組織内部での製品評価の枠組みの形成と，それを市場参加者に共有していく過程はどのように関連するのか，という疑問である。この疑問は，どのようにすれば，市場参加者の対話を意図したように導き，自らに有利なように細分化市場を形成できるのか，と言い換えることもできる。マーケティング研究の特徴は，生産者にとって意のままにならない他者——競合企業や消費者——との関係に焦点をあてることであり，だからこそ，市場の秩序の偶有性を強調する（石井, 2012）。しかし，ある細分化市場の形成は，まったくの偶然の産物だというのもまた誤りだろう。新たな細分化市場という秩序が形成された背後には，それを成立させた何らかの理論があるはずだ[20]。

組織レベルと市場レベルの関係は，開発組織において製品を開発し，それを発売すればたちまち市場においても製品評価の枠組みが変わる，という単純なものではないはずだ。例えば，原（2004）は，医薬品のイノベーションにおいては，様々な利害関心をもつ人々や科学・技術を支える物をネットワークに巻き込み，組織内での社会的合意を形成するとともに，市場における社会的合意をも形成しなくてはならないと指摘している。社内は説得できたが，社外を説得できないということは，製品は世に出るかもしれないが，消費者には拒絶されるということを意味する。社内の説得と社外の説得を上手く関連づけるにはどうすれば良いのか。この関連性を理解してはじめて，意図的な市場形成への介入が可能になるだろう。

さらに，組織レベルと市場レベルの関連は，新たな製品評価の枠組みを提

---

[20] ここでいう理論は，状況によらず成立する普遍的な法則を意図しているのではない。むしろ，それは特殊な状況に依存した，歴史的な文脈に制約された理論である。このような，限定的な理論であっても，それを明らかにすることは今後の理論発展や実務家の実践の手がかりになる。このような状況依存的な理論については，栗木（2012）を参照せよ。

示する製品を開発し，それをきっかけに市場参加者が対話することで，新たな細分化市場が形成されるという方向のみの関連ではないだろう。市場参加者の対話に対する社会的・経済的要因の影響という論点に注目すると，形成されつつある新たな市場・製品評価の枠組みは，その後の製品開発にどのような影響を与えるのか，という疑問も湧いてくる。

　以上のように，本章では，市場創造型／追跡型製品を定義したうえで，市場創造型製品の開発について検討するための市場適応アプローチの貢献と限界を示し，それに代わるアプローチとして構築主義的な見方を検討した。市場創造型製品の開発では，既存の細分化市場・製品評価の枠組みを解体しつつ，新たなものを構築しなければならない。そのため，そのマネジメントについて理解を深めるためには，構築主義的なアプローチが有効だと考えられる。

　しかし，市場創造型製品の開発という局面については，構築主義的アプローチによっても解決されない疑問が残されていることも明らかとなった。次章では，この疑問をリサーチ・クエスチョンとして明示し，方法論的な検討を行ったうえで，事例研究に進むための準備を整えよう。

第 **3** 章

リサーチ・クエスチョンと研究方法

　本章の目的は，第2章での文献レビューの結果を元に，本書のリサーチ・クエスチョンと研究方法を明確にすることにある。はじめに，ここまでの文献レビューから明らかになったことと残された疑問を整理し，リサーチ・クエスチョンとして明示するとともに，その検討を進める際の方法論的問題を明らかにする。そのうえで，その方法論的問題を乗り越えるための見方を技術の社会的形成と呼ばれる研究群に求める。技術の社会的形成の研究領域が生まれた経緯，およびその独自の見方を検討したうえで，その見方が本研究にどのように役立つのかを検討する。この検討を受けて，本研究では技術の社会的形成アプローチを研究方法として採用することが示される。最後に，事例研究の概要とデータ収集，分析の方法を示し，事例研究の準備を整えるのが本章のゴールである。

1. リサーチ・クエスチョン

　本書では，製品開発と市場のダイナミクスについての理解を深めることを目的に，市場創造型製品の開発という局面を取り上げて，その開発プロセスと発売後の市場形成プロセスの関連を明らかにしようとしている。そのために，第2章ではそれに関連する諸研究を検討した。ここではその検討から明らかになったことを振り返りながら，この後取り組む事例研究で明らかにする問い――リサーチ・クエスチョン――を明確にしていく。その問いは，市場レベルの対話プロセスについての問い，組織レベルの製品開発についての問い，および組織レベルと市場レベルの相互作用についての問いの3つに大別できる。

市場レベルの対話についての問い

　第1の問いは，市場レベルの対話を通じて新たな市場が形成されるプロセ

スについての問いである。第2章でみたように，細分化市場は市場参加者が複雑な市場を理解するための認知枠組みであり，市場参加者は対話を通じてこの認知枠組みを共有し，一定の秩序を形成している（Rosa et al., 1999）。一方，この秩序は恣意的なものであり，生産者たちは，この秩序そのものの構築をめぐって競争を繰り広げる（石井，2003a）。市場創造型製品の開発という局面に注目する本研究は，これらの先行研究と見方を共有しており，製品市場を実在主義的に捉えるのではなく構築主義的に捉えて，そのダイナミクスに注目する。すなわち，市場参加者の対話[1]がどのような経緯をたどり，新たな市場・製品評価の枠組みという秩序を形成するのかを問うことになる。

しかし，第2章の最後で述べたように，新製品をきっかけとした新たな市場の形成という局面は，市場参加者の対話に注目するだけでは全貌を把握できない。新たな市場・製品評価の枠組みが形成するプロセスには，製品そのものや，社会的・経済的文脈も影響を与えると考えられる。どのような物的存在，および社会的・経済的文脈が，市場参加者の対話にどのような影響を与えるのかを問う必要がある。そこで，第1のリサーチ・クエスチョン（research question: RQ）を以下のように設定する。

RQ1　ある製品の導入をきっかけとして，新たな製品評価の枠組みが市場参加者に共有され，新たな細分化市場という秩序が形成されるプロセスとはどのようなものか。そのプロセスにおいて，市場参加者はどのような対話を行うのか。物的存在，あるいは社会的・経済的文脈は，その対話にどのような影響を与えるのか。

組織レベルの製品開発についての問い

以上のように市場レベルでの対話，およびそれを通じた新たな市場の形成を確認したうえで，視点を組織レベルに移し，その内部での製品開発プロセスを確認するのが第2の問いである。第2章では，文献レビューにもとづい

---

[1] もちろん，ここでいう対話は単なる言説のやりとりではなく，様々な企業の打ち手のやりとりを含意している（沼上ら，1992）。

て市場創造型製品を「製品評価の枠組みが不連続な製品」，追跡型製品を「製品評価の枠組みが連続的な製品」として定義した。この定義にもとづくと，組織レベルの製品開発についての問いは，より具体的に「企業の製品開発チームは，どのようなプロセスで新たな製品評価の枠組みを提示する製品を開発するのか」となる。

さらに先行研究のレビューからは，新たな製品評価の枠組みを提示する製品の開発という局面のより具体的な姿，そこで開発チームが直面する問題が明らかとなった。第2章で検討したように，細分化市場は市場の境界をめぐる競争の結果として新製品導入の事後に形成される（石井, 2003a）。開発チームは市場の情報を利用して製品を開発しようとするが（Clark & Fujimoto, 1991; 藤本, 2000; Fujimoto et al., 1996），今そこにない市場からは情報を得ることできない。このパラドキシカルな状況においては，開発中の製品の根拠を市場に求めることはできない。このとき，開発関係者は，開発中の製品を発売することの妥当性を分析的に判断するのではなく，対話によって解釈的に了解しなければならない（Lester & Piore, 2004; 石井, 1993）。

特に，この対話は，新たな製品評価の枠組みを構想し，それにもとづいた開発を進めようとする推進者が，それに反対する関係者を説得するという構図になる場合がある（Schön, 1963; 原, 2004; 武石ら, 2012）。その背景には，組織は既存の製品評価の枠組みに束縛されがちだという先行研究の指摘がある。すなわち，我々が注目すべきなのは，市場を足場にしつつその市場を革新するというパラドキシカルな状況において，既存の製品評価の枠組みをもつ主体と新たな枠組みを見いだした主体が対話し，新たな枠組みの採用を了解するプロセスなのである。

第2章でレビューしたように，このような説得のプロセスはこれまでにも研究されている。しかし，それらは医薬品の開発という産業限定的な研究や（原, 2004），主として製品が成立するまでのプロセスを扱う研究であり（武石ら, 2012），新たな市場の形成という局面については探求の余地がある。以上のことから，第2のリサーチ・クエスチョンを次のように設定する。

RQ2　組織は，どのようにして既存の製品評価の枠組みの束縛を乗り越えて

新たな枠組みを提示する製品を開発するのか。新たな製品評価の枠組みを見いだす主体は，どのようにしてそれを成し遂げるのか。新たな枠組みを見いだした主体は既存の枠組みをもつ主体をどのように説得し，新たな枠組みの採用を認めさせるのか。

組織レベルと市場レベルの相互作用についての問い

以上のように，本研究では，市場創造型製品の開発という局面を市場レベルと組織レベルの両方から理解しようと試みる。しかし，我々は，それぞれのレベルでのプロセスだけでなく，それらの関連性も明らかにしなければならない。両者の関係が，開発組織において新たな製品評価の枠組みを提示する製品をつくり，それを発売すればたちまち市場においてもその枠組みが受け入れられる，という単純なものではないということは，第2章のレビューから明らかである。組織内では新たな枠組みを構想した推進者が反対者を説得することはできたが，消費者には受容されない，という事態も起こりうる。

製品開発において，組織は新たな細分化市場・製品評価の枠組みを事前に予測する，という実在主義的な見方に立てば，予測の精度を高めることがこのような事態を避けるうえで有効となるだろう（Clark & Fujimoto, 1991; 藤本, 2000; Fujimoto et al., 1996）。しかし，製品市場の実在を否定する構築主義的な立場に立てば，予測の精度を上げるという解に対しては否定的な立場をとらざるをえない。予測の対象となる細分化市場は，事後的に形成されるものであるからだ。では，なぜ社内での対話の結果としての同意が社外の同意に結びつくのだろうか。3つめのリサーチ・クエスチョンは，この点を問うのである。

RQ3　市場創造型製品の開発において，組織内での対話と市場での対話はどのように関連するのか。新たな製品評価の枠組みの提示という組織内での同意が，市場での同意に結びつくのはなぜか。

さらに，組織レベルと市場レベルの相互作用という論点では，形成しつつ

ある新たな市場・製品評価の枠組みが組織レベルの製品開発に与える影響についても吟味する必要がある。市場レベルと組織レベルの相互作用は，組織内での同意が市場レベルの同意へと結びつくという，組織から市場に向かう関係だけではない。市場レベルの対話により形成されつつある新たな市場・製品評価の枠組みが，ひるがえって組織レベルの製品開発に影響を与えることは十分ありうることだ。4つめのリサーチ・クエスチョンはこの点を問うのである。

RQ4　新たに形成しつつある市場・製品評価の枠組みは，それ以降の組織レベルの製品開発にどのような影響を与えるのか。

2. 方法論的問題

以上のように，本研究では市場創造型製品の開発という局面について，組織レベルと市場レベルの両方で4つの問いについて答えを見いだそうとしている。第2章でみてきたように，これらの問いの背景には製品市場，および製品評価の枠組みといった製品の価値を判断する基準を実在的に捉えず，それらが形成されるプロセスに注目するという構築主義的な見方がある。

構築主義的な見方では，組織レベルでも市場レベルでも，主体間の対話に注目する（石井, 1993, 2003a; Lester & Piore, 2004; 沼上ら, 1992; Rosa et al., 1999）。しかし，本書では，構築主義の研究アプローチである言説分析のように，対話，あるいは行為の連鎖を追跡さえすれば，市場創造型製品の開発という局面を理解することができるとは考えない[2]。第1に，そこには物的存

---

[2]　その理由は，本書の目的が，製品市場は社会的に構築されたものにすぎないと主張することではなく，その構築を能動的に管理することであるからだ。あたかも実在物のように自明視していた製品市場を構築主義的アプローチにより解体し，その構築プロセスに目を向けるのは重要な研究課題である（Burr, 1995; Gergen, 1999; 上野, 2001）。しかし一方で，観念的な議論を推し進めるあまり，すべては構築されており，ほかでもありうる可能性に開かれているというニヒリズムに陥ってしまっては，意味のある理論の構築や実践への含意を放棄することになりかねない（山田, 2003）。構築主義的な研究アプローチは，単に実在主義的な立場を否定するだけにとどまってはならないのである（加藤, 1997）。

在との関わりがあるからだ。実際の製品開発では，自然や人工物とのやりとりが行われ，製品やその生産設備という人工物が新たにつくり出される。また，製品市場の秩序には，物的存在の支持が必要である。第2には，社会的・経済的文脈との関わりもある。開発チームの行為は，既存の製品市場やバリュー・ネットワークといった様々な社会的・経済的文脈の影響を受ける。市場参加者の行為も，同様である。このように，組織レベルの製品開発プロセスにおいても，市場レベルの秩序形成プロセスにおいても，市場創造型製品の開発という局面は，主体間の対話に加えて，物的存在や社会的・経済的文脈の影響も考慮に入れなければ，理解できないと考えられる。

ところが，製品市場の存在論については構築主義の立場をとりながら，物的存在や社会的・経済的文脈が実在物として主体の行為，そして新たな細分化市場の形成に影響を与えると考える立場は，方法論的な矛盾を抱えることになる。Burrell & Morgan (1979) は，社会学の根底にある基本的な仮定が異なる2つのパースペクティブ——客観主義社会学と主観主義社会学——を存在論，認識論，人間論，そして方法論の4つの次元で分類した（図3-1）。客観主義社会学が，外的で客観的なリアリティをもって社会を把握し，様々な要因間の関係と相互作用を分析しようとするのに対し，主観主義社会学は社会が形成される過程における個人の主観的な経験を重視し，個別の状況における個別の問題に着目する。この見方によれば，製品市場や製品評価の枠

図 3-1　主観主義社会学と客観主義社会学

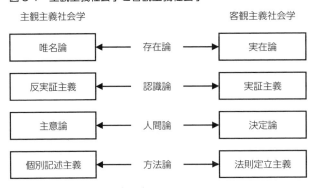

出典：Burrell & Morgan (1979)

組みを主体が相互作用を通じて間主観的に構築した構築物として把握しているにもかかわらず，それらが形成されるメカニズムを，実在する制度，文化，歴史，経済，あるいは物の影響として実在主義的に説明することは，主観主義社会学と客観主義社会学のどちらの立場でもない，矛盾をはらんだものになるといえるだろう。

　ここで取り上げた主観主義社会学と客観主義社会学の基本的な仮定について矛盾した説明は，社会学研究の様々な場面で登場し，しばしば深刻な議論を巻き起こす。一方で，その矛盾を乗り越えるべく様々な試みが展開されてきており，一定の成果が蓄積されつつある（加藤, 2011; 川上, 2005; 松嶋・水越, 2008; 沼上, 2000; Seo & Creed, 2002; 浦野・松嶋・金井, 2011）。

　結論を先取りすれば，本書ではこの方法論的な矛盾を乗り越える見方として「技術の社会的形成」を採用する。次節ではこの技術の社会的形成の見方を採用することの意義について検討する。

3. 技術の社会的形成

技術の社会的形成とは何か[3]

　技術の社会的形成（social shaping of technology）は，技術決定論を否定し，技術の内容を明らかにするとともに，技術と社会の動的な相互作用を明らかにしようとする研究領域である（MacKenzie & Wajcman, 1999; Russell & Williams, 2002; Williams & Edge, 1996）。技術の社会的形成の研究領域には，技術の社会的構成（social construction of technology）（Pinch & Bijker, 1987）やアクター・ネットワーク理論（actor-network theory）（Callon, 1986, 1987）など，多様な研究アプローチが含まれている。こういった技術の社会的形成に含まれる多様な研究アプローチは，様々な社会的・技術的要因が，相互作用しながらお互いを形成しあったり，変革したりするプロセスを描き出すための独自のフレームワークを提供している。

---

[3] 技術の社会的形成の研究領域が成立した経緯や，そこに含まれる研究群の理論的特徴など，技術の社会的形成の詳細については宮尾（2013）を参照せよ。

技術の社会的形成という見方は，MacKenzieとWajcmanによる1985年の論文集 *The social shaping of technology* において提示された（MacKenzie & Wajcman, 1985）。彼らはその論文集の導入部において，技術決定論を否定し，技術発展に対する社会の影響を考慮することの重要性を主張した。彼らのいう技術決定論とは，(1)技術の変化は自律的であり，社会の外で起こることである，(2)技術の変化は社会の変化を引き起こす，という2つの想定を行う理論である。しかし，技術の発展方向は経済に規定されること，経済は社会的な文脈に依存していることを考慮すると，社会の様々な要因は，経済を介して技術発展に影響を与えていると考えられる。ある技術がある社会に対してどのような効果を及ぼすかを理解するためには，その社会がどのように機能しているかをも理解しなければならないというのが，彼らの主張の骨子である。

　さらにWilliams & Edge（1996）や，先の論文集の第2版であるMacKenzie & Wajcman（1999）は，技術の社会的形成を科学・技術・社会研究の総合的な研究領域として位置づけた。彼らの定義する研究領域としての技術の社会的形成の射程は広く，科学知識の社会学，技術の社会的構成（social construction of technology）（Pinch & Bijker, 1987），技術システムの発展研究（Hughes, 1983, 1987），アクター・ネットワーク理論（actor-network theory）（Callon, 1986, 1987）といった，科学技術の社会学（science, technology, and society）の研究領域における諸研究を含むものだとされている。また，Williams & Edge（1996）によれば，技術の社会的形成はBraverman（1974）による「産業組織の社会学」，WilliamsやRussellの過去の研究[4]のような「技術政策の批判的研究」，そしてNelson & Winter（1977）やDosi（1982）による進化経済学を中心とした「技術変化の経済学」などもその知的源流に置いている。すなわち，技術の社会的形成は，これら様々な研究群からなる研究領域の旗印，あるいは「広教会（broad church）」なのである（Williams & Edge, 1996）。

　では，この研究領域に含まれる研究群の共通点は何なのだろうか。様々な

---

4 Williams & Edge（1996）では，彼らの博士論文が引用されているが，論文の入手が困難なためここでは引用していない。

論者の主張をまとめると，技術の社会的形成という研究領域に含まれる研究群は，次のような特徴を共有している（MacKenzie & Wajcman, 1999; Russell & Williams, 2002; Williams & Edge, 1996; 原, 2007）。

1. 技術と社会との複雑な相互関係の認識
2. 社会から技術への作用の重視
3. 人間による技術の能動的な管理への志向性
4. 過度の一般化を許さない詳しい経験的研究に対するこだわり
5. 技術の内容と技術変化の過程の吟味への注力

一言でいえば，技術の社会的形成の研究領域に収まる研究は「技術決定論を批判し，技術と社会の相互形成を分析する」という共通点をもっているといえるだろう。

ただし，技術の社会的形成の論者は社会的な要因が技術の形成を規定するという社会決定論の立場をとるのではない。技術の社会的形成の論者は技術決定論のアンチテーゼとして社会決定論を主張しているのではなく，技術と社会が相互に構成要素であり分かちがたいものであることを主張している。それを端的に表しているのが次の一文である。

> it is mistaken to think of technology and society as separate spheres influencing each other: technology and society are mutually constitutive (MacKenzie & Wajcman, 1999, p. 23).
> 技術と社会をお互いに影響を与え合う別々のものだと考えるのは間違いである。技術と社会はお互いに構成要素なのだ。

技術決定論を否定することは，技術が社会によって構成されていることを主張することではない。技術が社会によって構成されているというだけでは，決定論的な見方の方向を変えることにすぎず，結局は決定論的な見方からは逃れられていないからだ。上述の MacKenzie & Wajcman（1999）の主張は，技術の社会的形成が決定論的な見方をより注意深く乗り越えようとする試み

であることを表しているといえるだろう。

製品と市場の社会的形成

本書では，技術の社会的形成の見方を敷衍し，新たな市場・製品評価の枠組みの形成という局面は，技術と社会がお互いを形成しあう現象のひとつであると考える。ここでは原（2004）による医薬品の適応領域イノベーションについての分析と，Misa（1992）による鉄と鋼の分類が形成されたプロセスの分析を取り上げ，技術の社会的形成の見方が，新たな市場・製品評価の枠組みの形成という局面をどのように把握するのか例示する。

原（2004）は，医薬品の製品評価の基準は一般的に考えられているほど一義的で客観的なものではなく，その開発や普及のプロセスでは製品の評価について社会的な同意を確立する説得が重要な役割を果たしていると主張した。本研究との関連で興味深いのは，これまである疾病に対する治療薬として知られていた化合物が，異なる疾病に対する治療薬として利用されるようになる適応領域イノベーションについての分析である。

山之内製薬によって開発され，1993年に日本で発売されたタムスロシンという医薬品は，元々は高血圧治療薬の誘導体として見いだされたものが排尿障害治療薬として開発されたものである。経営陣は当初，そもそも排尿障害が疾病とみなされるのかと，開発に対して懐疑的だった。そこでプロジェクト・リーダーは市場調査データ，現場の医師の声などを動員し，経営陣を説得したのである。このように，適応領域イノベーションにおいては異なる疾病領域，すなわち異なる製品市場に製品を位置づけるため[5]，製品評価の枠組みの妥当性についての論争が起こりうる。そして，その論争は市場データや現場の医師の声などを動員することで説得的に収結される必要があるのである。

また，Misa（1992）は，鉄と鋼の分類基準がどのように構築されたのかについて，歴史的な分析を行っている。1870年代には，鉄と鋼の分類につ

---

[5] 医薬品の場合，ある疾病領域に対する治療薬はその評価基準がほぼ定まっている。したがって，疾病領域が異なる場合は，製品評価の枠組みが異なることになる。このことから，疾病領域の異なる製品は，異なる製品市場の製品であるといえる。

いて，炭素の含有量によるもの（炭素の含有量が一定以上のものを鋼とする）と製法によるもの（一度完全に溶融させたものを鋼とする）が混在していた。ところが，1873年の大恐慌をきっかけに鉄と鋼の価格が下がったところ，メーカーは自社の製品を少しでも価格の高い鋼に分類したいと考えた。そのため，鉄と鋼の分類方法は，学会，産業界を巻き込んだ大論争へと発展したのである。結果として，鉄道の線路に利用するためには一度完全に溶融した均一な鉄が有利だったこと，溶融法による鉄の製造に熟練したエンジニアが産業界において重要なポストを占めるようになったことを受けて，鉄と鋼の分類法は製法によるものへと収結し，炭素の含有量による分類は，鋼のバリエーションの分類に用いられるようになった。

　技術の社会的形成へと至る研究の潮流は，その初期においてはある人工物がなぜそのような形態になったのかを主たる研究課題とし，それを技術の論理だけでなく，社会的要因も含めて読み解いていった（Bijker, 1995; Pinch & Bijker, 1987）。しかし，近年においては技術の社会的形成の研究アジェンダは広がりをみせており，単なる人工物の形態の説明だけでなく，その人工物と社会との関わり方がいかにして形成されたかの説明をも射程に収めている（MacKenzie & Wajcman, 1999; Sørensen & Williams, 2002）。ここで取り上げた2つの研究事例は，それぞれ企業レベルの製品開発における細分化市場の形成，および市場レベルでの細分化市場の形成を扱っている。このことから，なぜある製品群が特定の製品市場に分類されるようになったのか，なぜある特定の製品評価の枠組みが市場参加者に共有されたのかという問いも，技術の社会的形成の研究領域に含まれるといって良いだろう。

技術の社会的形成の見方の有効性

　では，より積極的に技術の社会的形成の見方を利用する理由はどのようなものなのだろうか。あるいは，技術の社会的形成の見方は，市場創造型製品の開発という局面の分析において，どのような有効性があるのだろうか。
　第1に，技術の社会的形成は，第2章で取り上げた構築主義的アプローチによる分析と整合的である。技術の社会的形成は，ある技術の成立に対する説明の対称性を重視する（MacKenzie & Wajcman, 1999）。一般的に，ある

技術が成功して世の中に定着した場合には，その技術が本質的に良い技術だったからだ，という説明がなされる一方で，ある技術が結果として世の中に定着しなかった場合には，その技術を取り巻く社会的な要因が原因であるという説明がなされる場合が多い。しかし，説明の対称性を重視するならば，ある技術が成立する社会的なプロセスも考察の俎上に載せる必要がある（Bijker, 1995）。

この説明の対称性を確保するための枠組みが，技術についての「解釈の柔軟性（interpretative flexibility）」とその「収結（closure）」の過程の分析である（Bijker, 1995; Pinch & Bijker, 1987）。同じ技術に直面しても，その技術の解釈には柔軟性があり，異なる技術フレーム（technological frame）をもつ社会グループは，その技術に対して異なる解釈をしうる。しかし，解釈はいつまでも柔軟なままではなく，社会グループ間の相互作用を通じて一定の解釈へと収結する。ただし，収結は本質的に最も優れた技術が現れることによってもたらされるわけではない。むしろ，解釈の柔軟性の原因となっている問題が解決されたと解釈されたり，問題そのものの定義が変わったりすることで，収結がもたらされることも多い（Pinch & Bijker, 1987）。

ある製品をある細分化市場に分類するという行為，あるいはある製品の価値をある製品評価の枠組みにもとづいて判断する行為は，技術についての解釈のひとつである。第2章でみたように，生産者や消費者は製品市場を様々な方法で細分化するが，それは技術（製品）を柔軟に解釈することの一種である。そして，細分化市場が一定の秩序に収結することは，柔軟な解釈が社会グループの相互作用を経てひとつの解釈に収結するプロセスとみなすことができる。技術の社会的形成の見方によると，新たな市場が形成されるプロセスは，生産者や消費者による柔軟な解釈が対話を経て収結するプロセスとして把握することができるのである。

第2に，技術の社会的形成の見方では，方法論的な矛盾を問題視するのではなく，そこに積極的な意義を見いだそうとする。技術の社会的形成の論者は基本的には構築主義的な立場をとり，制度，文化，歴史，経済などの社会的・経済的文脈は人間がつくり出したものであり，物的存在の作用には一定範囲で柔軟な解釈が可能であると考える。しかし，技術の社会的形成の論者

は、これらが一定の頑健性をもって主体の行為を制約することも強調し、どのような制度や構造であっても構築可能で、物の作用はいかようにでも解釈できるという極端な構築主義的視座には否定的な態度をとっている（MacKenzie & Wajcman, 1999; Russell & Williams, 2002; Williams & Edge, 1996; 原, 2007）。

　技術の社会的形成の論者による物的存在の扱いは、アクター・ネットワーク理論の影響を受けている。Callon（1986, 1987）は、フランスにおける電気自動車（VEL）のプロジェクトを事例として取り上げ、そのプロセスをアクター・ネットワーク理論の枠組みで詳細に説明した。彼はフランス電力公社やルノーといった組織や政府、ユーザーといった主体に加えて、蓄電池やその電極、触媒といった物的存在もネットワークの構成要素として同列に扱い、分析の対象とした。そして、ある技術を成功に導くということは、これらの多様な存在が長期にわたって安定的なネットワークを築くよう導くことを意味する、としたのである[6]。電気自動車のプロジェクトは結局失敗に終わるが、Callonはこの失敗を、ネットワークを構成する電子や触媒、製造企業、顧客が、自らの役割を果たさなかったからだと分析した。このように、技術の社会的形成の論者たちは、物的存在、あるいは技術は、人や組織の行為を制約し、コントロールし、一定の秩序を形成すると考える（Latour, 1992）。

　一方で、技術の社会的形成の見方では、物的存在は柔軟な解釈の対象にもなりうる。Pinch & Bijker（1987）の見方では、解釈の柔軟性——ある物的存在に対しては複数の意味づけをすることが可能であるし、ある問題を解決するための設計は複数ありうること——が強調される。これら物的存在の2つの側面を統合するのは難しく、いまだに十分な理論化はできていないが、技術の社会的形成の論者たちは、物的存在の柔軟な側面と制約的な側面をプラグマティックに調和させて分析を進めるべきだと考えている（Russell & Williams, 2002, pp. 48-53）。その背景には、実践への志向がある。物的存在

---

[6] Callon（1987）は、エンジニアが物質的存在だけでなく組織、政府、ユーザーといった社会的な存在も考慮に入れて技術システムを構築する活動をして、エンジニアが社会科学者のように振る舞っていると評した。そのうえで、このような社会科学的活動を行うエンジニアを技術者—社会学者（engineer-sociologist）と呼んでいる。

の制約を認めることは，科学社会学が根絶やしにしようとしてきた決定論的世界観を再導入するものだという批判はあるものの（Collins & Yearley, 1992），技術を能動的に管理するためには，物的存在の柔軟な側面だけでなく，制約的な側面も素直に認めなければならない（原, 2007）。このような考えのもと，技術の社会的形成の論者は過度の相対化を否定し，より実践的に物的存在の柔軟な側面と制約的な側面の両方に配慮するのである。

また，技術の社会的形成の論者は，ある技術の形成プロセスの分析において，制度や構造といった社会的・経済的文脈の制約を重視する（MacKenzie & Wajcman, 1999; Russell & Williams, 2002; Williams & Edge, 1996; 原, 2007）。この態度は，技術の社会的形成の論者が自らの知的源流とみなす技術の社会的構成やアクター・ネットワーク理論について批判的な検討を重ねた結果として生じたものである。技術の社会的構成の分析枠組みに対しては，ある技術を解釈する社会グループの存在をア・プリオリに認めてしまっているという課題が指摘されていた（Klein & Kleinman, 2002）。また，アクター・ネットワーク理論については，アクターによる微視的なネットワークの分析に注力するあまり，より広範な社会的・経済的文脈を見落としてしまっているという問題が指摘されていた（Williams & Russell, 1988）。技術の社会的形成の論者は，このような社会的・経済的文脈の影響を積極的に議論に取り入れようとする。例えば Hara（2003）は，医薬品の形成プロセスにおける市場ニーズ，競争環境，規制，企業戦略，社内政治，医学界，および薬価制度などの影響を指摘している。これらを考慮に入れることにより，それを背景とした権力や，技術の形成に関与しないことをもって技術の形成を方向づけた社会グループを分析の俎上に載せることができるのである（Klein & Kleinman, 2002）。

このように，技術の社会的形成の論者は，技術と社会の形成について構築主義的な立場をとりながらも，物的存在や社会的・経済的文脈に対しては実在主義的な立場をとり，その制約を認める立場をとる。実践的にみれば，生産者や消費者の解釈は，市場構造や，文化，政治，法律，学界，業界慣行などの社会的・経済的文脈，あるいは製品や生産設備，店舗などの物的存在に影響されるし，組織内の開発チームの解釈は組織の方針や戦略，組織構造，

競争上の地位，学界，経済，政治，規制などの社会的・経済的文脈，あるいは開発中の製品やその素材，実験設備，生産設備などの物的存在に影響される。しかし，その制約のもとで，人々は行動し，解釈し，相互作用して，それらを柔軟に解釈し，その解釈を収結させ，新たな解釈を安定化させる。すなわち，Giddens (1984) の「二重性（duality）」の概念のように，社会的・経済的文脈や物的存在は主体の行為の足場であると同時に主体の行為の結果として構築されるものであり，主体の行為を制約すると同時にその行為を可能にするのである[7] (Bijker, 1995; 加藤, 2011; Law & Bijker, 1992; Orlikowski, 1992)。以降，制度，文化，歴史，経済といった社会的・経済的文脈の二重性に着目し，これらを構造的要因と呼ぶことにする。

　新たな市場・製品評価の枠組みが形成される局面の分析では，構築主義的な見方によってそれらが形成されるプロセスを把握しながらも，それに対する物的存在や，構造的要因の影響を実在主義的に説明するという方法論的な矛盾が問題視されることになる。しかし，技術の社会的形成の見方は，技術と社会の相互形成を分析するにあたって，この方法論的な矛盾に，実践的な技術の管理という積極的な意義を見いだそうとしている（原，2007)。すなわち，主体と物的存在・構造的要因を二元的に捉え，どちらかでどちらかを説明する図式ではなく，物的存在・構造的要因を主体が解釈し，それらを再構築して新たな秩序として物的存在・構造的要因を形成する実践に，その分析対象を転換しようというのである。このような見方によれば，新たな市場・製品評価の枠組みが形成される局面での主体の対話や物的存在・構造的要因の影響を包括的に理解することができるだろう。この点が，本研究で技術の社会的形成の見方を採用する意義であると考えられる。

---

[7] Giddens (1984) は「構造の二重性という概念によれば，社会システムの構造特性は再帰的に行われる実践の媒体であるとともに結果として形成されるものである（According to the notion of the duality of structure, the structural properties of social systems are both medium and outcome of the practices they recursively organize)」と述べている (p. 25)。本書で用いる「足場」という言葉は，この実践の媒体（medium of the practices）を含意している。

4. 研究方法

技術の社会的形成アプローチ

　以上のように，技術の社会的形成の見方は，本書において重要な役割を担うことが明らかとなった。技術の社会的形成の見方は，新たな市場・製品評価の枠組みが形成される局面の構築主義的な分析と適合的であるだけでなく，構造的要因や物的存在の主体な読み解きと，再形成に配慮した分析を可能にするのである。

　本書では，製品開発と市場のダイナミクスについての理解を深めることを目的に，市場創造型製品の開発という局面を取り上げて，その開発プロセスと発売後の市場形成プロセスの関連を明らかにすることを課題としている。具体的には，本章の冒頭で示したリサーチ・クエスチョンを解くために，市場創造型製品の開発事例を取り上げて，技術の社会的形成の見方にもとづいた詳細な事例分析を行おうと考えている。そこで，ここでは技術の社会的形成の見方を事例分析に用いる研究アプローチとして定式化しておこう。

　原（2007）は，技術の社会的形成からその独自の見方の特徴を抽出し，研究アプローチとして定式化することを提案し，その研究アプローチを「技術の社会的形成アプローチ」と呼んでいる。原によると，同アプローチが満たすべきである要件は，次の8点である。

1. 技術と社会を切り離せないものとして把握しながら，前者を物と人間との関係，後者を人間と人間との関係として概念的には区別し，それぞれが相互作用していて，いずれもが相手を決定できないものとして考える。
2. 研究の目的を，この技術と社会との複雑な相互作用の関係を解明していくことで，人間が技術を能動的に管理するための基盤とすることに置く。
3. 過度の一般化や抽象化を避け，特定の状況に細心の注意を払いつ

つ，詳しい経験的研究にもとづいた議論をする。事例研究の積み重ねを主たる研究方法とする。
4. 技術の内容，技術形成，および変化のプロセスを，社会との複雑な関係が現れるところまで詳しく吟味し，記述する。このとき，常に正の方向と負の方向双方の発見に心を配る。
5. 特定の技術の形成プロセスに関わる主な主体を特定し，それぞれの技術の解釈や行動，相互作用について把握する。主体は個人である場合もあるし，集団である場合もある。主体は様々な利害関心をもち，自らの意思をもって（文字どおり）主体的に行動する存在である。
6. 技術の形成プロセスに関わる主な物的存在を特定し，その作用，制約，あるいは可変性について吟味する。
7. 技術の形成プロセスに関連して，主体の行動に影響を与える制度的・構造的要因を特定し，その作用，制約，あるいは可変性について吟味する。制度的・構造的要因としては，経済，歴史，法制度，文化などのほかに，国家や軍，ジェンダー，宗教など多様な要素にも配慮する。
8. 最後に，これらの考察を統合して，多様な主体，物的存在，制度的・構造的要因の相互作用に留意しつつ，事例研究としての再構築を図る。このとき，必ずしも単一の説明に収斂させる必要はなく，説明としての妥当性が保てるのであれば，複数の説明を並列させても構わない。可能であれば，これを元に実践的なインプリケーションを引き出すが，拙速に進める必要はない。

本書では，この技術の社会的形成アプローチを事例分析に利用する。具体的に用いる分析枠組みは，図3-2のとおりである。これまで述べたように，本研究では，あくまでも構築主義的なアプローチで新たな市場・製品評価の枠組みの形成プロセスを分析する。すなわち，細分化市場・製品評価の枠組みは組織レベルの製品開発と市場レベルでの対話を経て形成された構造的要因のひとつであるとみなされる。

図 3-2　本研究の分析枠組み

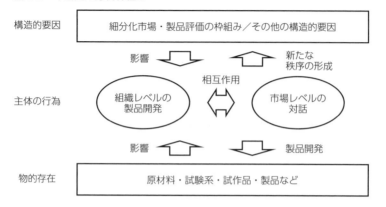

　市場レベルの対話では組織がひとつの主体として行為する。すなわち，市場レベルの対話では，生産者，消費者，マスコミ，小売業者などが主体として取り上げられ，その行為が分析されることになる。このとき，新たな市場・製品評価の枠組みの形成は，組織レベルの製品開発の分析と同様に，これらの主体が製品を柔軟に解釈し，その解釈が収結するプロセスとして読み解かれる。そのうえで，その解釈が収結するメカニズムを構造的要因や物的存在の影響を吟味しながら分析する。

　一方，組織レベルではR&Dやマーケティング，営業などの部門や個人が主体として行為するプロセスを把握する。組織レベルで市場創造型製品が開発されるためには，既存の製品評価の枠組みとは異なる新たな枠組みを見いだし，その枠組みを正当化する説得が必要である。本書では，このプロセスを製品開発に関与する主体による柔軟な解釈とその収結のプロセスとして読み解き，構造的要因や物的存在の影響を吟味しながら分析する。

事例と選択の理由

　本書で取り上げる事例は，着色汚れ除去ハミガキ，健康茶飲料，および高級炊飯器の3つの細分化市場の形成である。

　着色汚れ除去ハミガキの市場は，2001年にサンスターから発売された「Ora2ステインクリアペースト（以下，Ora2ステインクリア）」をきっかけ

に，歯磨剤の下位市場として形成された。歯磨剤の市場は一般的に効能効果によって様々な下位市場に分類されるが，歯を白くする美白ハミガキは，白い歯を美しいものとする価値観を背景に，日本で歯磨剤が工業生産されるようになった 1940 年代から歯磨剤の下位市場として認知されてきた（飯塚・丹羽・日本歯磨工業会，1994）。この美白ハミガキが「歯を白くする」という性能属性を重視していたのに対し，サンスターは Ora2 ステインクリアの発売によって歯の「着色汚れを除去する」という性能属性を提示した。これをきっかけに着色汚れ除去ハミガキという新たな細分化市場が形成されたのである。後に他の企業から発売された製品群も，製品設計や消費者に対する訴求で「着色汚れを落とす」ことを重視した製品評価の枠組みを共有するようになり，着色汚れ除去ハミガキという細分化市場が形成された。事例研究では，主にサンスターの Ora2 ステインクリアの開発プロセスと，それをきっかけにした市場参加者の対話を検討する。

健康茶飲料の市場は，2001 年に花王から発売されたヘルシア緑茶をきっかけに，茶系飲料の下位市場として形成された。従来の茶系飲料が「のどの渇きをいやす」「お茶の味わいを楽しむ」という性能属性を重視した製品評価の枠組みで評価されていたのに対し，花王はヘルシア緑茶によって「健康を維持・増進する」という性能属性を重視した製品評価の枠組みを提示した。その後，(1)特定保健用食品（以下，トクホという）の表示許可を受けて健康機能を表示している，(2)容器が 350mL 入りの PET ボトル，(3)通常よりやや高めの値段設定，という特徴を共有した製品が発売され，これらの製品が小売店の店頭でまとめて陳列されたり，健康茶飲料の特集記事として雑誌等に取り上げられたりするようになり，健康茶飲料という細分化市場が定着していった。事例研究では，花王の「ヘルシア緑茶」のほかに，サントリーの「黒烏龍茶 OTPP」（2006 年 5 月発売），伊藤園の「引き締った味カテキン緑茶」（2008 年 3 月発売）を取り上げ，これらの製品の開発プロセスと，市場参加者の対話を検討する。

高級炊飯器の市場は，2006 年 3 月に三菱電機から発売された「本炭釜（NJ-WS10）」をきっかけに，炊飯器市場の下位市場として形成された。当時主流の炊飯器が「便利に使える」という性能属性を重視した製品評価の枠組

みで評価されていたのに対し，三菱電機は「ご飯のおいしさへのこだわり」という性能属性の重み付けを大幅に強化して製品評価の枠組みを変化させるとともに，既存の製品のおよそ1.5倍の高価格で本炭釜を発売した。その後，複数の企業から同様に高価格の炊飯器が発売され，これらの製品が小売店の店頭でまとめて陳列されたり，高級炊飯器の特集記事として雑誌等に取り上げられたりするようになり，高級炊飯器という細分化市場が定着していった。事例研究では，本炭釜のほかに，タイガー魔法瓶の「土鍋IH炊飯ジャー＜炊きたて＞（JKF-A）」（2006年9月発売），象印マホービンの「圧力IHジャー炊飯器『極め炊き』（NP-SA10）（以下，極め羽釜）」（2010年9月発売），およびシャープの「ヘルシオ炊飯器（KS-PX10A，KS-GX10A）」（2012年10月発売）を取り上げ，これらの製品の開発プロセスと，市場参加者の対話を検討する。

　これらの事例を選択した理由は，以下のとおりである。第1に，事例で取り上げた3つの細分化市場は，複数の主体によって新たな細分化市場として認識されていることが確認できたからである。当然のことながら，本書で選択する事例は新たな細分化市場が形成された事例である必要がある。とはいうものの，新たな細分化市場が形成されたかどうかは，それほど自明なものではない[8]。そこで本研究では，注目する製品群を複数の主体（企業，消費者，流通業者，マスコミなど）が細分化市場として扱ったり，特定のカテゴリとして言及したり，特定の製品評価の枠組みで評価することに言及したことをもって，新たな市場の形成とみなすこととした。社会認知アプローチでは，細分化市場を市場参加者に共有された知識とみなし，市場参加者が生み出すストーリーからそのダイナミクスを読み解く（Rosa et al., 1999）。本研究では，このアプローチを敷衍し，複数の市場参加者がその細分化市場や製品評価の枠組みが存在するかのように振る舞っていることをもって，細分化市場の形成と解釈している[9]。本書で取り上げた3つの事例は，いずれもこの条件を満

---

[8] 例えば，先行者優位に対する反論として，そもそもどの製品が先行者なのかを特定するのが難しく，結果として市場に残っている製品を先行者と誤認する場合があるという指摘がある（Golder & Tellis, 1993; Tellis & Golder, 2002）。

[9] より具体的にいえば，小売店がいくつかの製品をひとつの棚に集めてその製品群のための販売コーナーをつくった，後から製品を発売する企業が先行する製品と共通する属性を採用した，

たしていた。

　第2に，それぞれの事例で取り上げる産業の特性が，本研究のリサーチ・クエスチョンに即していることがあげられる。歯磨剤，茶系飲料，炊飯器はいずれも古くからある産業であって歴史的な蓄積があり，製品評価の枠組みは安定していた。歯磨剤であれば，口腔疾患を予防できるか，歯を白くできるか，茶系飲料であれば，のどの渇きをいやし，お茶の味わいを楽しむことができるか，そして炊飯器であれば便利に使えるかが製品を評価する基準だった。本書で選んだ事例は，このように製品評価の枠組みが安定していたにもかかわらず，そこに変化が持ち込まれた事例である。そのため，製品評価の枠組みの変化が市場参加者の行為から特定しやすく，製品開発と市場のダイナミクスを分析するには適しているといえるだろう。

　第3に，それぞれの事例が比較可能な差異を有していることがあげられる。Ora2ステインクリアを開発したサンスターは，これまでにもハミガキ市場で事業を行っていたし，本炭釜を開発した三菱電機もこれまでにも炊飯器市場で事業を行っていた。一方，ヘルシア緑茶を開発した花王は，ヘルシア緑茶ではじめて飲料市場に参入した。また，健康茶飲料と高級炊飯ジャーの事例においては，市場創造型製品の開発と追跡型製品の開発の両方を検討した。これらの比較を行うことで，より深くリサーチ・クエスチョンを検討できると考えた。

データ収集と分析方法

　事例研究には，1次データと2次データを利用した。1次データは，主として上で示した製品の開発に関係した方々へのインタビューによって入手した。また，流通企業，広告代理店へのインタビューも行った。インタビューは2006年5月から2012年12月にかけて行い，個々のインタビューは約1時間から最大約4時間かけて行い，事前に用意した質問に対する応答を中心に，対話の進行に応じて臨機応変な質問も行う半構造化インタビューの形式

　後から製品を発売した企業の広告における表現が先行する製品と類似したものになった，マスコミがある製品群をまとめて特集記事に組んだ，といった現象を捉えて新たな市場の形成とみなした。

をとった。インタビューはすべてICレコーダーで録音し，文字におこしたうえでデータとして利用した。なお，インタビューを文字におこした段階，または事例研究レポートとしてまとめた段階で，インタビュイーに内容を確認してもらい，筆者の誤解をできる限り排除した。

2次データとしては，新聞や雑誌，企業のニュース・リリース，日本歯磨工業会の製品データベース，調査会社が発行している調査レポートなどの2次資料も利用した。これらの資料は，インタビュー内容を確認するとともに，限られたインタビューだけでは把握できなかった事実関係を補足するために用いた。

次に，収集したデータについて，技術の社会的形成アプローチにそった方法で以下のような手順で分析を行った。

1. 1次データおよび2次データを，市場レベルの対話プロセス——事例のきっかけとなった製品の発売から新たな市場・製品評価の枠組みの形成までのプロセス——に関わるものと，組織レベルの製品開発プロセス——製品の構想から発売までのプロセス——に関わるものとに分類した。それぞれのデータを「技術の内容，技術形成，および変化のプロセス」に関わるものとみなし，社会との複雑な関係が現れるところまで詳しく吟味し，記述する対象として特定した。
2. 市場レベルの対話プロセスについて，対話に関わった生産者，消費者，流通企業などを集団的な主体として特定し，それぞれの製品の解釈や行動，相互作用を1次データおよび2次データを閲覧しながら抽出した。
3. 市場レベルの対話に関連した主な物的存在を特定し，その作用，制約，あるいは可変性について吟味した。
4. 市場レベルでの対話に影響を与えた社会的，経済的，文化的な文脈を構造的要因として特定し，その作用，制約，あるいは可変性について吟味した。具体的には，既存の製品評価の枠組み，市場の状況，社会的な趨勢などを1次データおよび2次データを閲覧

しながら抽出した。特に，既存の製品評価の枠組み，製品市場の影響は注意深く吟味した。
5. これらの抽出・考察を統合して，多様な主体，物的存在，構造的要因の相互作用に留意しつつ，市場レベルの対話を通じた新たな製品評価の枠組み・市場の形成プロセスを事例の記述として再構築した。
6. 同様のことを，組織レベルの製品開発についても行った。ここでは，開発に関わった主な主体を特定し，それぞれの技術の解釈や行動，相互作用を把握した。具体的にはR&D，マーケティング，営業，役員など，機能部門としての役割を帯びた個人を特定し，彼ら／彼女らの行動，解釈，相互作用を1次データおよび2次データを閲覧しながら抽出した。物的存在，および構造的要因についてはここまでと同様に特定・吟味した。これらの考察を統合して，多様な主体，物的存在，構造的要因の相互作用に留意しつつ，組織レベルの製品開発プロセスを事例の記述として再構築した。
7. 市場レベルの対話プロセス，および組織レベルの製品開発プロセスを一連の事例として再構築し，それらをリサーチ・クエスチョンにそって分析した。具体的には，主体の対話を一連のパターンとして抽出するとともに，それに関連した物的存在，構造的要因を特定し，それらの影響を吟味した。

5. まとめ

　以上のように，第3章では文献レビューを受けてリサーチ・クエスチョン，および方法論的問題を明らかにしたうえで，技術の社会的形成の見方を検討した。本研究のリサーチ・クエスチョンは，組織レベルの製品開発についての問い，市場レベルの秩序形成プロセスについての問い，および組織レベルと市場レベルの関連についての問いの3つに大別できる。これらを事例研究によって明らかにするのが，本書でここから取り組むことである。しかし，

そのためには乗り越えなければならない方法論的な問題があった。本研究では，製品市場の存在論については構築主義の立場をとりながら，物的存在や構造的要因が実在物として主体の行為，そして新たな細分化市場の形成に影響を与えると考える。これは，存在論的に矛盾した見方をとってしまうことになるのである。

　そこで，この問題を乗り越える方法を，技術の社会的形成の研究領域に求め，検討を行った。技術の社会的形成は，技術決定論を批判しつつ技術と社会の相互形成を明らかにしようとする研究領域である。その研究領域で共有されている見方は，本書の研究課題に取り組むうえで有効であることが示された。以上の検討を踏まえて，本研究では，技術の社会的形成アプローチを事例研究の方法に採用することとした。

　以上で，事例研究に進む準備が整った。本章の最後には，本研究で取り上げる事例の概要とデータ収集，および分析の方法を示した。次章からは，これらの事例を記述・分析していこう。

第 **4** 章

着色汚れ除去ハミガキ市場の形成

　第4章では，歯磨剤市場における新たな市場・製品評価の枠組みの形成事例を取り上げる。一般的に，歯磨剤市場は様々な効能を訴求した製品によって構成された下位市場に細分化されているが，ここではそのうち美白ハミガキと呼ばれる製品群に注目する。美白ハミガキの市場では，「歯を白くする」という性能属性を重視した製品評価の枠組みが用いられていたのだが，サンスターが2001年8月に発売したOra2 ステインクリアという製品をきっかけに，その製品評価の枠組みは「着色汚れの除去」を重視するものへと変化した[1]。第4章ではこのプロセスに着目し，市場レベルの対話と組織レベルの製品開発を分析する。

　事例研究では，はじめに市場レベルの対話プロセスを検討する。そこでは，Ora2 ステインクリア登場以前の美白ハミガキ市場の動向と，同製品の発売をきっかけに様々な主体が対話し，その結果として新たな製品評価の枠組みが形成されるプロセスが示される。次に，サンスターにおけるOra2 ステインクリアの開発プロセスを検討し，組織内で新たな製品評価の枠組みが採用された経緯を示す。その後，市場レベルの対話，および組織レベルの製品開発について，技術の社会的形成アプローチによる分析を行う。

1. 事例の記述：新たな市場・製品評価の枠組みの形成

美白ハミガキ市場の概要

　白い歯を美しいものとする価値観は地理的にも歴史的にも広く共有されて

---

[1] 「歯を白くする」「着色汚れを除去する」といった性能属性の表現は，事例研究で得たデータから筆者が再構成したものである。再構成にあたっては，インタビュー時にインタビュイーによって用いられた表現や，各種2次データで用いられた表現を参照しながら，消費者にとっての便益（何ができるか）を示すとともに，それを達成する度合いを含意した表現を考案する，という手続きを踏んだ。この手続きは，後の章の事例研究でも踏襲した。

いる（村澤, 2007）。このため，歯磨剤の歯を白くするという効能は，日本において それらが本格的に工業生産されるようになった1950年代から注目されていた。しかし，その効能は徐々に歯磨剤の基本機能としてあたりまえのことになっていった。その結果，歯磨剤における美白ハミガキのシェアは1980年代には20%を超えていたのが，90年代前半には15%以下まで低下していた（飯塚・丹羽・日本歯磨工業会, 1994）。

　図4-1には，美白ハミガキの市場規模の推移を示した。一般的に，歯磨剤の市場は薬事法にもとづく効能・効果によっていくつかの下位市場に分類されている[2]。例えば，富士経済が発行している「オーラルケア関連市場マーケティング総覧」は，ハミガキを「歯ぐき保護用」，「美白用」，「口臭予防用」，「虫歯予防用」，「その他」に分類している。この分類にもとづくと，美白ハミガキの市場規模は1990年代初頭には約90億円前後で推移していたが，1995

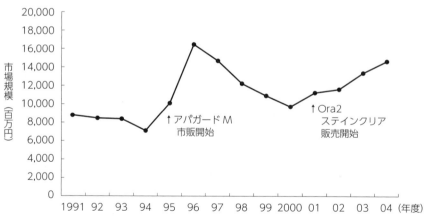

図4-1　美白ハミガキ市場規模の推移

出典：株式会社富士経済「オーラルケア関連市場マーケティング総覧」にもとづき筆者作成

---

[2] 歯磨剤は薬事法によって化粧品，医薬部外品，医薬品などに分類され，その効能・効果が規定されているため，その効能・効果にもとづいて下位市場への分類が行われる。なお，薬事法は，2013年11月27日交付，2014年11月25日施行の「薬事法等の一部を改正する法律」により，医療機器等の規制も管轄する「医薬品，医療機器等の品質，有効性及び安全性の確保等に関する法律」へと改訂された。本書の事例研究で扱うのはこの改訂以前の出来事であるため，ここでは薬事法についてのみ言及している。

年から急速に拡大し，翌1996年には2倍の約180億円にまで達し，その後2000年にかけて縮小するという経緯をたどっている。

アパガードMのヒットと他メーカーの対応

1990年代半ばの美白ハミガキ市場拡大を牽引したのが，歯磨剤市場では新興企業[3]のサンギである。同社が1995年から市販し始めたアパガードMという製品が，希望小売価格2800円（120g入り），および980円（40g入り）という高価格にもかかわらず，爆発的なヒット商品となったのである。

アパガードMは，配合されたハイドロキシアパタイトが歯の表面の微細な傷を再石灰化することで歯の表面を滑らかにする（荒川ら, 1999）。このため，歯の表面がつややかになり，白くみえるのだという（高ら, 1999）。当初，サンギはアパガードMを通信販売していたが，1995年にコンビニエンス・ストアや一般小売店での販売を始め，同時に「芸能人は歯が命」という印象的なキャッチ・フレーズを用いた大量のテレビ・コマーシャルを放映した。この販売促進が功を奏し，サンギの1996年1月の月間シェアは25.4%にも達し[4]，年間では12.4%のシェアを奪うに至った。サンギが発売した製品を，多くの消費者が支持したのである。

これに対し，既存の歯磨剤メーカーも直ちに反応した。1996年3月には，サンスターがハイドロキシアパタイトとPEG（ポリエチレングリコール）を配合し，タバコのヤニを落とすという効能をもったAPホワイトを発売した。また，ライオンも1996年5月にハイドロキシアパタイトにフッ素を加えてさらに再石灰化機能を強くしたフルオロアパタイトを主成分としたクリスタを販売した[5]。また，アパガードMの希望小売価格が120g入り2800円，40g入り980円であったのに対し，APホワイトは45g入り580円，クリスタは45g入り680円と，両社はアパガードMに比べて価格を低く抑えた製品で競争を仕掛けたのである。

しかし，アパガードMがきっかけになった美白ハミガキブームは長くは

---

[3] 1974年設立。
[4] 『日本経済新聞』1996年7月29日，45面。
[5] 『日経産業新聞』1996年4月19日，25面。

続かなかった。サンスターやライオンが美白ハミガキ市場に低価格品で参入したため、サンギのシェアは急速に低下した。そして、美白ハミガキの市場規模もサンギのシェアが低下したのにともなって縮小していったのである（図 4-1）。

2001 年に発売された美白ハミガキ

このように、美白ハミガキのブームはいったん沈静化したが、2001 年に入ると、再度美白ハミガキ市場は拡大していった。そのきっかけは、ライオン、グラクソ・スミスクライン（以下、GSK）、およびサンスターの 3 社から、ほぼ同時期に美白ハミガキが発売されたことによる（表 4-1）。

2001 年に発売されたこれらの製品は、1990 年代中ごろにブームになった美白ハミガキとは異なる技術を採用していた。サンギのアパガード M に配合されているハイドロキシアパタイトは歯を再石灰化して歯を白くするのだが[6]、2001 年に開発されたライオン、GSK、サンスターの製品は、ハイドロ

表 4-1　2001 年に発売された主要な美白ハミガキ

メーカー	製品名	発売年月	有効成分、商品特徴
ライオン	White & White プライム	2001 年 3 月	有効成分：粒状シリカ、ピロリン酸 Na 商品特徴：くすみクリア成分（ピロリン酸 Na）が、歯のくすみをはがしてつるつるの白い歯にします。
グラクソ・スミスクライン	アクアフレッシュ・ホワイトニング	2001 年 8 月	有効成分：ピロリン酸塩 商品特徴：2 種類のピロリン酸塩が歯に付着した汚れが固まるのを防ぎます
サンスター	Ora2 ステインクリア・ペースト	2001 年 8 月	有効成分：高清掃シリカ、スルホコハク酸系界面活性剤 商品特徴：ステインコントロール成分（スルホコハク酸系界面活性剤）が、歯の表面に付着してしまうステイン（着色汚れ）をきちんと落として、さらに歯につきにくくするので、歯本来の色を取り戻し、きれいな歯を保ちます

出典：日本歯磨工業会会員会社歯磨製品一覧表、および各社ニュース・リリースを参考に筆者作成

---

[6] サンギはハイドロキシアパタイトの効果を厚生省（当時）に申請して医薬部外品の薬効成分としての承認を得ていた。このため、サンギのアパガード M のみが「薬用ハイドロキシアパタイト」と成分名を表示している。

キシアパタイトは含んでおらず，研磨剤と着色汚れを化学的に溶解する成分を配合していた。研磨剤による着色汚れの除去という方法は1970年代から用いられていたが（飯塚ら，1994, 37-40頁），これらの製品は，そこに着色汚れを化学的に溶解する成分を追加し，歯を白くする効果を高める工夫が施されていたのである[7]。

　しかし，ライオンおよびGSKの2社とサンスターはこれらの製品を開発・販売するにあたって，異なるアプローチをとった。ライオンの開発チームは既存の美白ハミガキは効果が不十分だと考え，米国の美白ハミガキを参考に，研磨剤の物理的な作用に加えて化学的に着色汚れを溶解するピロリン酸ナトリウムを配合したハミガキを開発した。また，同製品を同社の美白ハミガキであるWhite & Whiteというブランド名をつけて発売し，従来の美白ハミガキに新しい価値を付け加える製品として売り出したのである[8]。GSKも同様で，アクアフレッシュ・ホワイトニングを美白ハミガキの効果を高めたものとして売り出した。

　ところが，サンスターのアプローチは異なっていた。Ora2ステインクリアにも，研磨剤に加えて化学的に着色汚れを溶解する成分が配合されていたが，サンスターは同製品を発売するにあたってステイン（着色汚れ）[9]を除去すると訴求したのである。また，既存の美白ハミガキ・ブランドであるホワイト・サンスターやAPホワイトというブランド名をつけて発売するのではなく，Ora2というブランド名をつけて発売した。これにより，同社はOra2ステインクリアをこれまで販売していた美白ハミガキとは異なる製品として売り出したのである。

　Ora2ステインクリア発売後，サンスターは様々な手段でステインの除去という概念を普及させようとした。テレビ・コマーシャルや雑誌広告，小冊子の配布などにより，紅茶や赤ワインで歯にステインが付着すること，Ora2

---

[7] White & Whiteプライムの粒状シリカ，Ora2ステインクリアの高清掃シリカが研磨剤であり，White & Whiteプライムのピロリン酸Na，アクアフレッシュ・ホワイトニングのピロリン酸塩，Ora2ステインクリアのスルホコハク酸系界面活性剤が，着色汚れを化学的に溶解する成分である。

[8] 『週刊エコノミスト』2001年7月14日号，72-73頁。

[9] 歯科の専門領域では，歯の着色汚れ全般を専門用語としてステインと呼ぶ（飯塚ら，1994）。

ステインクリアはそのステインを落とすこと，を繰り返し訴えたのである。広告を担当した村上悟郎は次のように話した。

> 村上：ステインというのは歯についている着色汚れです，ということを丁寧に伝えていこうとしたのです。さらに，着色汚れは生活の中で自然につくものだよと。当時，ワインブームもあったのですよ。カフェブームもあった。日ごろカフェで飲む紅茶とかコーヒーとか，赤ワインとか，そういうのでつく汚れの蓄積を，ステインクリアは落としてくれるのだよと，生活シーンに合わせて訴求したのですね。

また，サンスターは歯科医師向けとして実験データを示した小冊子をつくり，製品の作用には科学的な裏づけがあることも訴えた。これらの活動の結果，発売から4カ月後の調査ではステインという言葉の認知率は80%に達し，Ora2 ステインクリアのシェアも先に発売された White & White プライムやアクアフレッシュ・ホワイトニングのシェアを上回った[10]。また，サンスターが行った調査でも，Ora2 ステインクリアは，他の美白ハミガキ一般とは違うものとして消費者に受け入れられていた[11]。

新たな製品評価の枠組みの形成

このように，Ora2 ステインクリアに対して消費者が好意的な反応を示したため，後に開発される製品も「着色汚れを除去する」という性能属性に注目し，それを重視した製品評価の枠組みにそって改良した製品を発売するようになった。花王は2003年3月にリンゴ酸によって歯の黄ばみ（着色汚れ）の結合を弱めて落とす「クリアクリーン・プラス・ホワイトニング」を発売した[12]。ライオンも，2004年10月に White & White プライムに替えて，ゼオライトによってステインを除去する機能を高めた「プライム ステインオ

---

[10] 土田氏へのインタビュー。
[11] 藤澤氏へのインタビュー。
[12] 花王株式会社ニュース・リリース（2003年1月24日）。

フ」という製品を発売したのである[13]。

また，これらの製品は，その効能を「お茶や，コーヒー，紅茶などによる着色汚れを除去する」と説明するなど，Ora2 ステインクリアの訴求を踏襲していた．表 4-2 に示したように，花王もライオンも，(1)歯を白くするというよりも着色汚れを除去するということを強調している，(2)着色汚れの原因を「コーヒー，紅茶」と説明している，(3)着色汚れ除去に対するニーズの拡大を商品発売の理由としている，という 3 点において Ora2 ステインクリ

表 4-2　着色汚れ除去ハミガキの発売に関するプレス・リリース

発行	日付	内容（抜粋）
花王	2003 年 1 月 24 日	花王株式会社（社長・後藤卓也）は，3 月 15 日，歯の表面やすき間の黄ばみ*1 をリンゴ酸で浮き上がらせて，顆粒でスッキリ落として歯を白くする薬用ハミガキ『クリアクリーン　プラス　ホワイトニング』を新発売いたします． 96 年の美白ハミガキブームの後この市場は鎮静化していましたが，01 年頃から再活性化してきました．その背景には，お茶やコーヒーなどの飲料ブームや女性喫煙率の上昇など，歯の着色汚れ要因が増えてきたことも一因として考えられます． この春花王では，黄ばみを浮かせて歯垢と共にすっきり落として歯を白くする薬用ハミガキ『クリアクリーン　プラス　ホワイトニング』を新発売いたします． 潜在ニーズの高い美白ハミガキ市場に，信頼のブランド『クリアクリーン』から美白ハミガキを発売することで，この市場の活性化を図ってまいります． ＊1 黄ばみとは，お茶やコーヒー，紅茶などの飲食物による着色汚れが，落としきれずに歯に沈着した状態．
ライオン	2004 年 8 月 20 日	ライオン株式会社（社長・藤重貞慶）は，"ビーズスクラブ"が歯の着色汚れ「ステイン」を落として，つやと輝きのある歯本来の白さを取り戻す美白歯磨き『プライムステインオフ』を 2004 年 10 月 6 日（水）から全国にて新発売いたします． 20 代後半～30 代前半の女性に「歯の美白」について調査したところ，「元々の歯の色に戻したい」と答えた女性は約 7 割にのぼり，「元々の歯の色より白くしたい」を上回りました（2003 年当社調べ）． 商品特長 (1) 着色汚れ「ステイン」をすっきり落として歯本来の白さと輝きを取り戻す 　　1) コーヒーや紅茶などによる歯の着色汚れは，歯の表面に蓄積することで目立って見えます．

出典：各社プレス・リリースより筆者作成

---

[13] ライオン株式会社プレス・リリース（2004 年 8 月 20 日）．

アとの共通点がみられる。また、これらの製品はいずれも着色汚れを除去するための成分を配合するなど、その作用を強化するように設計されていた。

　一方、サンスターも着色汚れ除去という製品評価の枠組みにそった製品を新たに開発していった。2003年9月には、ハブラシだけでは落としにくい歯と歯の間の着色汚れを除去するOra2ステインクリア歯間クリーナーシリーズを発売した。さらに2005年8月には、週1回の使用で強力にステインを除去するOra2ステインクリアポリッシュを発売した。このように、サンスターは様々な製品を開発し、着色汚れを除去して歯本来の白さ・美しさを様々な視点から実現するシリーズ商品としてOra2ステインクリアを位置づけていったのである[14]。

　また、このような「ステイン除去」を焦点とした競争は歯磨剤メーカーだけにとどまらなかった。松下電器産業（現パナソニック）は、着色汚れを除去する薬剤と電動クリーナーをセットにした「ステインクリーナー EW1300P」を2005年11月に発売したのである[15]。このように、多くの企業が市場における競争を繰り広げる過程において、美白ハミガキの製品評価の枠組みは「歯を白くする」を重視するものから「着色汚れを除去する」を重視するものへと変化したのである。

2. 事例の記述：組織レベルの製品開発

　では、この市場レベルの製品評価の枠組みの変化のきっかけとなったOra2ステインクリアはどのようなプロセスで開発されたのだろうか。

要素技術の開発

　1994年、サンスターのR&Dは、歯についたステインを除去する、あるいはつきにくくするという技術の開発に着手した。開発を担当した高世尚子らは、ステインを実験的に再現するための試験系[16]をつくり、それを用いてス

---

14 サンスター株式会社プレス・リリース（2005年7月29日）。
15 『日経流通新聞』2005年10月19日、9面。
16 人体において起こる臨床的な問題を解決する手段を探したり、いくつかある解決手段を比較・

テインをつきにくくする物質，およびステインを除去する物質を探索した。約100種類もの物質を試験した結果，ラウリル硫酸ナトリウム（以下，SLS），スルホコハク酸系界面活性剤，アミノ酸系界面活性剤の3つがステインの付着を抑制し，またステインを除去することが明らかとなった。SLSについては，一般的にハミガキに配合されている物質であったため，製品化した際に目新しさがなかった。一方，スルホコハク酸系界面活性剤とアミノ酸系界面活性剤は，これまでにハミガキには配合されていなかった。そこで，これら2つの物質については特許を出願し[17]，学会でも発表した。

しかし，この時点で，サンスターはこの成分を製品化することをあきらめてしまう。実は，スルホコハク酸系界面活性剤は非常に苦く，十分な量をハミガキに配合することはできなかったのである。一方，アミノ酸系活性剤は高価であり，ハミガキのように単価の低いものには配合できなかった。このような困難に突き当たったため，この要素技術はしばらくお蔵入りとなった。

この要素技術が陽の目をみたのは1997年以降のことだった。R&Dに所属していた藤澤考一は1997年ごろから，研磨剤の研究を行っていた。一般的な歯磨剤には，歯の表面についた着色汚れを除去するために，炭酸カルシウムやリン酸カルシウム，シリカ（二酸化ケイ素）といった研磨剤が配合されている。この研磨剤の効力が高いほど，着色汚れを除去する力は強くなる（飯塚ら，1994）。しかし，藤澤には，研磨力を訴求すると，どのように説明しても歯の表面を削るというイメージにつながり，一般の消費者向けにはアピールにならないという懸念があった。そこで，目を付けたのがスルホコハク酸系界面活性剤だった。藤澤は，過去に香料研究室に所属していたときの経験から，スルホコハク酸の苦味を隠す方法があるのではないかと考えた。そして検討の結果，ある甘味剤を組み合わせることでこの苦味を抑制することに成功したのである[18]。

評価したりすることが求められる場合に，その問題を実験的に再現するための簡単なモデルをつくる。そのモデルを試験系という。この場合，ある溶液にアパタイトでできた円盤を浸漬することでステインを再現した。

17 特許第3578560号，および特開平10-17444。
18 特許第3803869号。

さらに藤澤は開発したハミガキのステイン除去効果について，試験方法を工夫することによって，その優位性を示した。研磨剤による物理的な清掃力は，ペリクル・クリーニング・レート（PCR）で評価するのが一般的だった[19]（Stookey, Burkhard, & Schemehorn, 1982）。この方法によると，開発したハミガキは必ずしも高い性能を発揮するわけではなく，他の成分の方が効果は高かった。しかし，上述の高世らが開発した試験系で試験を行うと，開発したハミガキの方が，効果が高いことが示されたのである。

Ora2のブランド・マネジメント

以上のような技術開発と並行して，サンスターはブランド・マネジメントの課題に取り組んでいた。サンスターがOra2というブランド名を使い始めたのは，1998年のことである。1997年秋，サンスターは当時約50億円の売上をあげていたアクアフレッシュの販売権を失った[20]。この売上の減少分を埋めようと発売したのが，Ora2ハミガキだった。この当時のOra2ハミガキは，多孔質炭酸カルシウム粒子と，口臭のもとをつくり出す菌を殺菌するトリクロサンを配合し，歯垢の除去と口臭の防止を訴求していた。

しかし，残念ながらOra2ハミガキは「大きな数字をつくることができなかった」という[21]。当時のハミガキ市場約700億円に対し，Ora2ハミガキの売上は最大で約28億円に達した後，約14億円程度までダウンしてしまったのである。サンスターの人々は，その主たる原因はOra2というブランドのイメージが確立されていないことにある，と考えていた。広告を担当していた村上は，次のように話した。

---

[19] 牛の歯の表面に人工的ステインをつくり，その除去力を評価する *in vitro* 試験だが，臨床的にハミガキとして使用するステイン除去試験との相関が確認されており，業界では標準的に採用されている試験法である。

[20] サンスターは，1981年に英国の医薬品大手，スミスクライン・ビーチャムとライセンス契約を結び，それ以来アクアフレッシュのハミガキ，歯ブラシなどの製造・販売を手がけてきた。ところが，ビーチャム社からマーケティング戦略を自社で統一するため，日本国内での販売を日本法人，スミスクライン・ビーチャム製薬へ移管したいとの申し出があり，ライセンス契約を解消したのである。

[21] 『日経トレンディ』2002年7月5日，臨時増刊号。

村上：（Ora2 ハミガキを）市場に導入したとき，4％くらいのシェアを
とって，これは行けるといっていました。しかし，月日がたつに
つれて徐々にシェアがダウンして，最終的には 2％前後のシェア
まで下がってしまって，これは梃入れが必要だということになり
ました。グループ・インタビューとか調査を入念にやったのです
が，そうすると，Ora2 というブランドが何をしてくれるのか，
ということがわからない，というのがわかってきたのですね。

　このような問題を抱えていたサンスターは，1999 年 11 月に組織体制を変更し，ブランド・マネジメント制を採用した。ブランド・マネジャーのもとに，そのブランドの製品を担当する R&D とマーケティングのチームを置き，研究・技術開発とマーケティングを一括して管理しようとしたのである。このとき，Ora2 もひとつのブランドとして管理されるようになった。当時のサンスターによるブランド・マネジメントには次のような特徴があった。例えば，GUM というブランドでは，歯磨剤，歯ブラシ，フロスなどの様々な製品が「歯周病菌とたたかう」というコンセプトのもとで販売されていた。つまり，「歯周病を予防する」という機能でブランドが指示され，いくつかの異なる製品に同じブランド名がつけられていたのである[22]。では Ora2 はいったいどのようなコンセプト・機能を提示できるのだろうか。これが，Ora2 のブランド・マネジャーらが直面した課題だった。

Ora2 ステインクリアの開発

　この当時，Ora2 ブランドのコアターゲットは 20 代から 30 代の女性と考えられていた[23]。この年代の女性が歯について感じるニーズは何か，ということを考えた開発チーム[24] は，それは「歯を白くしたい」というものだという結論に至った。このときの議論について，マーケティングを担当した土田

---

22 このようなブランド・マネジメントの方法については，石井（1999）を参照せよ。
23 村上氏へのインタビュー。
24 ここでいう開発チームは，Ora2 のブランド・マネジャーのもとで，Ora2 ステインクリアの開発に携わった研究・技術開発の担当者とマーケティングの担当者のことを指している。

成人は次のように話している。

> 土田：この後どうするかという話になったときに，美白関係とかというのは大きなニーズなので，そこに商品をあてていきたいよねと。コアターゲットが強く持っているニーズである美白とか審美とかね，Ora2というのはその辺を一つのコアコンピタンスとして伝えていくという商品なので，そういうものを作り上げていく必要がありますよね，というのがあったのです。

このとき，R&Dを担当した藤澤から，研磨剤とスルホコハク酸系界面活性剤による着色汚れの除去が提案された。このような経緯から，Ora2ブランドに歯を白くするハミガキをエントリーすることが決定したのである。

ところが，開発チームは，開発中の歯磨剤の機能を，これまで業界で使われてきた「歯を白くする」というコンセプトではなく，「着色汚れを除去して歯本来の色に戻す」というコンセプトで捉えようとした。マーケティングを担当した土田とR&Dを担当した藤澤は，それぞれ次のように話している。

> 土田：歯を白くするということだけだと，コンセプト作ってもすごく受容性が高いのですよ。当たり前なのだけど。だけど，一つ変えて，本来の歯の色を取り戻す。要は，生まれ持った自分の歯の色以上には白くならないのだよということを言っても，それでも受容性はあるかどうか。要は，この歯磨き使っても，歯が白くなるのではなく，本来持っている歯の色を取り戻す，そういう歯磨きなのですよという話をしたのですよ。そういうコンセプトを作ったわけです。

> 藤澤：要は，だから洗濯で言うと，黄ばんだシャツが普通に戻るのです。ただ，漂白剤を使ったみたいに白くはならないでしょうという話をしていて，それはやめませんかという話はずっとしていました。

このようなコンセプトにした理由として，製品技術の制約があったことがこの発言から読み取れる。開発中の歯磨剤で，歯の表面の着色汚れを除去することはできる。しかし，ヒトの歯は真っ白なものではなく，着色汚れを除去してもその人本来の歯の色以上には白くならない。この製品技術の制約を素直に認めるべきだというのが開発チームの考えだったのである。特に藤澤は「美白と言わないでほしい」と繰り返し主張したという。そして，この考えはマーケティングや広告の担当者に繰り返し話され，しだいに共有されていったのである。

また，もうひとつの理由として，1996年ごろの美白ブームを繰り返したくなかった，ということもあげられた。サンスター社内では，1996年の美白ブームが短い期間で終わってしまった理由を，「値段の割には歯が白くなる効果が弱かったのではないか」と考えていた[25]。つまり，開発チームは消費者に過度の期待を抱かせると，ブームは短期間で終わってしまうと考えたのである。特に，ブランド・マネジメント体制に移行して日が浅いため，ブランド・マネジャーをはじめとする関係者は，長く売れ続ける製品をつくりたいと考えていた。R&Dを担当した藤澤は次のように話している。

> 藤澤：結局，効果がないと裏切ったことになると思うのです。僕らも同じことをすると一時的な売上は多分ドカンといくかもしれないけれども，多分同じことになってしまうので，ボカンと売れる商品もいいなと思っていたけれども，やっぱり息が長い方がいいなと思っていたから。

しかし，販売にあたっては，歯を白くするといわずに製品の特徴を消費者に伝えるのは難しい。当初，開発チームは「歯のくすみをとる」という表現を考案したが，他社が「歯のくすみをとる」と訴求する製品を先に発売するという情報を入手したため，その表現は使えなくなった。そこで開発チームが採用したのが「ステイン除去」という表現である。「ステイン」は歯の着

---

[25] 高世氏へのインタビュー。

色汚れを指す歯科学の専門用語であり一般的にはなじみのない言葉だった。しかし，土田は市場調査によって，ステインという言葉だけではなく，そのステインが歯に付着するメカニズムの説明が消費者に非常に受けが良いことを見いだした。

> 土田：ステインという言葉は，消費者はやっぱり全然知らなかったのだけど，でも逆に「ステインとは着色汚れなのですよ」，「着色汚れというのは毎日飲むコーヒー，紅茶が原因なのですよ」というようなことを訴えると，すごく新鮮さがあったようです。そういうのがすごくヒントになって，ネーミングもステインというワードをとにかく前面に出して，まず原因になるところを伝えようというのをやろうということになったのですね。3月ぐらいにインタビューをしたのですけど，そのときにすごくそういう印象があったのでね，それを前面に出そうと。

しかし，これに対して営業部門から不安の声があがった。営業部門からみれば，ステイン除去というなじみのない言葉を使うのではなく，「美白」「歯を白くする」などの言葉で直接的に訴求しなければ，他社に勝てないというのである。土田は，このときの状況を次のように話した。

> 土田：開発を進めていったら，同じ時期にアクアフレッシュのホワイトニングが出るということで。これに対して，うち全然アピール弱いのではないかっていうのが営業からさんざん言われてね。営業は，本当にステインなんて誰も知らないから売れるわけないよ，と言うのですよ。

最終的には，開発チームは「美白」ではなく「ステイン除去」を訴求すると，営業部門を説得した。土田は，まず希望小売価格を競合製品の動向に対応して350円に下げた。競合製品の店頭価格が298円前後だという情報を入手したからである[26]。また，店頭で製品が目立つようにハミガキのチューブ

にステッカーをつける手法を開発した。Ora2 ステインクリアは化粧品をイメージしたシンプルなパッケージデザインを採用していたため，店頭では目立ちにくいという声が営業から寄せられていたからだ。ステッカーには「歯本来の白さに」という文言を入れ，美白ハミガキとの違いを主張したという。これらの施策によって営業部門は説得に応じ，2001 年 8 月に Ora2 ステインクリアは「ステイン（着色汚れ）を除去するハミガキ」として発売された。

3. 事例の分析

　以上のように，着色汚れ除去を重視する新たな製品評価の枠組みが形成された市場レベルの対話プロセスと，そのきっかけとなった Ora2 ステインクリアの製品開発プロセスを示した。ここでは，この記述を元に，技術の社会的形成アプローチにそって主体の行為とそれに影響した物的存在や構造的要因について考察することで，リサーチ・クエスチョンに対する解を見いだしていく。

市場レベルの対話

　Ora2 ステインクリアの発売をきっかけとして，新たな製品評価の枠組みが市場参加者に共有されていったプロセスはどのようなものだったのだろうか。事例からは，ある生産者からの新たな製品評価の枠組みの提示，それに対する消費者の反応，およびそれを受けての生産者の反応という一連の市場参加者の対話，そしてその対話に影響を与えた構造的要因や物的存在を抽出することができる。

　はじめに，サンスターは着色汚れ除去という新たな製品評価の枠組みを市場参加者に提示した。製品を発売するとともに，テレビ・コマーシャルや雑誌広告，小冊子の配布などにより，紅茶や赤ワインで歯にステインが付着すること，Ora2 ステインクリアはその着色汚れを落とすこと，を繰り返し訴えた。次に，この新たな製品評価の枠組みが消費者からも支持された。Ora2

26　『日経トレンディ』2007 年 7 月 5 日臨時増刊号，40-41 頁。

ステインクリアが同時期に発売された製品よりも高い市場シェアを獲得したのである。それを受けて，競合企業もステインクリアの訴求を踏襲した新製品を導入した。すなわち，消費者の支持をみた競合企業が同じ製品評価の枠組みを採用し，サンスターを追跡したのである。サンスターも着色汚れを除去する様々な製品を追加発売し，Ora2 ステインクリアをシリーズ商品にしていった。このように，新たな製品評価の枠組みを提示するという行為がきっかけとなって，消費者がそれを支持し，その消費者の反応を受けてさらに生産者が反応するという行為の連鎖としての対話が観察された。この対話では，市場創造型製品を開発した生産者だけでなくその競合企業も新たな性能属性「着色汚れを除去する」を用いており，消費者も「着色汚れを除去する」と「歯を白くする」の違いを理解していた。このように市場参加者は，対話を通じて新たな製品評価の枠組みを共有したと考えられる。

　ただし，この対話だけで新たな製品評価の枠組みが共有されたわけではない。第1に，これらの対話には既存の美白ハミガキ市場の影響がみられた。サンスターの製品開発には過去の美白ハミガキブームが影響を与えていたし，花王がクリアクリーン・プラス・ホワイトニングを発売した際も，1996年ごろの美白ハミガキブームに言及している。第2に，赤ワイン・カフェブームの影響もみられた。Ora2 ステインクリアのプロモーションにおいて，赤ワイン・カフェブームは消費者が着色汚れを除去するという機能を理解するのを促した。競合企業が追跡型製品を発売する際にも，赤ワイン・カフェブームが参照されていた。このように，主体の対話には構造的要因が影響を与えていた。また，構造的要因の影響はほかにも考えられる。例えば，サンスターは，Ora2 ステインクリアのプロモーションとして，歯科医師向けの小冊子を制作・配布したが，これは歯科医学会を権威として利用しているといえる。

　また，Ora2 ステインクリアが消費者の歯に付着した着色汚れを除去するという機能を発揮したことは，消費者の購買行動に影響を与えたと考えられる。サンスターの開発チームは，製品の機能と消費者の期待のバランスが良かったことが，Ora2 ステインクリアが支持された理由のひとつだと述べていた。また，Ora2 ステインクリアとそれを追跡した製品の間にみられた類似性——着色汚れを除去する成分の配合——は，消費者が，これらの製品を

同じカテゴリの製品として認識するのに役立ったといえるだろう。このように，主体の対話には物的存在も影響を与えていた。

　以上のように，着色汚れ除去という新たな製品評価の枠組みが市場参加者に共有されたプロセスは，新たな製品評価の枠組みの提示，それに対する消費者の反応，およびそれを受けての生産者の反応という対話のプロセスとして理解することができた。また，この対話のプロセスには，既存の美白ハミガキ市場や赤ワイン・カフェブームなどの構造的要因，および開発された製品などの物的存在が影響を与えていた。

組織レベルの製品開発

　次に，新たな製品評価の枠組みが形成されるきっかけとなった製品――Ora2 ステインクリア――の開発プロセスについて検討しよう。

　Ora2 ステインクリアの開発は，開発チームが「着色汚れを除去する」という性能属性を構想することから始まっていた。開発チームは，Ora2 ブランドの立て直しという課題に直面し，既存の市場を参考にしながら歯を白くするハミガキの開発を企画した。ところが，ここで彼らは「歯を白くする」という既存の性能属性ではなく，「着色汚れを除去する」という新たな性能属性を重視した製品評価の枠組みを着想した。

　では，なぜ彼らは新たな性能属性，および製品評価の枠組みを着想できたのだろうか。事例からは，物的存在の影響と構造的要因の影響を抽出することができる。既存の製品評価の枠組みでは，サンギのアパガードMのブーム以降，歯が白くなることが重視されていた。しかし，開発中の歯磨剤やその製品を評価する試験系は，いずれも歯の着色汚れを除去するだけで，その人本来の歯の色以上に歯を白くするわけではない，という考えにもとづいて設計されていた。また，当時，サンスターが採用したブランド・マネジメント制では，長期的に売れる製品が求められていた。しかし，開発チームは，既存の製品評価の枠組みにそって歯を白くすることを強調すると，短期間でブームが終わってしまうおそれがあると考えていた。このように，既存の製品評価の枠組みは，物的存在（開発中の製品，試験系）や構造的要因（ブランド・マネジメント制）と矛盾していたのである。

この矛盾を回避しようとして，開発チームは「着色汚れの除去」という性能属性を重視した製品評価の枠組みを着想した。開発中の歯磨剤や試験系は，「着色汚れの除去」という性能属性と整合的だった。また，ブランド・マネジメント制も，「着色汚れの除去」という性能属性とは整合的だと考えられた。「着色汚れの除去」を重視した製品評価の枠組みで製品コンセプトを評価するよう仕向けることができれば，消費者に過度な期待を抱かせることなく長く売れ続ける製品になる可能性も高く，ブランド・マネジメント制に求められていることとも合致したのである。このように，既存の製品評価の枠組みと物的存在の矛盾，および既存の製品評価の枠組みと構造的要因の矛盾，という2つの矛盾が開発プロセスに持ち込まれたこと，そしてそれを開発チームが回避しようとしたことが，新たな製品評価の枠組みを構想するきっかけになった。

　しかし，組織内のすべての主体が，新たな製品評価の枠組みで開発中の製品を評価することにすぐに合意したわけではなかった。事例では，営業部門はそうは考えなかったことが示された。開発チームは（当然のことだが）開発中の製品コンセプトには高い価値があると考えていた。彼らは，ステインを落とすという便益の表現は，歯を白くするというよりも消費者に過剰な期待を抱かせないために，好ましいと考えていた。R&Dが開発したハミガキ剤も，歯の着色汚れを落とすことを目指して設計されており，その性能属性にそって高いパフォーマンスを示していた。一方，営業部門はその製品コンセプトの価値を認めなかった。既存の美白ハミガキ市場での優位性を「歯を白くする」という性能属性を重視した製品評価の枠組みにしたがって強調しなくては，他社との競争に勝てないと主張した。前者は製品コンセプトの推進者，後者は反対者となったのである。

　このように製品コンセプトの評価が異なったのは，同じ組織に属する主体であっても異なる製品評価の枠組みをもつ場合があるからだと考えられる[27]。

---

[27] Bijkerは，ある技術に対する解釈が社会グループによって異なるのは，それぞれの社会グループがもつ「技術フレーム (technological frame)」が異なっているからだと指摘した (Bijker, 1993, 1995)。ここでの「製品評価の枠組みの異なる主体は，製品コンセプトを異なるように評価する」という指摘は，このBijkerの見方を敷衍したものである。

本事例では，開発チームが新たな製品評価の枠組み「着色汚れを除去する」を構想し，その製品評価の枠組みによって開発中の製品を評価したのに対し，営業部門は既存の製品評価の枠組み「歯を白くする」によって開発中の製品を評価していた。そして，既存の製品評価の枠組みでの評価では，開発中の製品コンセプトの評価は高くなかった。換言すれば，営業部門は既存の製品評価の枠組みに束縛されていたのである。

そこで，開発チームは，いくつかの手段を用いて反対者を説得した。その手段として事例から抽出できるのは，ステッカーを貼ったり，価格を下げたりするという施策であろう。このような施策は「既存の製品評価の枠組みとの妥協」による説得と理解することができる。すなわち，既存の製品評価の枠組みを完全に否定せずに（ステッカーに「歯本来の白さに」という文言を入れるが本体にはそのような表現は用いない），新たな製品評価の枠組みとの妥協点を探ったのである。

また開発チームは，ステイン除去というコンセプトが消費者に受け入れられることを，市場調査により確認していた。R&D は，既存のものとは異なる試験系を利用し，新たな製品評価の枠組みで評価して，開発中の製品が他社の製品よりも優位にあることを示していた。このように「第三者の支持」や「物的存在の支持」によって，新たな製品評価の枠組みで製品を評価するよう他の主体を説得することも行われた。また，間接的ではあるが，当時赤ワインやカフェのブームがあり，それらが着色汚れを発生させるという説明が消費者に受け入れられたことも，新たな製品評価の枠組みを支持していた。これは「（既存の製品評価の枠組み以外の）構造的要因の支持」を用いた説得と理解することができる。

また，ブランド・マネジメント体制により，マーケティングと R&D は，ともにブランド・マネジャーの傘下にあったことも，説得に影響を与えていた。一般的に，ブランド・マネジメント制では，マーケティングの諸活動においてブランド・マネジャーに責任と権限が与えられる。本事例では，ブランド・マネジャーの指示にしたがえというような形で権限が行使されたわけではないが，一定の影響力はあったとブランド・マネジャーの瀧行雄は話している。これも「構造的要因の支持」による説得だといえよう。

瀧： 両方ともブランド・マネジャーの下にありましたからね。マーケティングもR&Dもおなじ Ora2 ブランドチームだった。マーケティングのラインと R&D のラインが私の下にいたのですよ。ブランド・マネジャーの責任でやることになっていた。一から商品開発をやってくれたわけですよ。広告もね。シンプルでしたね。命令系統もはっきりしていたし，権限を持っていたし，お願いしたことに対しては私が責任を持つからということもいえたわけです。信念というか，仮説を持ってそれを裏付けていくという自由な雰囲気はありましたね。

　以上の開発プロセスは，次のようにまとめることができる。はじめに，開発チームは，既存の製品評価の枠組みと物的存在／構造的要因の矛盾をきっかけに，新たな製品評価の枠組みを構想した。ところが，営業部門は既存の製品評価の枠組みをもっており，その製品評価の枠組みで開発中の製品を低く評価した。このように製品の評価が分かれたため，開発チームと営業部門は対話し，着色汚れ除去という新たな製品評価の枠組みで開発中の製品を評価するよう開発チームが営業部門を説得した。この説得では，既存の製品評価の枠組みとの妥協，第三者の支持，物的存在の支持，構造的要因の支持が用いられた。かくして，新たな製品評価の枠組みを提示する製品が市場に導入されるに至ったのである。

組織レベルと市場レベルの相互作用

　最後に，Ora2 ステインクリアの開発において，組織レベルの製品開発と市場レベルの対話はどのように関連していたのかを確認しよう。事例，および上の2つの分析結果からは，組織レベルの製品開発プロセスと市場レベルの対話の間には，2種類の関連があったことを指摘することができる。
　ひとつめの関連は，製品を開発したサンスターが市場レベルでは組織という主体として対話に参加したことだ。Ora2 ステインクリアを発売し，様々なプロモーションを行ったことがこれにあたる。このときのサンスターの行動は新たな製品評価の枠組みにもとづいており，そこで語られるストーリー

は新たな製品評価の枠組みを反映している。これが，市場レベルの対話のきっかけとなるのである。このように主体が直接関わることで組織レベルと市場レベルに関連が生まれていた。

2つめの関連は，組織レベルの製品開発プロセスにおいて用いられた構造的要因や物的存在が，市場レベルでの対話にも影響を与えた結果，これらが媒介となって両方のレベルが相互に影響を与え合ったことだ。本事例において，組織レベルの製品開発と市場レベルの対話の両方に影響を与えたのは，赤ワイン・カフェブーム（構造的要因）と製品そのもの（物的存在）である。組織レベルの製品開発において，サンスターは着色汚れを除去するというコンセプトで，評価系，試作品，製品を設計していた。また，赤ワインや紅茶が着色汚れの原因となることを突き止めていた。一方，サンスターは，Ora2ステインクリアの発売後，赤ワイン・カフェブームを利用したプロモーションを展開した。また，開発したステインクリアが消費者の期待した機能を発揮したことも消費者の支持を得ることに寄与していた。このように，組織レベルの製品開発と市場レベルの対話の間には，組織が主体として対話に参加する直接ルート以外に，構造的要因（赤ワイン・カフェブーム）や物的存在（製品が着色汚れを落とすこと）を媒介にした間接ルートでの関連性が発生していた。

4. 発見事項

以上のように，本章では，美白ハミガキの市場において「着色汚れ除去」という新たな製品評価の枠組みが形成された事例を検討した。技術の社会的形成アプローチによる分析からは，リサーチ・クエスチョンに対応して以下の3点が明らかになった。第1に，新たな製品評価の枠組みが市場参加者に共有されるプロセスは，ある生産者からの新たな製品評価の枠組みの提示，それに対する消費者の反応，および消費者の反応を受けての生産者の反応という市場参加者の対話プロセスとして理解できること，そしてその対話プロセスには物的存在や構造的要因が影響していたことが示された（RQ1に対応）。新たな製品評価の枠組みは，それを提示した企業，消費者，競合企業

の対話によってこれらの主体に共有されていた。彼らの対話は，既存の製品市場や他の構造的要因の影響を受けていた。サンスターも競合企業も同じ構造的要因——赤ワイン・カフェブーム——を参照していた。また，物的存在も主体の対話に影響を与えていた。製品の機能と消費者の期待のバランスが，Ora2ステインクリアの市場シェア獲得に影響していた。

第2に，新たな製品評価の枠組みを提示する組織レベルの製品開発プロセスは，物的存在や構造的要因の影響のもとに行われる説得的な対話として理解できることが示された（RQ2に対応）。Ora2ステインクリアの開発では，開発チームが既存の製品評価の枠組みと物的存在・構造的要因の矛盾をきっかけにして，新たな製品評価の枠組みを構想していた。一方，既存の製品評価の枠組みに束縛された営業部門は新たな製品評価の枠組みの採用に反対した。開発チームは，様々な手段で営業部門を説得し，Ora2ステインクリアを新たな製品評価の枠組みを提示する製品として発売した。この対話のプロセスには，様々な物的存在や構造的要因が影響を与えていた。

第3に，組織レベルの製品開発プロセスと市場レベルの対話プロセスは，組織が主体として市場レベルの対話に参加するという直接的なルートのほかに，構造的要因や物的存在を媒介にした間接的なルートで関連しあうことが示された（RQ3に対応）。

このように，着色汚れ除去ハミガキの事例からは，本研究で掲げる4つのリサーチ・クエスチョンのうち3つに対し，一定の解を見いだすことができた。しかし，これはあくまでもひとつの事例から導かれたものであるうえに，追跡型製品の開発という側面からも検討の余地がある。特に，4つめのリサーチ・クエスチョンについては，追跡型製品の開発についてもより詳細に検討する必要があるだろう。次章以降では，別の事例で追試的な検討を行い，発見事項の妥当性を確認していこう[28]。

＊本章の事例研究は宮尾（2011）を元に加筆したものである。

---

[28] 本書の3つの事例研究は，Yin（1994）のいう追試の論理にのっとった複数ケース・スタディの形態をとっている。

第 5 章
健康茶飲料市場の形成

　第5章では，茶系飲料市場の下位市場として健康茶飲料市場が形成された事例を取り上げる。健康茶飲料は，(1)特定保健用食品の表示許可を受けて健康機能を表示している，(2)容器が350mL入りの角型PETボトルである，(3)通常よりやや高めの価格，という特徴を有した茶系飲料である。この健康茶飲料市場が形成されるきっかけとなった製品が，花王の「ヘルシア緑茶」である。その後，サントリーや伊藤園からも健康茶飲料が発売され，それらの製品が，コンビニエンス・ストア（以下，コンビニ）店頭で並んで陳列されたり（図5-1），新聞や雑誌などで「健康茶飲料」として紹介されたりして[1]，ひとつの細分化市場を形成することとなった。

図 5-1　コンビニにおける健康茶飲料陳列の例

出典：2008年11月3日セブン-イレブン千代田二番町店にて筆者撮影

1　『日本経済新聞』2003年6月18日，31面，『日経トレンディ』2007年3月1日，18-21頁，『日経産業新聞』2008年4月18日，5面など。

事例では，はじめに市場レベルの対話プロセスを示す。そこではまず，ヘルシア緑茶登場以前の茶系飲料の市場動向，および健康茶飲料市場の形成において重要な役割を担ったトクホ制度の概要を確認する。そのうえで，ヘルシア緑茶登場後の市場参加者，特に競合企業や流通企業の行動を確認し，彼らの対話を通じて健康茶飲料市場が形成されたプロセスを明らかにする。次に，組織レベルの製品開発プロセスとして，花王によるヘルシア緑茶の開発経緯を示す。また，サントリーの「黒烏龍茶 OTPP」，伊藤園の「引き締った味カテキン緑茶」の開発プロセスも確認する。最後に，組織レベルの製品開発および市場レベルの対話それぞれについて，技術の社会的形成アプローチによる分析を行う。

1. 事例の記述：新たな市場・製品評価の枠組みの形成

茶系飲料市場の概要

　茶系飲料が清涼飲料として容器に充填された形態で販売されるようになったのは 1981 年のことである。最初の茶系飲料は烏龍茶飲料であり，1981 年 2 月に伊藤園が，同年 12 月にサントリーがそれぞれ発売したのが始まりであるといわれている。また，1986 年には伊藤園が「缶煎茶」を発売し，緑茶飲料が市場に登場した（「清涼飲料の 50 年」編纂委員会, 2005）。これら茶系飲料市場は 1990 年代以降拡大を続けており，2000 年には 3 兆 5000 億円を超える規模に達した[2]。

　図 5-2 には，茶系飲料の生産量推移を示した[3]。この図からは，緑茶飲料の生産量が 2000 年以降急速に拡大したことが読み取れる。1990 年代後半には 60 万 kL 台で推移していたのが，2000 年には 100 万 kL を突破，2001 年には約 150 万 kL まで生産量が拡大した。この緑茶飲料市場の拡大に寄与したのが，キリンビバレッジの「生茶」だった。生茶は 2000 年 3 月に発売され

---

[2] 株式会社伊藤園『コーポレートブック 2004』。
[3] 本書で取り上げた健康茶飲料は，ここでは緑茶飲料，あるいは烏龍茶飲料に分類・集計されている。

図5-2 茶系飲料の生産量推移

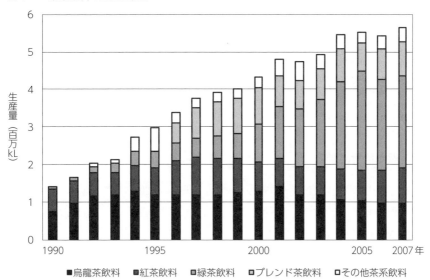

出典：片岡（2008）

た緑茶飲料で，生茶葉から低温でエキスを抽出することで渋みを抑えながらうまみをもたせたのが特徴である[4]。発売以来，その味のおいしさが多くの消費者に支持され，同年末までの出荷数は当初予定の2倍以上に達したという[5]。この生茶のヒットを受けて，翌年には，サントリー，コカ・コーラグループ，アサヒ飲料なども抽出法を工夫することでおいしさにこだわった茶系飲料を発売した。このように，各社からおいしさを訴求した製品が次々と登場した結果，緑茶飲料市場を含む茶系飲料市場全体が拡大していったのである[6]。

また，1982年の食品衛生法改正によって登場したPETボトルも，茶系飲料市場の拡大に大きく寄与した。当初は，1.5Lや2Lの大型容器が主流だったPETボトルだが，1996年に500mLのPETボトルが登場し，それを伊藤

---

4 『日経流通新聞』2000年4月27日，21面。
5 『日経流通新聞』2000年9月30日，4面。
6 『日経産業新聞』2001年3月5日，29面。

園が「おーいお茶」という緑茶飲料に採用してからは，茶系飲料の中心的な容器となった[7]。500mLのPETボトルは持ち運びやすく，一度開封した後もふたを閉められるので何回にも分けて飲めるという特徴を有している。この特徴が「他の飲料にくらべてぬるくなってもおいしい」，「喉が渇いたときに何度も飲めるすっきりした後味」，「食事と相性が良い」といった緑茶飲料の特徴と適合した。その結果，PETボトル入りの緑茶飲料は消費者に広く支持されたといわれている[8]。

特定保健用食品制度

もうひとつ，2000年代前半において食品業界の関係者が注目していたのが，特定保健用食品（以下，トクホという）制度である。厚生労働省は，1991年に特定保健用食品制度を創設し，さらに2001年にはそれに栄養機能食品[9]を加え，両者を合わせて保健機能食品とした。トクホは，個々の食品ごとに有効性を確認する臨床試験や安全性試験などの結果を厚生労働省（2009年9月以降は消費者庁）に提出して，審査を通過した食品である。この許可を受けると試験結果にもとづいた保健の用途（ヘルスクレーム[10]）を食品に表示したり，広告したりできる[11]。

　一般的に，食品には3つの機能があるといわれている。1次機能は食品のもつ栄養についての機能，2次機能は食品のもつおいしさなどの感覚についての機能，そして3次機能は，食品中の成分がヒトの健康状態を調節する機能である。この3次機能についての情報をともなって販売されている食品が

---

[7] 2007年においては茶系飲料の生産量のうち81.9％が，PETボトルを使用している（片岡，2008）。
[8] 『日経流通新聞』2000年7月29日，6面。
[9] 栄養機能食品制度は，ビタミンやミネラルを規格にもとづいて一定量含有する食品は，そのビタミンやミネラルの機能（例えば，カルシウムは骨の健康維持に役立つ，など）を表示できる制度である。トクホとは異なり，個別の商品ごとの審査を受ける必要はなく，ビタミンやミネラルなどの含有量が基準を満たしていれば，その栄養成分の機能を表示することができる。
[10] Heasman & Mellentin (2001) は「ヘルスクレーム」という用語を「食品表示の一種としての『健康強調表示』で，包装容器や添付文書などの食品表示だけでなく，広告などに使われる効用説明・表現を含む」と定義した。本書ではこの定義にならって，食品の3次機能に関する表示・広告・表現等を「ヘルスクレーム」と呼ぶ。
[11] このような表示の許可を受けずにヘルスクレームを表示すると，それは許可を受けていない医薬品と判断され，薬事法に違反することとなってしまう。

いわゆる健康食品[12]である。健康食品は一般的に，(1)機能性を有する素材が用いられていること（機能性素材を用いた設計），(2)その機能性素材の人に対する効果を示す根拠が何らかの形で示されていること（素材と機能の因果関係の解明），(3)商品の販売に，包装表示・広告宣伝・店頭表示などでその効果に対する説明が必要なこと（効果の説明）という点で，一般の加工食品とは異なっている（松本・有吉, 2006）。

しかし，健康食品はあくまでも食品である以上，医薬品のような効果の説明を明確に行うことができない。そのため，健康食品は，常に一定のうさんくささをともなっていた。それに対し，科学的な証拠を集めて許可を得れば，効果の説明を明確に行えるという利点を提供したのがトクホ制度なのである[13]。

そのため，明確にヘルスクレームを表現できるトクホは急速に市場規模を拡大した（松本・有吉, 2006）。1997年には1315億円だった市場は，ヘルシア緑茶が発売される2003年には5668億円に拡大，6年で約4倍の成長を遂げている[14]。許可品目の累計も1997年の39品目から毎年増加し，2003年12月末には398品目に達した[15]。

ヘルシア緑茶の発売

このトクホの表示許可を緑茶飲料ではじめて取得したのが，花王のヘルシア緑茶だった。ヘルシア緑茶に許可された保健の用途表示は「この緑茶は茶カテキンを豊富に含んでいるので，体脂肪が気になる方に適しています」であり，同製品が体脂肪の低減効果を有することを訴求できるようになっている。関与成分[16]は茶カテキンで，350mLあたり540mgを含有している。

---

[12] 「健康食品」に係る制度のあり方に関する検討会『「健康食品」に係る今後の制度のあり方について（提言）』(2004年6月9日）によると，いわゆる健康食品とは「広く健康の保持増進に資する食品として販売・利用されるもの全般」として定義されている。
[13] 『週刊東洋経済』2005年1月15日号，26-44頁。
[14] 財団法人日本健康・栄養食品協会『第4回特定保健用食品の市場及び表示許可の状況についてのアンケート調査』。
[15] 厚生労働省Webサイト（http://www.mhlw.go.jp/）の2005年12月9日現在の特定保健用食品許可（承認）品目一覧より。
[16] 許可表示の根拠となるいわゆる有効成分のことを，特定保健用食品制度では「関与成分」と呼ぶ。

2003年5月に花王はヘルシア緑茶を発売した。価格は350mLの角型PETボトル入りで180円（税別[17]）であり，他の多くの茶系飲料が500mL入りで150円だったのと比較して高いものだった。

　花王は当初，ヘルシア緑茶の販売地域および流通チャネルを，関東圏のコンビニエンス・ストアに限定した。翌2004年には全国に販路を広げたが，当初このように販売地域と流通チャネルを限定したのは，茶カテキンの生産体制に制約があったうえに，万が一の品質問題を防ぐために管理範囲を限定するためだった。花王が飲料を手がけるのはこれがはじめてだったため，他の流通チャネルとのコンフリクトも心配する必要はなかった[18]。また，コンビニは，ヘルシア緑茶開発の段階から値段設定やプロモーションについて花王と様々な情報交換を行っていた。こういった密接な関係を受けて，コンビニも大量陳列やまとめ買いの推奨など，ヘルシア緑茶を積極的に販売した[19]。

　コンビニは，ヘルシア緑茶の体脂肪低減効果を消費者に伝えるのに重要な役割を担った。花王は，ヘルシア緑茶を発売するにあたって，その体脂肪低減効果と適切な飲み方を丁寧に伝えることを心がけたという。トクホの表示許可を得るための試験では，被験者が継続してヘルシア緑茶を飲めば体脂肪低減効果が得られることがわかっていた。コンビニがまとめ買いを推奨したことは，適切な飲み方を消費者に伝えるのに役立ったのである。また，あるコンビニでは，店長が自ら継続してヘルシア緑茶を飲み，体重変化をグラフにして店に貼り出すといった販促活動を行ったという[20]。もちろん，花王自身もテレビ・コマーシャルなどによって，ヘルシア緑茶の体脂肪低減効果を訴えた。花王で研究開発を担当したA氏は次のように話した。

　筆者：ヘルシア緑茶の成功要因はなんだったと思いますか。

---

17 当時の消費税率は5％だったので，税込価格は189円だった。
18 もし花王が既に多くのチャネルで飲料を販売していたならば，新製品の販売先をコンビニに限定することは，他のチャネルからの反発を招くだろう。
19 セブン-イレブン髙橋氏へのインタビュー（2008年11月3日）。このようなコンビニと花王のやりとりは，ローソンなど他のコンビニにおいてもみられる（『日経流通新聞』2003年10月9日，3面）。
20 『日経流通新聞』2003年10月9日，3面。

> A氏：飲料で初めてトクホとして体脂肪にかかわる表示の許可をうけたというのは，ひとつの要因だと思いますね。それと，明らかに科学的に裏づけされているというのは，ひとつの要因としてあるでしょうね。（中略）ですから相当な臨床データも取りましたし。それを我々も活発にアピールしていますし。それが受け入れられた要因でしょうか。やはり体脂肪の気になる方にというコンセプトが一番の要因だと思いますね。

このように，トクホの表示許可を得て健康機能をきちんと伝えたことが功を奏し，発売から4カ月のヘルシア緑茶の売上は60億円に達したのである。

競合企業の追跡

このような花王の飲料市場参入とその成功に対して競合企業もすばやく反応し，一時は10種類以上の「カテキン高含有飲料」が発売された[21]。しかし，トクホの表示許可を受け，体脂肪が気になる人向けであることを直接的に訴求できるのは，ヘルシア緑茶だけだった。しかも，花王はカテキンを一定量含有する飲料についての特許を取得しており，他社はその特許の範囲以下の濃度のカテキン含有量の緑茶しか販売できなかった[22]。その結果，多くの製品が市場から消えていった。

一方，この競争から伊藤園の「おーいお茶 濃い味」というヒット商品も生まれた[23]。伊藤園は，2003年11月に「冬緑茶」としてカテキンを500mLあたり400mg含有する濃い味の緑茶を季節限定で発売した。この飲料を発売するにあたっては，ここまで濃い味の緑茶が本当に消費者に受け入れられるのかと伊藤園社内でも議論になったという。ところが，発売後の調査ではこのような濃い味の緑茶を普段でも飲みたいという人が多いことが明らかとなった。そこで，伊藤園は「おーいお茶 濃い味」を定番品として2004年5

---

21 『日経産業新聞』2004年3月5日，20面。
22 『日経バイオビジネス』2004年1月，16-17頁。ヘルシア緑茶のラベルには，この特許の特許番号（特許第3329799号）が記載されていた。
23 『週刊東洋経済』2005年1月8日，68頁，および伊藤園志田氏へのインタビュー（2008年9月19日）。

月に発売したのである（500mL PET ボトル，カテキン 400mg 含有）。この製品は，カテキンの含有量は通常の緑茶よりも多いが，健康志向ではなく濃いめの味わいを強調し，価格も 500mL で 150 円とこれまでの緑茶飲料と同じである。さらに，この伊藤園の動きを受けて各飲料メーカーが濃い味の緑茶を発売し，濃い味の緑茶飲料が新たに定番として店頭に並ぶようになった[24]。

健康茶飲料市場の形成

サントリーは 2006 年 5 月に「黒烏龍茶 OTPP」をトクホの表示許可を得て発売した。同品は烏龍茶重合ポリフェノール（oolong tea polymerized polyphenols: OTPP）を高濃度に含有し，食後の脂肪吸収を抑制する機能を有した烏龍茶飲料である。黒烏龍茶 OTPP に許可された保健の用途表示は「本品は，脂肪の吸収を抑えるウーロン茶重合ポリフェノールの働きにより，食後の血中中性脂肪の上昇を抑えるので，脂肪の多い食事を摂りがちな方，血中中性脂肪が高めの方の食生活改善に役立ちます」だった。メーカー希望小売価格は 160 円だった。

サントリーが黒烏龍茶 OTPP を発売した際も，コンビニはヘルシア緑茶が発売されたときと同様に積極的な販売を行った。コンビニは黒烏龍茶とヘルシア緑茶を並べて，健康茶飲料の販売コーナーをつくった。黒烏龍茶 OTPP は，ヘルシア緑茶と同様の 350mL の角型 PET ボトルを容器として採用していたため，両者を並べて展示することで，健康茶飲料コーナーとしてまとまりのある演出ができたからだ[25]。ただし，サントリーは黒烏龍茶の販路をコンビニに限定しなかった。発売翌年の 2007 年 5 月，サントリーは全国のスーパーで黒烏龍茶 OTPP を含む同社の健康茶飲料を大量に陳列する健康茶フェアを実施した[26]。そのほかにも，サントリーは様々なマーケティング施策を実施している。例えば，飲食店の前で試供品を配布するなど，

---

[24] 『日経産業新聞』2006 年 6 月 21 日，23 面。例えば，キリン「濃い生茶」，アサヒ飲料「若武者 濃い冷茶」，サントリー「伊右衛門 濃いめ」などである。

[25] セブン‐イレブン高橋氏へのインタビュー（2008 年 11 月 3 日）。

[26] 『日経産業新聞』2007 年 5 月 2 日，13 面，『日経流通新聞』2007 年 5 月 2 日，15 面。

食事の脂肪を気にせずに食事を楽しむことができるという特徴を積極的に訴えた[27]。その結果，コンビニではカップ麺と黒烏龍茶OTPPが一緒に購入されるなど，黒烏龍茶OTPPの特長は消費者にも浸透したという[28]。このように，サントリーは健康茶飲料と消費者との接点を広げていった。

　さらに健康茶飲料の普及には，メタボリックシンドロームという言葉の流行が追い風となった。メタボリックシンドロームとは，内臓脂肪の蓄積に加えて，血清脂質異常，高血圧，高血糖のいずれか2つをともなう疾病のことであり，2005年4月にその診断基準が策定された（メタボリックシンドローム診断基準検討委員会, 2005）。この診断基準は，予防医学の視点から多くの人が用いられるようにという意図をもって策定されたため，メタボリックシンドロームという言葉は，瞬く間に一般に普及した[29]。例えばあるスーパーは，健康茶飲料を含む特定保健用食品とともに，様々な健康志向食品などを集めて，メタボリックシンドローム対策食品コーナーをつくった[30]。また，消費者向けの雑誌も，健康茶飲料などを取り上げたメタボリックシンドローム対策の特集記事を掲載している[31]。このように，メタボリックシンドロームと関連した店頭での陳列や雑誌での紹介によって，市場参加者の間に健康茶飲料という細分化市場が根づいていったといえよう。

　健康茶飲料という細分化市場が根づいていくにしたがって，それが企業の競争行動に影響を与え始めた。健康茶飲料は350mLの角型PETボトルを容器に採用したため，コンビニでは500mLのPETボトル飲料とは隔離された健康茶飲料の売場が形成された。コンビニは店舗面積に制約があるためメーカーによる棚の奪い合いが激しい。しかし，350mLのPETボトルの飲料の売れ行きは主流の500mLのPETボトルの飲料の売れ行きとは分けて分析されたため，350mLのPETボトル飲料の棚の奪い合いは比較的穏やかだった。セブン-イレブン・ジャパン商品本部の高橋功一は次のように話した。

---

[27] 『日経流通新聞』2007年6月8日，1面
[28] 『日経流通新聞』2007年10月1日，2面
[29] 同用語はユーキャン新語流行語大賞の2006年トップテンに入賞したが，これもその流行の証左である（http://singo.jiyu.co.jp/ 2009年11月19日）。
[30] 『日本経済新聞朝刊』2008年3月29日，35面。
[31] 『日経トレンディ』2007年3月1日，18-21頁，2008年9月1日，12-16頁。

高橋：セブン‐イレブンの店頭の戦略としては，この棚は特保の棚ですよという形で，本部からは案内したのです。1個コーナーを作りなさいと。お店でばらばらでやるのではなくて，普通のお茶の上はこのコーナーを作りなさいと。500mL というのは新商品の数がめちゃくちゃ多いのです。350mL というのは新商品の数が極端に少ないのです。ですから，商品を育てるというフィールドとしては，350mL の方が競争は少ないです。ですから，育ちやすいと思います。うちの店頭でも 500mL の中での競争の中で売れない商品を落としていきますが，350mL は 350mL の競争の順位の中で落としていきますから。

　また，各社とも健康茶飲料市場内でその違いを訴求し始めた。花王はヘルシア緑茶について再度トクホの表示許可を申請し「エネルギーとして脂肪を消費しやすくする」旨の表示許可を得た（2008 年 1 月）。これは，黒烏龍茶 OTPP が脂肪の吸収を抑制するのに対し，ヘルシア緑茶は脂肪の消費を促進するとして，その違いを強調しようとする意図であると考えられる。

　そのような中，伊藤園は 2008 年 3 月に「引き締った味カテキン緑茶」を発売した。同製品は，ガレート型カテキンを高濃度に配合し，食事のコレステロールの吸収を抑制することで，血清コレステロールを低下させる機能を有している。引き締った味カテキン緑茶に許可された保健の用途表示は「本品は，茶カテキンのコレステロールの吸収を抑制する働きにより血清コレステロールを低下させるのが特長です。コレステロールが高めの方の食生活の改善に役立ちます」である。メーカー希望小売価格は 160 円だった。

　伊藤園は引き締った味カテキン緑茶を発売するにあたって，販売店を対象としたセミナーを開催し，健康茶飲料でコレステロール低下作用を有するのは本品がはじめて，とその差別性を訴えた。ヘルシア緑茶や黒烏龍茶 OTPPが体脂肪の低減を訴求しているのに対し，カテキン緑茶はコレステロールの低減を訴求していたため，この違いを訴える必要があったのである。かつてはあまり注目されていなかったコレステロールを低下させるという機能も，特定検診制度・特定保健指導[32]の影響で注目を集めるようになっていた。伊

第 5 章
健康茶飲料市場の形成

藤園の志田光正，および高橋修一は次のように話した。

 志田：ちょうど市場では，特定健診のことがあったので，製品展示会を やらせていただいて，ともかく導入していただくというよりは， これを使ってどうやってお店で特定健診の需要を取っていただく かということを説明する場を作りましたよね。

 高橋：本当に幸いだったのは，今回の特定健診制度・特定保健指導だっ たのですよ。実をいうと，本当に一番苦労したのは，コレステロ ールの飲料というものに対しての理解がほとんどなかったのです。 その当時はコレステロールに対する注意喚起というものが，まだ 世間的には薄いだろうということと，コレステロールとは何とい うのと，危険度に対しての認識がまだないのではないかというこ とで，「実際に御社が商品化したとしても，うちはどうかな」と いうお話をずっとされていたのですよ。

以上のように，複数の生産者から，(1)特定保健用食品の表示許可を受けて健康機能を表示している，(2)容器が 350mL 入りの角型 PET ボトルである，(3)通常よりやや高めの価格が設定されている，という特徴を有した茶系飲料が発売された。それらの製品は，店頭でまとめて展示され，雑誌などの記事においても健康茶飲料としてまとめて紹介されるようになった。また，生産者はお互いの製品を意識して，その違いを訴求するという戦略をとっていた。かつて「のどの渇きをいやす」，「お茶の味わいを楽しむ」といった性能属性を重視した製品評価の枠組みで競争していた茶系飲料メーカーは「健康を維持・増進する」という性能属性を重視した製品評価の枠組みで競争を始めた。このような市場参加者の対話により，健康茶飲料という細分化市場が

---

32 増加する生活習慣病への対策として 2008 年 4 月から導入された，健康診断と生活習慣についての指導を行う制度。特に，メタボリックシンドロームに着目した検査項目について健康診断を実施するとともに，検査結果に問題のある人を対象に，生活習慣を改善するための指導を行うことを義務づけた点に特徴がある。

形成されたのである。

2. 事例の記述：組織レベルの製品開発

では，これらの健康茶飲料はどのようなプロセスで開発されたのだろうか。ここでは，健康茶飲料市場が形成されるきっかけとなったヘルシア緑茶と，それよりも後に発売された黒烏龍茶OTPP，および引き締った味カテキン緑茶の開発プロセスを確認する。ただし，黒烏龍茶OTPP，および引き締った味カテキン緑茶は，ヘルシア緑茶よりも後に発売されたが，その開発は同時期に並行して行われていた（図5-3）。すなわち，後で発売された2品の開発は，ヘルシア緑茶の発売を受けて始まったのではなく，ヘルシア緑茶が発売される前から進められていたのである。

ヘルシア緑茶の開発

花王によるヘルシア緑茶の開発が始まったのは2000年4月のことだった。当時ヒットしていた健康エコナクッキングオイル[33]（以下，エコナという）

図 5-3　健康茶飲料の開発年表

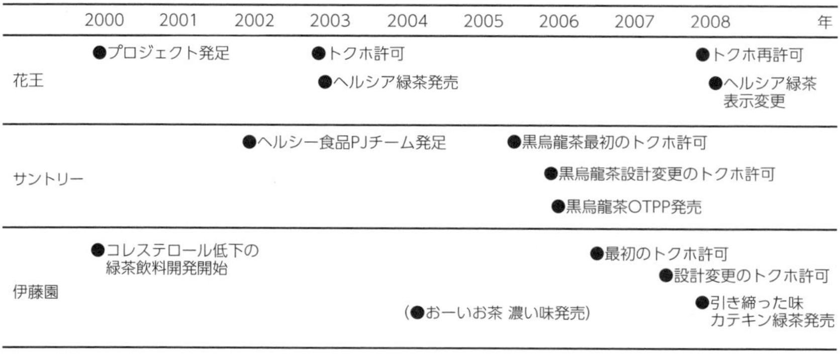

	2000	2001	2002	2003	2004	2005	2006	2007	2008	年
花王	●プロジェクト発足			●トクホ許可 ●ヘルシア緑茶発売					●トクホ再許可 ●ヘルシア緑茶表示変更	
サントリー			●ヘルシー食品PJチーム発足				●黒烏龍茶最初のトクホ許可 ●黒烏龍茶設計変更のトクホ許可 ●黒烏龍茶OTPP発売			
伊藤園	●コレステロール低下の緑茶飲料開発開始					(●おーいお茶 濃い味発売)		●最初のトクホ許可 ●設計変更のトクホ許可	●引き締った味カテキン緑茶発売	

---

33 健康エコナクッキングオイルは，花王が1999年に発売した食用油である。エコナは，ジアシルグリセロールを関与成分とし，体に脂肪がつきにくいことを特徴として特定保健用食品の表示許可を得ていた。エコナは，健康の敵と思われていた食用油が，健康増進につながるという根

に続く商品を開発するプロジェクトを発足したのである。花王は，エコナの販売を手がけていく中で，「抗肥満」というニーズが極めて強く，かつ市場が大きいという手ごたえをつかんでいた。ヘルスケア関連分野への注力は，花王の会社方針ともなっていた[34]。

このような背景のもと，様々な食品市場の調査を行ったプロジェクト・チームは，新たに飲料を開発することを決めた。飲料は，普段の食生活を変えずに自然に摂取できるうえに，製造受託メーカーが多く参入が容易である。また，緑茶飲料の市場も拡大していた。これらの調査結果にもとづき，プロジェクト・チームは飲料業界への参入を決断したのである。

当初，ヘルスケア事業本部では新製品を「飲料版のエコナ」として構想し，例えば，エコナの成分を飲料にできないかと考えていた。ところが，その提案を受けた研究部門はこれまでにスクリーニングしていた素材の中から，茶カテキンの活用を提案した。花王の生物化学研究所は，エコナの研究開発過程において，体脂肪低減作用をもつ成分をスクリーニングする試験系を確立していた。そして，この試験系で様々な素材をスクリーニングしていく過程で，カテキンに抗肥満作用があるということをつかんでいたという。飲料という形態をとる，ということになれば水に溶ける抗肥満作用をもつ素材が必要になるが，水溶性のカテキンは都合が良い。事業本部の提案と素材が適合し，抗肥満作用をもった緑茶という製品コンセプトが完成した。この過程について，花王の事業本部で商品企画を担当したＢ氏は，次のように話した。

> Ｂ氏：事業的には，体脂肪が問題になっているのでいかに広めるか，ビジネスになるねと。で，研究のうちの素材としてカテキンを含めて体脂肪を減らすものができると，そりゃ飲料でもなんでも，なんらかできるんじゃないかと。そういう今ある体脂肪を減らす素材と，商品を結びつけて物をつくっていこうと。で，ちょうど無糖茶，2000年ってお茶で言えば生茶が出たんですね。いままで

本的な転換を果たし，発売翌年の2000年には売上高は100億円を超えるヒット商品となった（平林・廣川，2004）。
[34] 2000年3月期花王株式会社事業報告書。

おーいお茶だけだったのが，生茶が出て一気に市場が倍近くになった。そういう意味では，ほかからぽんと参入しても，一気に売上が上がるような飲料の世界がみえたわけです。じゃあ，エコナがあるね。エコナと生茶を掛け合わせて何かできないか。単純な発想ですよね。

　製品コンセプトの完成を受けて，研究所では製品設計の検討が進められた。そこで困難だったのは味づくりだった。茶カテキンには特有の苦み・渋みがあり，高濃度で含有すると嗜好性を損なう。研究所は茶カテキンの精製や抽出プロセスの検討を繰り返し，無理なく継続できる程度に苦みを抑え緑茶の風味を引き出した味を完成させた。研究所の検討では，カテキンを精製することでかなり苦みを抑えることも可能だった[35]。では，どのような味にすべきなのか。茶系飲料の愛飲者の大半は味に無頓着だから嫌われない味にすれば良い[36]，ある程度苦み・渋みがある方が健康に良さそうだと感じられる，もっと普通の緑茶に近い味の方が良い，など様々な意見が出された[37]。開発チームは消費者テストを繰り返し，苦みが強めの健康感のある味を選択した。

　この味の設計とも密接に関連するのが，1回の摂取量とそこに含まれるカテキン量の設計である。効果を発揮するためには，ある一定量以上のカテキンを摂取する必要がある。花王はこの設計を決めるために，ヒトを対象とした摂取試験を行った（Hase et al., 2001; Nagao et al., 2001）。その結果，540mg以上の摂取で体脂肪の減少作用がみられることを確認し，1回あたりのカテキン摂取量を540mgに設定したのである。

　また，一方で，花王は1回の摂取量を350mLに定め，容器も350mL入りの角型PETボトルとした。この当時，缶入りの飲料は350mL入りが主流であり，PETボトル入りの飲料は500mLが主流だった。にもかかわらず，花王が350mL入りのPETボトルを採用したのは，1回の摂取量を多くしな

---

[35] 実際，2005年に花王が発売した「ヘルシアウォーター」というスポーツドリンク・タイプのカテキン含有飲料は，ほとんど苦味を感じないものに仕上がった。
[36] 『週刊東洋経済』2003年8月2日号，39頁。
[37] 花王：A氏へのインタビュー（2006年5月18日）。

い方が，継続して毎日飲んでもらいやすいと考えたからだという。カテキンの含有量を高めると味が苦くなってしまうため，毎日飲むのなら少なめの方が良いだろうとの考えだった。当時，茶系飲料では500mLのPETボトルが主流だったが，350mLのPETボトルも用いられていなかったわけではない。こうして，花王の開発チームは350mLの角型PETボトルを選択したのである。

　開発チームが次に直面した課題はトクホの表示許可を得ることだった。科学的には，茶カテキンを3カ月間にわたって高濃度で摂取すると，内臓脂肪量，体重，BMIが減少することが報告されている（土田・板倉・中村，2002）。また，茶カテキンは肝臓における脂肪燃焼酵素（β酸化関連酵素）の遺伝子発現を増加させ，脂質のβ酸化活性を上昇させる，すなわち脂質の代謝を活発にしてエネルギーの消費を増大させることも報告されている（Murase, Nagasawa, Suzuki, Hase, & Tokimitsu, 2002）。しかし，「体脂肪を減らす」という表現をするか「体脂肪が気になる方に」という表現をするかは，花王の社内においても，トクホ表示の可否を審査する厚生労働省においても議論になった。

　また，この審査の過程でも摂取量が議論となった。トクホの審査では，開発された製品の安全性が重視される。特に，飲めば痩せるという飲料であれば，消費者は痩せることを期待して必要以上にその飲料を摂取してしまうおそれがある。そこで花王の開発チームは，1回で飲み切る350mL入りのPETボトル飲料とすることで過剰摂取の懸念を払拭したのである[38]。

　2年にわたって試験と申請を繰り返し，2003年3月にヘルシア緑茶はトクホの表示許可を取得した。許可を与えられた保健の用途は「この緑茶は茶カテキンを豊富に含んでいるので，体脂肪が気になる方に適しています」である。審議の回数は7回を数え，臨床試験のボランティアは600人以上となった[39]。

　このようにして，ヘルシア緑茶は2003年5月に発売された。希望小売価

---

38 『日経新製品レビュー』2003年8月25日，48-49頁。
39 花王株式会社ヘルシアWebサイト（http://www.kao.co.jp/healthya/　2009年12月31日）。

格は180円で，関東地方のコンビニ限定で発売されることとなった。

黒烏龍茶OTPPの開発

　黒烏龍茶OTPPの開発は，2002年4月のヘルシー食品プロジェクト・チーム発足から始まった。同プロジェクトはマーケティング担当者と研究者から構成されており，健康機能をもった飲料の企画立案を目的としていた。当時は，食生活の欧米化や政府による医療費の適正化政策によって，生活習慣病対策が重視され始めていた。このような健康重視の社会的趨勢[40]を受けて，プロジェクト・チームは抗肥満という機能をもった烏龍茶飲料を提案した。

　抗肥満機能をもった烏龍茶飲料というコンセプトには，これまでにサントリーが培ってきた知見が生かされている。第1に，これまでの烏龍茶に関する研究蓄積がある。昔から烏龍茶には様々な効用があると伝承的にいわれていたが，サントリーはこれを科学的に証明する研究を1980年代から続けていた[41]。第2に，消費者についての洞察がある。サントリーは1981年の缶入り烏龍茶発売以降，様々な手段で烏龍茶の効用を消費者に伝えてきた。そのため，「烏龍茶は油を流す」というのは消費者に定着していると考えたのである。第3に，烏龍茶市場の活性化がある。上述の烏龍茶の効用は，昔からいわれている一方で新鮮さがなくなってきていた。そこで，トクホの烏龍茶によって市場をもう一度活性化させたいと考えたのである（吉田, 2009）。

　抽出方法などの検討を経て烏龍茶飲料の製品設計を固めたサントリーは，製品の有効性を確認する臨床試験を実施し，トクホの表示許可を申請した。結果として，2005年10月に厚生労働省から最初の許可を得たのだが，サントリーは発売前にトクホの表示許可を再度申請しなおしている。当初は，1回あたりの摂取量を250mL，有効成分OTPPの含有量を70mgとし，2回分が500mLのPETボトルに入った設計だった。しかし，サントリーはOTPPの含有量はそのままにして1回あたりの摂取量を350mLとし，容器

---

[40] ここでいう「健康重視の社会的趨勢」は，生活習慣病対策の重視という政策のほかに，消費者の健康志向や，メタボリックシンドロームのブーム，それらについてのマスコミ報道などを含意している。

[41] 『サントリー株式会社ニュース・リリース』1997年5月8日。

も 350mL の角型 PET ボトルに変更してトクホの表示許可を申請しなおしたのである。その理由のひとつが、ヘルシア緑茶のヒットだった。ヘルシア緑茶のヒットをみた流通企業が、健康という機能で統一された売り場づくりを要望したのである。セブン - イレブン・ジャパン商品本部の高橋功一は次のように話した。

> 筆者：黒烏龍茶 OTPP が 500mL ではなく 350mL というのは、ヘルシア緑茶が 350mL だったから、350mL にしたのですか。

> 高橋：ええ、そうです。なぜかというと、ヘルシアの横に置いた方が売れるからです。例えば、変な話ですが靴があって、靴をお菓子売り場に置いても売れないのと同じで、長靴なんかでも靴売り場に置くと靴だと分かると思うのです。電化製品でも同じだと思います。パソコンを洗濯機の横に置いていても、パソコンに気づかないのと同じで、パソコンはパソコン売り場に置かないとパソコンだと気づきません。ですから、同等の機能や同等の価値を有しているということをちゃんと消費者に伝えるためには、その売り場で括るというのは非常に重要なのです。

これらの情報を元に、サントリーの開発チームは容器を合わせた方が消費者にとっても受け入れやすいと判断したのである。もちろん、トクホの許可申請もやり直す必要があった。しかし、その過程で茶葉の配合バランスを見直し、OTPP を増やす工夫も行ったという（吉田、2009）。トクホの再許可も約半年で取得し（2006 年 2 月許可）、2006 年 5 月に「黒烏龍茶 OTPP」は、希望小売価格 160 円で全国発売された。

引き締った味カテキン緑茶の開発

さらにもうひとつの健康茶飲料の開発事例として伊藤園の「引き締った味カテキン緑茶」をみてみよう。

伊藤園がカテキン緑茶を開発するに至った理由は、大きく分けて 2 つある。

ひとつは，健康重視の社会的趨勢である。花王やサントリーと同様に，伊藤園もこの社会的趨勢に注目し，2000年ごろから緑茶のコレステロール低下作用についての研究を進めていたのである。
　もうひとつは，緑茶飲料市場の変化である。それまでの伊藤園はトクホにそれほど強い関心をもっていなかった。同社は1981年に業界ではじめて缶入りの緑茶飲料を発売して以来，緑茶飲料業界を牽引してきた。そのため，同社の製品開発は自然のお茶の味の追求など，緑茶飲料の品質向上を優先していたのである。また，同社の中央研究所も機能性飲料を開発するというよりは，緑茶の様々な機能を科学的に解明するという基礎研究に注力していた。ところが，茶系飲料のトクホ製品[42]が増えるにしたがって，伊藤園にとってもトクホ飲料の開発が徐々に重要な課題となっていった[43]。さらに，花王のヘルシア緑茶発売も伊藤園の開発チームを奮起させた。これらの要因が，コレステロールを下げる緑茶の開発を加速させたのである。伊藤園で研究開発を担当した高橋修一は次のように話した。

　　高橋：ただやはり特保に関しては，数年それほど際立った商品もなかった。ヒット商品がさほどなかったというのが，ちょっと様子見な部分があって，商品化まで遅れてしまったということです。やはりきっかけは「ヘルシア」さんですね。（緑茶を専門にしている伊藤園が）先を越されたというのは，実際には彼ら以上の研究成果をもっていたにもかかわらず，商品として先に出されたということもありまして，ハッパを掛けられたという経緯もあります。

　しかし，トクホの表示許可を得るのは容易なことではなかった。臨床試験は約7年にわたって複数回行われ，その過程で遊離型とガレート型のカテキンのうち，ガレート型のみがコレステロール低下作用を示すことも明らかに

---

[42] ヤクルト本社の「蕃爽麗茶」（1998年6月発売，2000年3月トクホ表示許可）やカルピスの「健茶王」（2002年6月トクホ表示許可，同年9月発売）など。

[43] 伊藤園は，難消化性デキストリンによって食後の高血糖を抑制する機能を有した「緑茶習慣」という製品でトクホの表示許可を取得し（2002年9月），2003年1月に発売している。

なった（野澤・杉本・永田・角田・堀口, 2002; 鈴木ら, 2007）。さらに，容器への表示など多岐にわたる項目の審査を経て，2006年10月にようやく最初の表示許可を得ることができた。

ところが，伊藤園も発売前にカテキン緑茶の容器を350mLの角型PETボトルに変更し，トクホの表示許可を再取得している。伊藤園は，カテキン緑茶を当初1日2本の摂取を想定した250mL入りの紙容器，および1日1本の摂取を想定した500mL入りのPETボトルとして設計していた。しかし，コンビニにおける健康茶飲料の売り場が350mLのPETボトルで構成されており，他の小売店からも健康茶なら同じ容器の方が良いという要望があった。それを受けて，伊藤園はトクホの表示許可を申請しなおしたのである。再申請の結果，約1年後の2007年9月にトクホの表示許可を再度取得し，伊藤園は2008年3月に「引き締った味カテキン緑茶」を希望小売価格160円で発売した。

3. 事例の分析

以上のように，茶系飲料市場において健康茶飲料という細分化市場が形成された市場レベルの対話と，そのきっかけとなったヘルシア緑茶，および黒烏龍茶OTPPと引き締った味カテキン緑茶について組織レベルの製品開発プロセスを示した。ここでは，この記述を元に，技術の社会的形成アプローチにそって主体の行為とそれに影響した物的存在や構造的要因について考察することで，リサーチ・クエスチョンに対する解を見いだしていく。

市場レベルの対話

まず，ヘルシア緑茶の発売をきっかけとして，新たな製品評価の枠組みが市場参加者に共有され，新たな細分化市場が形成されたプロセスを確認しよう。

事例からは，着色汚れ除去ハミガキの事例と同様に，ある生産者からの新たな製品評価の枠組みの提示，それに対する消費者の反応，およびそれを受けての生産者の反応というパターンを見いだすことができる。花王は，ヘル

シア緑茶を発売し，体脂肪を低減するというコンセプトを様々な手段で訴えることで新たな製品評価の枠組みを市場参加者に提示した。特に，花王はチャネルをコンビニに限定することで，コンビニの協力を引き出し，ヘルシア緑茶の体脂肪低減効果を消費者に伝えた。消費者はヘルシア緑茶，およびその体脂肪低減効果を支持し，ヘルシア緑茶はヒット商品となった。

ただし，生産者の反応についてはより複雑な動きがみられた。ヘルシア緑茶の発売後，カテキンを高濃度で配合した緑茶飲料を発売した企業のうち何社かは，その過程で消費者が濃い味の緑茶に対する需要を有していることを発見し，濃い味のおいしさを訴求した製品を発売したのである。この過程で，茶の濃さを訴求する製品群が，健康の増進を訴求するものとおいしさを訴求するものに分化した。その後，黒烏龍茶OTPPや引き締った味カテキン緑茶が発売された際には，これらの製品はトクホの表示許可を得て，健康の増進という価値を提示した。すなわち，類似した属性——茶の濃さ——をもちながら既存の製品評価の枠組みでのパフォーマンスを訴求する製品と新たな製品評価の枠組みでのパフォーマンスを訴求する製品がそれぞれ現れたことで，新たな製品評価の枠組みが明確に市場参加者の間で共有されたのである。単に，類似性をもった製品が現れたというだけでなく，異質性をもった製品が現れることで，細分化市場の境界が明確になったといえるだろう。

さらに，サントリーが黒烏龍茶OTPPで「健康の維持・増進」という性能属性で競争を仕掛けてきたために，花王はトクホの表示許可を取得しなおすという対応を行っている。黒烏龍茶OTPPとヘルシア緑茶はともに肥満を防ぐという便益を顧客に提供するのだが，黒烏龍茶OTPPは脂肪の吸収抑制，ヘルシア緑茶は脂肪の燃焼促進と，そのメカニズムは異なっていた。そこで，花王はその違いを明確にしようとトクホの表示許可を取得しなおし，脂肪の燃焼を促進するというメカニズムを訴求できるようにして，黒烏龍茶OTPPと差別化を図ったのである。

このように，新たな製品評価の枠組みを提示するという行為がきっかけとなった消費者と生産者の行為の連鎖が観察された。この対話の結果，「健康を維持・増進する」という性能属性を重視した新たな製品評価の基準が市場参加者に共有され，健康茶飲料という細分化市場が定着していったと考えら

れる。

　そして，この対話には，着色汚れ除去ハミガキの事例と同様に，様々な構造的要因や物的存在が影響を与えていた。ヘルシア緑茶発売直後，カテキンを高濃度で配合した緑茶飲料が多数発売された段階では，飲料業界の構造，特許制度，およびトクホ制度がこの対話に影響を与えた。飲料業界では多くの企業が事業を展開しており，参入障壁も低く，製品開発のリードタイムも短い。このためヒットしたヘルシア緑茶を追随する製品が短い期間の間に多数発売されることとなった。しかし，これらの製品は花王の特許によってカテキン含有量を制約されるとともに，申請から許可までに時間のかかるトクホの表示許可を得ることはできなかった。さらに，健康重視の社会的趨勢やメタボリックシンドロームという言葉の流行といった構造的要因も，市場参加者の対話に影響を与えていた。花王，サントリー，伊藤園などのメーカーは，これらの構造的要因を利用して，健康の維持・増進という性能属性を重視した製品評価の枠組みを正当化していったのである。

　また，物的存在も市場参加者の対話に影響を与えていた。ヘルシア緑茶が体脂肪低減効果を発揮したからこそ，コンビニで店長が自分の体重変化を掲示するという販促が可能になった[44]。また，カテキンの苦み・渋みという性質も重要な役割を果たした。もし，カテキンにこのような苦み・渋みがなければ，この時点でおーいお茶濃い味は誕生しなかっただろう。さらに，花王がヘルシア緑茶に主流の500mLではなく350mLの角型PETボトルを採用したことも，既存の製品とヘルシア緑茶との違いを際立たせた。加えて，サントリーや伊藤園が同様の350mLの角型PETボトルを採用したため，350mLのPETボトルは市場参加者が健康茶飲料という細分化市場を認識するための重要な役割を果たすようになったのである。

　以上のように，健康の増進という新たな製品評価の枠組みが市場参加者に共有されたプロセスは，ある生産者からの新たな製品評価の枠組みの提示，それに対する消費者の反応，および消費者の反応を受けての生産者の反応と

---

[44] もちろん，コンビニの店長が販促のために虚偽の体重変化を掲示したという可能性は否定できない。しかし，見た目では痩せていないじゃないか，という顧客の指摘でそれが発覚する危険もあるため，その可能性は無視しても良いだろう。

いう対話のプロセスとして理解することができた。また，この対話のプロセスには，飲料業界の構造，特許制度，トクホ制度，健康重視の社会的趨勢，メタボリックシンドロームという言葉の流行などの構造的要因，および開発された製品やその成分，容器などの物的存在が影響を与えていた。

組織レベルの製品開発

次に，新たな市場を形成するきっかけとなったヘルシア緑茶の開発プロセスについて検討しよう。

ヘルシア緑茶の開発は，「健康を維持・増進する」という性能属性を重視した製品評価の枠組みを想定し，それに対応した飲料を開発するという方法で進められた。先行するエコナのヒットによりヘルスケア領域への注力は花王の公式の方針となっていたからだった。また，トクホ制度も新たな製品評価の枠組みを着想するのに役立った。はじめての飲料業界参入であっても，トクホ制度を利用すれば他者との違いを強く打ち出すことができると考えられたからだった。さらに，研究所からカテキンという素材の提案があったことも，新たな製品評価の枠組みの構想を後押しした。ヒットしたエコナと同様の抗肥満という便益を飲料でも提供できる目処がたったからだった。このように，構造的要因（会社の方針，トクホ制度）や物的存在（カテキン）が，「健康を維持・増進する」という新たな性能属性を重視した製品評価の枠組みを着想するきっかけになっていた。

しかし，開発チームは既存の製品評価の枠組みも重視していた。市場レベルの対話についての記述でみたように，ヘルシア緑茶開発当時の茶系飲料市場では，「のどの渇きをいやす」，「お茶の味わいを楽しむ」という性能属性で競争が行われていた。これらの製品では容器として500mLのPETボトルを採用しており，その持ち運びしやすさ，何度も飲めることなどが消費者の支持を得ていた。開発チームはこのような既存の製品評価の枠組みを無視していたわけではなかった。開発チームは苦み・渋みを取り除くための研究を行ったり，500mLの摂取量でヒト飲用試験を行ったりしていた。

ところが，開発を進めていくのにしたがって，既存の製品評価の枠組みにそった製品コンセプトは成立しにくいことが明らかになっていった。トクホ

の表示許可を得るためには，1本あたりの摂取量を少なく設定して過剰摂取の不安を払拭しなければならず，「のどの渇きをいやす」という性能属性でのパフォーマンスは低下してしまった。また，脂肪の燃焼を促進するという機能を発揮するためには，1回あたり540mg以上のカテキンを配合しなければならないが，そのために苦み・渋みが強くなってしまい[45]，「お茶の味わいを楽しむ」という性能属性でもパフォーマンスが低下してしまった。このように開発が進むにつれてトクホ制度やカテキンの性質と，おいしさを重視することや500mLのPETボトルの利便性との矛盾が明らかになっていったのである。

　しかし，開発チームが構想した「健康を維持・増進する」という性能属性によれば，少ない容量も苦みの強い味も，高く評価されることになる。少ない容量であれば，トクホの表示許可申請において過剰摂取の懸念を払拭できた。カテキンの苦み・渋みは健康イメージにも合致していた。

　以上の経緯には，開発チームが既存の製品評価の枠組みと物的存在／構造的要因の矛盾をきっかけに，新たな製品評価の枠組みを構想する，という点でステインクリアの開発と共通点がある。ヘルシア緑茶の開発では，「のどの渇きをいやす」，「お茶の味わいを楽しむ」という既存の製品評価の枠組みと，素材のカテキンという物的存在やトクホ制度という構造的要因が矛盾していた。しかし「健康を維持・増進する」という新たな製品評価の枠組みによれば，開発中の製品コンセプトは高く評価できた。かくして，新たな製品評価の枠組みが採用されたのである。

　しかし，ヘルシア緑茶の開発事例では，新たな製品評価の枠組みの採用に反対する主体が現れることもなかったし，開発チームによる関係者の説得も必要ではなかった。少なくとも，インタビューや2次資料からは，既存の製品評価の枠組みによる束縛を読み取ることはできなかった。この理由については，3つめの事例研究を示した後に考察する。

---

[45] カテキンの精製度を上げれば苦みを抑えることはできたが，当時は精製度を上げるという手段はとられなかったようだ。インタビューではその理由を明らかにすることはできなかったが，コストの上昇，生産性の低下，あるいは生産量の不適合（生産規模が需要を上回ってしまう）といった問題があった可能性がある。

組織レベルと市場レベルの相互作用

　最後に，組織レベルの製品開発と市場レベルの対話の相互作用を検討しておこう。ヘルシア緑茶の開発において，組織レベルの製品開発と市場レベルの対話はどのように関連していたのだろうか。事例からは，ステインクリアの開発の場合と同様に，直接ルートと間接ルートの2つの関連性があったことがわかる。

　直接的には，ヘルシア緑茶を発売した花王が，組織として市場レベルの対話に参加するというルートがあった。花王が新たな性能属性「健康の維持・増進」を様々なプロモーション活動において訴求したことがこれにあたる。このときの花王の行動は新たな製品評価の枠組みにもとづいており，そこで語られるストーリーは新たな製品評価の枠組みを反映していた。これが，市場レベルの対話のきっかけとなったのである。

　間接的には，構造的要因や物的存在を媒介にして組織レベルの製品開発と市場レベルの対話が関連するというルートがあった。健康重視の社会的趨勢，特許制度，トクホ制度，飲料業界の構造といった構造的要因は，ヘルシア緑茶の開発においてもその後の消費者，競合企業の対話においても影響を与えていた。また，開発されたヘルシア緑茶，その成分のカテキン，その容器の350mLのペットボトルといった物的存在も，ヘルシア緑茶の開発とその後の市場レベルの対話の両方に影響を与えていた。これらが，両レベルにおける主体の行為を関連づけたといえるだろう。

　さらに，本章の事例で明らかになったのは，市場レベルの対話によって形成されつつある新たな製品評価の枠組みが，ひるがえって後に続く製品の開発に影響を与えた，ということだ。サントリーや伊藤園は，コンビニからの要望を受けて，開発途中で容器を350mLの角型PETボトルに変更した。ここには，メーカーと流通の関係という構造的要因も重要な役割を果たしていた。すなわち，ヘルシア緑茶の販売においてコンビニが重要な役割を果たした結果，メーカーに対するコンビニの発言力が強くなっていたと考えられるのである。このように，健康茶飲料という細分化市場が形成される過程においては，形成されつつある細分化市場そのものが構造的要因として組織レベ

ルの製品開発に影響を与えたのである。

　興味深いのは，形成されつつある細分化市場は製品の同型化を促すと同時に，そこでの競争を促したことだ。上述のとおり，サントリーや伊藤園は350mLの角型PETボトルを容器とした製品をトクホの表示許可を得て発売したが，これには形成されつつある細分化市場が影響を与えていた。すなわち，サントリーや伊藤園は，健康茶飲料市場に自社の製品をポジショニングするため，ヘルシア緑茶と類似した属性をもつよう製品を設計したのである。しかし，一方でサントリーは黒烏龍茶OTPPの脂肪吸収阻害効果を訴求したし，伊藤園は引き締った味カテキン緑茶のコレステロール低減効果を訴求した。そして，花王もこれらの製品との違いを際立たせるため，トクホの表示許可を再度申請し「脂肪の燃焼を促進する」という表示の許可を得たのである。このように，同じトクホの表示許可を得ていたものの，その訴求内容は各社で異なったものになっていったのだ。このように，新たな製品市場が形成する局面では，その製品市場そのものが構造的要因として主体の行為に影響するが，その影響は同型化と同時に競争を促すものだといえる。

　以上のように，組織レベルの製品開発と市場レベルの対話には，直接的なルートと間接的なルートによる関連性がみられた。直接的なルートでは，市場創造型製品を開発した組織が直接対話に参加し，新たな製品評価の枠組みを提示した。間接的なルートでは，組織レベルの製品開発と市場レベルの対話で同じ構造的要因や物的存在が影響する結果，両方のレベルの主体の行為に関連性が現れることが明らかとなった。さらに，新たに形成する市場・製品評価の枠組みがひるがえってその後の製品開発に影響を与えること，そしてその影響により後の製品開発では同型化と競争が同時に促されることが示された。このように組織レベルと市場レベルの主体の行為が直接的・間接的に相互作用し，新たな市場・製品評価の枠組みが市場参加者に共有されたのである。

4．発見事項

　以上のように，本章では茶系飲料市場において健康茶飲料という細分化市

場が形成された事例を検討した。技術の社会的形成アプローチによる分析からは、以下の4点が明らかになった。第1に、新たな製品評価の枠組みが市場参加者に共有されるプロセスは、ある生産者からの新たな製品評価の枠組みの提示、それに対する消費者の反応、およびそれを受けての生産者の反応という市場参加者の対話プロセスとして理解できること、そしてその対話プロセスには物的存在や構造的要因が影響していたことが示された（RQ1に対応）。これは、着色汚れ除去ハミガキの事例と同様であった。

第2に、新たな製品評価の枠組みを構想する過程では、新旧2つの製品評価の枠組みが共存すること、そして、その柔軟な解釈が新たな製品評価の枠組みへと収結する際には、構造的要因や物的存在の支持が用いられることが明らかになった（RQ2に対応）。本章の事例では、第4章のステインクリアの開発のように、新たな製品評価の枠組みに反対する主体は現れなかった。しかし、開発チームは既存の製品評価の枠組みの影響を受けつつ、新たな製品評価の枠組みを構想するという柔軟な解釈を行っていた。このとき、他の構造的要因や物的存在は既存の製品評価の枠組みと適合せず、新たな製品評価の枠組みを支持することが見いだされた。その結果、花王の解釈は新たな製品評価の枠組みを採用することで収結したのである。

第3に、組織レベルの製品開発プロセスと市場レベルの対話プロセスは、組織が主体として市場レベルの対話に参加するという直接的なルートのほかに、構造的要因や物的存在を媒介にした間接的なルートで関連しあうことが示された（RQ3に対応）。これも、着色汚れ除去ハミガキの事例と同様であった。

第4に、新たに形成されつつある市場・製品評価の枠組みがひるがえって組織レベルの製品開発に影響を与えることが示された（RQ4に対応）。新たに形成されつつある市場・製品評価の枠組みは、その後に開発される製品に共通した属性をもつように強いる。一方、新たに形成されつつある市場・製品評価の枠組みは、その市場で競争する企業による差別化のきっかけにもなる。かくして、新たに形成されつつある市場・製品評価の枠組みは、製品の同型化と競争を促し、その市場をさらに確固たるものにするのである。

このように、健康茶飲料の事例からは、本書が取り組む4つのリサーチ・

クエスチョンそれぞれに対し，一定の解が得られた。また，これらの解のうちRQ1とRQ3に対するものは，着色汚れ除去ハミガキの事例と同様だった。しかし，一方で，RQ2については，2つの事例で異なる点があった。ステインクリアの開発事例ではみられた反対する主体の説得は，ヘルシア緑茶の開発事例ではみられなかった。この違いはどのように解釈すればいいのだろうか。また，RQ4については，着色汚れ除去ハミガキの事例では十分に検討できておらず，健康茶飲料の事例で検討できたのみである。これらの不足を補うため，次章ではもうひとつの事例——高級炊飯器市場の形成——を取り上げ，検討を進めていこう。

＊本章の事例研究は宮尾（2011）を元に加筆したものである。

第 **6** 章

高級炊飯器市場の形成

本章では，電気炊飯器市場において，高級炊飯器という細分化市場が形成された事例を検討する。電気炊飯器は，電気による加熱でご飯を炊く調理器具であり，日本においては普及率の高い家電製品のひとつである[1]。電気炊飯器市場では，2000年以降平均単価が下がり続けていたが，2006年に三菱電機が発売した「本炭釜」をきっかけに，高価格の製品群が次々と発売され，高級炊飯器と呼ばれる細分化市場が誕生したといわれている。

事例では，はじめに市場レベルの対話プロセスとして，各メーカーによる高級炊飯器の発売，そして流通企業や消費者の反応を示す。次に，新たな市場形成のきっかけとなった本炭釜の開発を検討し，市場創造型製品の組織レベルの開発プロセスを示す。さらに，高級炊飯器市場における競合品である，タイガー魔法瓶の「土鍋IH炊飯ジャー＜炊きたて＞（JKF-A）」（以下，土鍋IH炊飯ジャー），象印マホービンの「圧力IHジャー炊飯器『極め炊き』（NP-SA10）」（以下，極め羽釜），およびシャープの「ヘルシオ炊飯器（KS-PX10A，KS-GX10A）」の開発プロセスを示す。これらの事例を技術の社会的形成アプローチにより分析し，リサーチ・クエスチョンに対する解へ近づくのが本章のゴールである。

1. 事例の記述：市場レベルの対話プロセス

電気炊飯器市場の概要

1955年に東京芝浦電気（現在の東芝）から発売された自動式電気炊飯器を皮切りに，日本の家電メーカーは様々な技術を採用した電気炊飯器を開発してきた。1970年には象印マホービンからヒーターでご飯を保温する電子

---

[1] 平成21年度全国消費実態調査によれば，2人以上世帯における普及率は82.8%である。

ジャーが発売された[2]。これにより，炊いたご飯を長時間温かいままでおいておくことができるようになった。1972年には三菱電機が炊飯器と電子ジャーを組み合わせたジャー炊飯器（NJ-1600）を発売した。これによって炊いたご飯をジャーに移しかえる必要がなくなり，炊飯器のままでご飯を保温できるようになった。現在の家庭用炊飯器のほとんどは，このジャー炊飯器であり，炊飯と保温の機能を両方備えている。

このように，1970年代までの電気炊飯器における技術開発は，家事の省力化を主な目的としていた。しかし，1979年に松下電器（現パナソニック）からマイコンジャー炊飯器（SR-6180FM）が発売されると，この状況が一変した。マイコンジャー炊飯器は調理する米の量や水温をマイクロコンピュータによって自動で判断し，炊飯時の火加減を調整する。これにより，理想の火加減を実現し，おいしいご飯を炊くことができるというのが，マイコンジャー炊飯器のうたい文句だった[3]。すなわち，マイコンを搭載した炊飯器の登場により，電気炊飯器を評価するうえで重視される性能属性は，便利さからご飯のおいしさへとシフトしたのである。

この変化をさらに推し進めたのが電磁誘導加熱方式（induction heating: IH）を採用した炊飯器（IH式炊飯器）である。1988年10月，松下電器ははじめてのIHジャー炊飯器「SR-IHシリーズ」を発売した。価格は1.0Lタイプで52,500円であり，当時の炊飯器としては破格の高額商品だったという[4]。従来のマイコン式炊飯器が電熱線からの熱伝導によって内釜を加熱していたのに対し，IH式炊飯器では内釜そのものが電磁誘導によって発熱する。これにより，マイコン式よりも強い火力，炊き上がった後のすばやい加熱停止，そして温度センサーによる詳細な炊飯プログラムの制御が可能になった。

---

2 象印マホービンやタイガー魔法瓶は，炊いたご飯を温かいまま保存する保温ジャーを開発，販売していた。保温ジャーは，広口の魔法瓶であり，外気との間に真空の層をつくることでご飯を保温することができた。一方，電子ジャーは電気による発熱でご飯の温度を保つ。魔法瓶のメーカーが電子ジャーを開発したのは，自社の既存技術とは異なる技術で同じ保温という機能をもった製品を開発したことを意味する。これにより，象印マホービンやタイガー魔法瓶は家電メーカーの仲間入りを果たしたといって良いだろう。

3 現在でも，「炊飯プログラム」と呼ばれる炊飯時の火力調整は電気炊飯器における重要な技術であり，炊飯プログラムの良し悪しによって炊き上がったご飯のおいしさが大きく変わるといわれている。

4 当時のマイコン式の炊飯器は，1万5000〜2万円程度で販売されていた。

図 6-1　電気炊飯器の出荷台数と IH 式炊飯器の構成比の推移

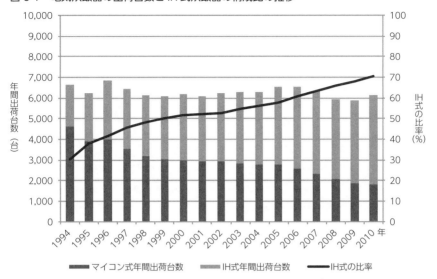

出典：一般社団法人日本電機工業会，三菱電機株式会社ニュース・リリースより筆者作成

特に強い火力は重要だった。強い火力で炊飯すれば米のでんぷんの分解が促進され，炊き上がったご飯はより甘く，おいしくなるからである。

　1990 年代前半には，当時炊飯器を製造していたメーカーのほとんどが IH 式の炊飯器に参入した。IH 式による加熱はさらに改良が施され，内釜の側面やふたからの加熱など，より釜全体を強くむらなく加熱する方法が考案された。1999 年には，IH 式の炊飯器が全出荷台数の半分を占めるようになり，2010 年には全出荷台数の 70% 以上が IH 式を採用するようになった（図 6-1）。

　しかし，当初は高価だった IH 式の炊飯器も徐々に単価が下がっていった。市場全体でみても，平均単価は 1993 年に 17,000 円を超えたのをピークに下降していき，2004 年には 14,000 円にまで下がってしまった（図 6-2）。このころのメーカーは，ご飯のおいしさよりも，炊飯以外の料理にも使えること，ふたを取り外して洗えること，本体内にセンサーの出っ張りがなく掃除しやすいことなど，「便利に使える」という性能属性を重視していたが，価格を上げることにはつながっていなかったという[5]。まさに，コモディティ化が起

図 6-2　電気炊飯器平均単価の推移

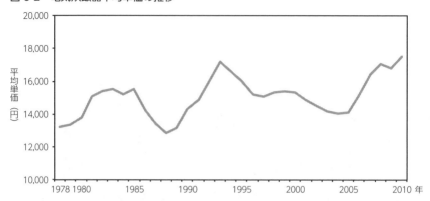

出典：一般社団法人日本電機工業会，三菱電機株式会社ニュース・リリースより筆者作成

こっていたのである。

　ところが，図 6-2 をみると，2006 年以降，販売単価が上昇し始めたことがわかる。その原因は，マイコン式に比べて高価な IH 式の販売比率が増加し

図 6-3　IH 式炊飯器の価格帯別出荷台数の推移

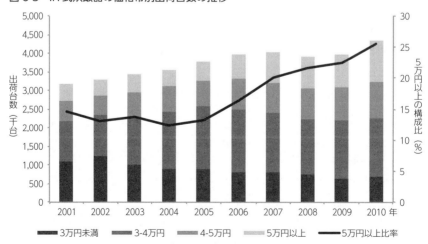

出典：一般社団法人日本電機工業会，三菱電機株式会社ニュース・リリースより筆者作成

5　多くのインタビュイーが，共通してこのことに言及していた。

たことだけではなかった。IH式のみをみても，5万円以上の価格の製品の比率が大幅に増加していたのである（図6-3）。2004年には，IH式炊飯器における5万円以上の価格帯の炊飯器の占める割合は13%以下だったのに対し，2005年からその割合は上昇し始め，2010年には25%を超えるに至った。すなわち，IH式炊飯器でもより高価なものの販売が伸びたのである。

高級炊飯器市場の形成

　2006年以降の電気炊飯器市場における平均単価の上昇は，三菱電機が発売したIH式炊飯器「本炭釜」をきっかけに始まったといわれている[6]。本炭釜は内釜の素材に純度99.9%の炭素を用いた炊飯器である。炭素はIH方式による加熱に適した素材であるため，本炭釜は強い火力でご飯を炊くことができる。そのため，甘みの強いおいしいご飯になるという。三菱電機はこの本炭釜を110,000円（メーカー希望小売価格，税別）で発売した。当時販売されていた電気炊飯器で最も価格が高いものが7～8万円だったことを考えると，本炭釜はそれらを大きく上回る高価格品だったことがわかる。にもかかわらず，本炭釜は三菱電機の予想を超える販売数量を達成した[7]。

　本炭釜のヒットをみた電気炊飯器メーカーは，早速それに追随した。同年9月にはタイガー魔法瓶が陶器製の内釜を採用した「土鍋IH炊飯ジャー＜炊きたて＞」をメーカー希望小売価格80,000円で発売した。土鍋IH炊飯ジャーもタイガー魔法瓶の予想を超えるヒット商品になった。当初は，年間2万台程度の販売を見込んでいたが，結果はその倍を超える数が売れたのである。翌年の2007年には，パナソニック（当時は松下電器産業），日立，東芝も高価格の炊飯器を発売した。これらの製品では，三菱電機の本炭釜やタイガー魔法瓶の土鍋IH炊飯ジャーのように内釜を工夫するだけでなく，炊飯時に圧力をかける，炊き上がったご飯にスチームを吹きかける，浸漬時に減圧することで米への浸水を促す，といった工夫を行うことでご飯のおいしさを追求していた（表6-1）。

6　『日経産業新聞』2007年9月12日，7面。
7　三菱電機ニュース・リリース（2006年9月27日）によると，当初の想定では月産1000台程度だったのが，発売から半年の出荷台数は1万台を超えたという。

表 6-1 2006〜2012年に発売された高級炊飯器の例

メーカー	発売日	製品	価格	内釜	特徴 圧力	特徴 スチーム	特徴 その他
2006年							
三菱電機	3月21日	炭炊きIHジャー炊飯器 木炭炊 NJ-WS10	110,000円	木炭釜			
タイガー魔法瓶	9月上旬	土鍋IH炊飯ジャー〈炊きたて〉JKF-A	80,000円	土鍋釜			
2007年							
松下電器(現パナソニック)	5月21日	高温スチームジャー炊飯器 SR-SW101	オープン(7万3千円前後)	蓄熱ダイヤモンド銅釜		○	
日立	7月10日	圧力IHジャー炊飯器 [打込み鉄釜 圧力極上スチーム極上炊き] RZ-GV100J	オープン(8万円前後)	打込み鉄釜	○	○	
東芝	8月1日	真空圧力IH保温釜 RC-10VSA	オープン(8万円前後)	鍛造ダイヤモンド銅釜	○		真空吸水
タイガー魔法瓶	9月	土鍋IHジャー〈炊きたて〉土鍋釜・黒 JKF-S100	90,000円	土鍋釜			
三菱電機	9月21日	炭炊きIHジャー炊飯器 [本炭釜] NJ-WS10A	110,000円	本炭釜			
2008年							
パナソニック	2月1日	スチームIHジャー炊飯器 SR-SV101	オープン(11万円前後)	大火力電釜		○	
パナソニック	5月26日	スチームIHジャー炊飯器 SR-SW102	オープン(7万3千円前後)	大火力銅釜		○	
日立	7月12日	圧力IHジャー炊飯器 [打込み鉄釜 はやてくう まい極上炊き] RZ-HV100K	オープン(8万円前後)	打込み鉄釜	○		
東芝	9月1日	真空圧力IH保温釜 RC-10VGB	オープン(12万円前後)	一品削り出し厚釜 謹製大発熱鍛造	○		真空吸水
タイガー魔法瓶	9月	土鍋IHジャー〈炊きたて〉土鍋釜・黒 JKL-A100	90,000円	土鍋釜			
2009年							
三菱電機	2月1日	IHジャー炊飯器 [蒸気レスIH] NJ-XS10J	オープン(8万円前後)				蒸気レス
パナソニック	6月1日	スチームIHジャー炊飯器 SR-SJ101	オープン(10万円前後)	大火力電釜		○	熱さカット排気
日立	6月20日	圧力スチーム IH極上炊き 蒸気リサイクル RZ-JV100K	オープン(9万円前後)	打込み鉄釜	○	○	蒸気カット

第6章 高級炊飯器市場の形成

メーカー	発売日	商品名	価格	釜			特徴
タイガー魔法瓶	8月21日	土鍋IH炊飯ジャー<炊きたて> 土鍋釜・黒 JKL-G100	100,000円	土鍋釜			
2010年							
三菱電機	2月1日	IHジャー炊飯器「蒸気レスIH」NJ-XWA10J	オープン(11万5千円前後)	木炭釜			蒸気レス
パナソニック	6月1日	スチームIHジャー炊飯器 SR-SJ102	オープン(10万5千円前後)	遠赤大火力竈釜	○		熱さカット
日立	6月10日	IHジャー炊飯器[蒸気カット極上炊き 圧力&スチーム] RZ-KV100K	オープン(6万5千円前後)	打込み鉄釜	○		蒸気カット
タイガー魔法瓶	9月1日	土鍋IH炊飯ジャー<極め炊き> JKN-A100	110,000円	土鍋釜		○	
象印マホービン	9月1日	圧力IH炊飯ジャー「極め炊き」NP-SA10	110,000円	極め羽釜		○	
東芝	9月中旬	真空圧力IH保温釜 RC-10VGD	オープン(8万5千円前後)	還元鍛造 ダブルダイヤモンド銀釜		○	真空吸水
2011年							
パナソニック	6月1日	スチームIHジャー炊飯器 SR-SX101	オープン(9万5千円前後)	遠赤大火力竈釜	○		
タイガー魔法瓶	7月1日	土鍋IHジャー炊飯ジャー<炊きたて>波紋焼土鍋釜 JKN-S100	110,000円	土鍋釜			
日立	8月中旬	IHジャー炊飯器[圧力&スチーム 真空熱封] RZ-W1000K	オープン(9万5千円前後)	大火力 打込み鉄釜	○		蒸気カット
象印マホービン	10月21日	圧力IH炊飯ジャー「極め炊き」NP-SS10	130,000円	極め羽釜 南部鉄器		○	
2012年							
パナソニック	6月1日	スチームIHジャー炊飯器 SR-SX102	オープン(11万5千円前後)	ダイヤモンド竈釜	○		
日立	7月20日	IHジャー炊飯器[圧力&スチーム 真空熱封] RZ-W2000K	オープン(10万5千円前後)	対流大火力 打込み鉄釜	○		蒸気カット
タイガー魔法瓶	8月21日	土鍋圧力IH炊飯ジャー<THE炊きたて> JKX-A100	140,000円	土鍋釜			
東芝	9月1日	真空圧力IH保温釜 RC-10VPF	オープン(10万5千円前後)	鍛造かまど丸釜		○	真空吸水
シャープ	10月1日	ヘルシオ炊飯器 KS-PX10A	オープン(9万5千円前後)	3mmハードガラス 鉄釜			かいてんユニット

出典：各社ニュース・リリース、および Web サイト「家電 Watch」(http://kaden.watch.impress.co.jp) を参考に筆者作成

では，これらの高級炊飯器はどのような消費者に購入されていたのだろうか。インタビューや新聞記事によると，高級炊飯器の購入者は，主として50～60代の方であり，これまでの電気炊飯器とは異なり男性が購入することが多かったという。当時50～60歳代以上になっていた団塊の世代は，経済的に余裕が出てきていたうえに，退職後は1日3回家でご飯を食べることになるから，少しでもおいしいご飯を食べたいと考えていた。こういった理由が，高級炊飯器の購買を促進したといわれている[8]。三菱電機でのインタビューでは次のような会話[9]があった。

　赤石：（お客様からの手紙を見ながら）やっぱり本炭釜を買う方っていうのは50代以上がすごく多かったんで，この手紙が来たときも，おそらく60代くらいの方が感動して書いてくれたんだろうなあって思ったんですけれども。

　広野：グルインでも，最初のうちのモニターが，60代くらいの人が，10万円でも買いますって言ってくださって。

　宮崎：なぜならば，日に三度食べるし，自分の長い人生であと何回ご飯を食べられるでしょう，という感じでした。

　樋口：自分も販売でたまに店に立ってね，お客さんから話を聞くと，あと炊飯器を買うのはこれが最後だ，って。こういう言い方をされると，キュウっとくるんですよ。

　生産者もこのような消費者の動向をつかんでいた。表6-2に示すように，高級炊飯器を発売したメーカーの多くが，そのニュース・リリースにおいて，

---

[8] 三菱電機ホーム機器株式会社樋口氏・赤石氏・宮崎睦子氏へのインタビュー，『日経流通新聞』2006年12月8日1面，『読売新聞』2008年9月9日東京夕刊12面など。

[9] 三菱電機ホーム機器株式会社樋口氏・赤石氏・宮崎氏へのインタビュー。広野郁子氏は，三菱電機から消費者調査を委託されていた株式会社アイ・キューブの代表取締役で，縁あって三菱電機へのインタビューを仲介していただいた。

表6-2 ニュース・リリースにおける高級炊飯器市場への言及

リリース元	日付	内容（抜粋）
日立アプライアンス株式会社	2007年6月28日	IHタイプが前年比105%と増加傾向にあり，特に，最高級クラスにおいては，前年比181%に達すると予測されます。最高級クラスの炊飯器の利用者に調査すると，圧力，スチームの炊飯機能の充実に加え，内釜の高級感を重視していることが分かりました。
ナショナルアプライアンスマーケティング本部	2007年12月10日	団塊世代を中心に，おいしいごはんへのこだわりは益々高まっており，高級炊飯器の需要は増加傾向にあります。
東芝ホームアプライアンス株式会社	2008年7月7日	IH釜の中でも，販売価格が5万円を越える高級タイプIH釜の市場が伸びています。高級タイプIH釜の購買層は，白米に加えて玄米，五穀米等の健康米も簡単においしく炊きたいといった要望が強く，また，食事の時間帯の幅の広がりから，保温したご飯の味へのこだわりも増しています。
タイガー魔法瓶株式会社	2008年9月3日	IHタイプの中でも高級ゾーンへの需要が高まっており，金額ベースでは増加傾向にあり，ユーザーは高額炊飯ジャーへの移行が続いていることが分かります。
象印マホービン株式会社	2010年7月8日	IHタイプのうち実勢売価が5万円以上の炊飯ジャーの比率は，平成21年は数量ベースで12%，金額ベースで25%を占めており，一定の構成比を維持しています（当社 推定）。

発売の理由として「高級炊飯器の販売が好調であること」を指摘していた。彼らは高級炊飯器という細分化市場が出現し，その市場規模が拡大していることを理由に，高級炊飯器を開発・発売していたのである。

小売店も，高級炊飯器市場の形成において重要な役割を担った。家電量販店は，他の一般的な炊飯器と独立した高級炊飯器コーナーをつくった（図6-4）。高級炊飯器コーナーでは，各社の製品の特徴とその違いが詳しく伝えられた。店舗によっては，来店した見込み客を対象に試食を行ったところもあったという[10]。

小売店による販売促進の背景には，メーカーからの働きかけもあった。例えば，三菱電機では，小売店の販売担当者を対象とした試食会を何度も開催

---

[10] 『日経流通新聞』2008年2月15日，18面。

図6-4 家電量販店における高級炊飯器コーナー

出典:ジョーシン高槻店にて筆者撮影(2014年12月24日)

したという。消費者に店頭で試食してもらいたいのだが,それを三菱電機の営業担当者で実行するには人手が足りなかった。そこで,販売担当者に試食してもらうことでご飯のおいしさを代弁してもらおうと考えたのである。同様の小売店への働きかけは,他のメーカーにおいても行われていた。

さらに,このような消費者および生産者の動向は,新聞や雑誌の記事においても取り上げられた。これまでの常識を覆すほど高価な炊飯器が売れているということに,ニュース・バリューがあったのである[11]。開発プロセスについてのインタビュー記事や[12],いくつかの高級炊飯器をあげてその特徴を解説する記事など[13],高級炊飯器についての様々な情報が消費者に伝えられた。「高級炊飯器」という言葉は,三菱電機が本炭釜を発売した直後の2006

---

11 三菱電機ホーム機器株式会社樋口氏・赤石氏・宮崎氏へのインタビュー。ニュースとして取り上げられやすいように,三菱電機側からも積極的に情報提供を行ったという。

12 『朝日新聞』2009年7月27日夕刊,2面。

13 『読売新聞』2006年4月22日大阪朝刊,12面。

年4月には記事において用いられていた[14]。また，雑誌には高級炊飯器で炊いたご飯の味比べをする記事が掲載されたこともあった[15]。

　その後も電機メーカーは，内釜を中心とした様々な工夫によってご飯のおいしさを追求した電気炊飯器を開発・改良していった。表6-1 からは，パイオニアである三菱電機を含め，各メーカーが毎年のように高級炊飯器を改良していったこと，特に，内釜について独自の工夫を行っていたことが読み取れる。2010 年には，象印マホービンが羽釜の形状を模した内釜を採用した圧力 IH ジャー炊飯器『極め炊き』を 110,000 円（メーカー希望小売価格）で発売した。2012 年には，シャープも「かいてんユニット」と名づけた機構で炊飯中の米を攪拌する機能を備えたヘルシオ炊飯器を発売した。このように，様々な特徴をもった炊飯器で高級炊飯器市場に参入するメーカーが現れたのである。

　一方，多くのメーカーは，高級炊飯器の特徴を継承しつつ価格を抑えた電気炊飯器を発売していった。例えば，三菱電機は 2007 年 8 月に内釜に炭コートを施して加熱効率を高めた「炭炊釜」のシリーズを発売した（表6-3）。

表6-3　三菱電機が発売した炭炊釜シリーズ

商品名	型名	炊飯容量	炭コート	おいしんどう[※1]	実勢売価[※2]
超音波圧力IHジャー炊飯器「炭炊釜」	NJ-SX10	5.5合	有り[※3]	有り	60,000 円
	NJ-SX18	10合			63,000 円
	NJ-SV10	5.5合	有り[※4]	無し	40,000 円
	NJ-SV18	10合			43,000 円
超音波圧力IHジャー炊飯器	NJ-SE10	5.5合	無し	無し	30,000 円
	NJ-SE18	10合			33,000 円

※1　内釜を上下に振動させる加振器。仕込み（予熱）段階の水を適度にかき混ぜ，均一に加熱する。
※2　Web サイト『家電 Watch』（http://kaden.watch.impress.co.jp/cda/news/2007/07/09/ 1018.html，2015 年 8 月 1 日参照）
※3　NJ-SX 形の炭コート：内釜の外側，本体胴周り表面，本体放熱板
※4　NJ-SV 形の炭コート：内釜の外側，本体胴周り表面
出典：三菱電機株式会社ニュース・リリース（2007 年 7 月 9 日）を元に筆者作成

14　『読売新聞』2006 年 4 月 22 日大阪朝刊，12 面。
15　『日経トレンディ』2008 年 7 月 1 日，84-86 頁。

このシリーズの中位機種である NJ-SV10 型は，オープン価格だが実勢売価を 4 万円程度と想定しており，高級炊飯器よりも低い価格帯の製品として位置づけられていた。他のメーカーも同様に，高級炊飯器の特徴を継承した電気炊飯器をシリーズ化し，高価格，中価格，低価格といった価格帯別に製品ラインを展開していったのである。

　以上のように，複数の生産者から，(1) ご飯のおいしさへのこだわり，(2) 実勢売価が 5 万円以上，(3) 内釜を中心とした様々な工夫，という共通点をもった炊飯器が複数発売された。これらは店頭でまとめて展示され，新聞や雑誌の記事でも高級炊飯器として紹介された。各電機メーカーは，消費者の動向，お互いの動向を確認しながら，新たな高級炊飯器を開発・改良して発売した。このような市場参加者の対話を経て，高級炊飯器という細分化市場が形成されたのである。

2. 事例の記述：組織レベルの製品開発

　では，これらの高級炊飯器はどのようなプロセスで開発されたのだろうか。ここでは，三菱電機の本炭釜，タイガー魔法瓶の土鍋 IH 炊飯ジャー，象印マホービンの極め羽釜，およびシャープのヘルシオ炊飯器の開発について詳細な検討を行う。なお，それぞれの開発時期は図 6-5 に示したとおりである。本炭釜と土鍋 IH 炊飯ジャーは同時期に開発が進められていたが，極め羽釜とヘルシオ炊飯器は，これらが発売された後に開発が始まっていた。

三菱電機による本炭釜の開発

　本炭釜は，内釜の素材に純度 99.9% の炭素を用いた電気炊飯器である。炭素は IH 式での加熱に適した素材であるため[16]，金属製の内釜に比べて強い火力で炊飯できる。そのため，米のでんぷんの分解が進み，甘味をもったおいしいご飯を炊くことができる。また，炊飯中の強い沸騰によって発生した水蒸気が炊飯中の米の間を通過するため，炊き上がったご飯は米粒の間に多く

---

[16] 炭製の内釜には，大きな固有電気抵抗をもち，熱伝導率が大きく，磁力線が深く浸透するという特徴がある（『三菱電機技報』2006 年 1 月号，28 頁）。

図 6-5　事例研究対象製品の開発期間

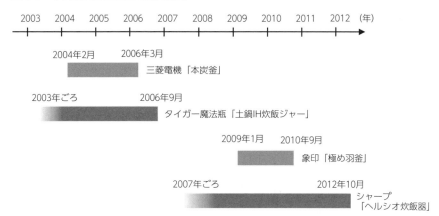

の空気を含んだ状態——ふっくらしたご飯——になるのである。

　三菱電機住環境研究開発センターの長田正史が，炊飯器の内釜を炭でつくるというアイデアを得たのは2004年2月のことだった。あるテレビ番組で炭製の鍋が紹介されていたのをみた長田は，炊飯器の内釜を炭でつくればおいしいご飯が炊けるのではないか，と考えた。あるメーカーからサンプルを入手し，ご飯を炊いてみた長田は驚いた。激しい沸騰のせいで，炊き上がったご飯がめくれ上がるように無数の穴が開いていたのだ[17]。食べてみると，とてもふっくらとしておいしい。確信を得た長田は，企画をまとめ始めた。

　さらに，開発を前進させる出来事が2つあった。ひとつめは，三菱電機の子会社である三菱電機ホーム機器[18]（以下，MHK）のマーケティング担当者による後押しである。長田がMHKに炭釜炊飯器の企画を紹介したのは，

---

[17] ご飯のおいしさを左右する要因は様々だが，長田は当時，ご飯がたくさんの空気を含んでいることが重要だと考えていたという。激しい沸騰が起こると，それによって発生した蒸気が抜けるために炊き上がったご飯の表面に穴が開く。この穴が，ご飯がたくさんの空気を含んでいることを示していたのである。

[18] MHKは三菱電機グループで炊飯器や電気掃除機，電磁調理器などの製造・販売を担当している。単に製造・販売を請け負うだけでなく，独自の技術開発・市場調査機能をもち，ある程度自律的に製品開発を進めることができる。本書の事例では，三菱電機本社の長田からMHKに企画が持ち込まれ，MHKで製品化・販売の準備を進める，という状況になる。なお，本炭釜の開発中に長田はMHKに異動し，自らその開発を率いた。

2004年10月のことだった。本社の研究所が持ち込んだ企画に懐疑的な見方をするものもいたが，MHKマーケティンググループの宮崎睦子は，長田の企画を強く支持した。

> 宮崎：炭釜ってどうだろうかと私達に提示があって，炭を入れてご飯を炊くとか，おいしいお水は炭を入れて作るっていうのは主婦の中の常識だったので，もう，これはすごく，いけるなって，直感でしたね。

　MHKで市場調査を担当していた宮崎は，消費者，特に主婦がおいしいご飯について抱く様々なイメージを探っていた。その過程で，炭を入れてご飯を炊くとおいしくなるということが，主婦の間では知られていることを見いだしていたのである。
　2つめの出来事は，消費者を対象としたホームユーステストである。2005年3月，長田は調査会社を通じて，炭釜炊飯器の試作品を消費者モニターに自宅で使用してもらい感想を聞くというホームユーステストを行った。結果は良好で，そのことも開発を前進させるきっかけとなった。
　このように，製造・販売を担うMHKの受け入れと良好な調査結果を受けて，三菱電機とMHKは本格的な技術開発に着手した。しかしながら，技術開発において乗り越えなければならない問題が2つあった。ひとつは，炭釜の衝撃耐性だった。炭釜は衝撃に弱く，落とすと割れる場合があるという問題を抱えていた。少しの衝撃で簡単に割れてしまうというわけではないが，金属製の釜は決して割れることはないため，割れる可能性があるだけでも問題になったのである。
　ところが，MHKの宮崎は「割れるからこそ価値があるのではないか」と指摘した。当時，MHKは自社の炊飯器事業について，価格の下落が続いているという問題意識をもっていた。そこで宮崎らは，外部から講師を招いて勉強会を開催し，従来とは異なる視点で製品の価値を考える試みを始めていたのである。それは，製品の機能で価値を測るのではなく，おもてなしの心や伝統的な雰囲気などに価値を見いだそうという試みだった[19]。この試みを

背景として，宮崎は発想を切り替えることができたという。すなわち，割れないという機能性・利便性よりも，職人が手作業でつくった貴重な釜なので丁寧に扱わなければいけないということが価値を生むと考えたのである。

> 宮崎：割れるものなんかを工業製品として出しちゃいかんというのは本当に常識なのです。だけど，そこで発想を転換して，本物だから割れるんですよ，大切に使ってくださいね，と言って売ればいいじゃないですか，というふうに，頭を切り替えることができたんですね。

しかし，品質保証部門は，炭釜の商品化に反対したという。割れるからこそ価値があるとはいうものの，品質管理基準のひとつである落下テストを行うと，炭釜は割れてしまう。品質保証部門はこの点を問題視したのだった。結果として，落下テストをパスするかどうかではなく，別の基準で品質管理を行うこととしたが，その基準の妥当性については，発売直前まで検討が続けられたという。

技術開発が進められる一方で，長田らは社内外の関係者に企画を提示していった。この過程で，開発中の製品について思いもよらない評価が寄せられた。流通企業へのプレゼンテーションの場で，彼らから価格を上げても売れると指摘されたのだ。当初，開発チームは開発中の製品の価格を，その当時市場で販売されていた炊飯器の中で最も高価なものと同程度（8万円程度）に想定していた。炭製の内釜の製造コストが高く，なるべく価格を高くしたかったからだ。しかし，流通企業のマネジャーは10万円前後でも売れるのではないか，と提案したのである。流通企業から価格を上げるよう提案されるのは極めてまれなことである。この提案を受けて，MHKの社長は10万円前後まで価格を上げるよう開発チームに指示を出した。

この流通企業からの評価，そして社長からの指示は，開発チームによる製品の意味づけを大きく変えることとなった。10万円を超えるような価格の

---

19 インタビューしたMHKのメンバーは，この勉強会のことを「ホスピタリティ勉強会」と呼んでいた。

炊飯器はこれまで市場には存在しなかった。そのような製品が備えるべき特徴はどのようなものなのか。開発チームの中でも特にMHKの営業部が様々なアイデアを出した。細かいことではあったが，製品の価値を少しでも高めるために，以下のような様々な手を打った。

- 本体色を黒とシルバーの2つ用意するが，単に「黒」「シルバー」などと呼ぶのではなく「漆黒」「白銀」と名づけた。
- 電源コードの色を本体色に合わせて2種類とした（漆黒には黒，白銀にはグレー）。
- 梱包する際に，本体を布製の袋に入れた（通常はポリ袋を使う）。
- 内釜ひとつひとつに固有のシリアル・ナンバーを入れた[20]。
- 内釜に，書家の榊莫山氏の書で「本炭釜」とレーザー印字した。
- 付属のしゃもじを黒の活性炭入りのものにした（通常は樹脂製の白いものが添付される）。
- 製品紹介のパンフレット等でも，スペック・機能を説明することはせずに，ご飯のおいしさ，和風のイメージを伝えることに注力した。

このように開発を進めてきた開発チームだが，発売直前になって思いがけず社内の反対にあうことになった。その理由が，生産リードタイムの長さと生産性の低さだった[21]。炭素製の内釜の製造リードタイムは約5カ月必要で，生産台数は1日あたり50個，月間では1000個が限度だった。三菱電機本社のあるマネジャーは，生産リードタイムの長さと生産性の低さから，発売後に欠品が発生するリスクがあると考え，発売を中止すべきだと主張した。製造にあまりにも時間がかかるため，需要の不確実性に対応できないというのである。

---

20 炭釜は，品質のばらつきが比較的大きいため，シリアル・ナンバーによってひとつひとつ管理するという意味もあった。

21 炭製の内釜は，原料の炭素等を1500〜3000℃の高温で90日間かけて焼成して円筒形の炭素ブロックとしたものを手作業で切削し，最後にフッ素コーティングを施して製造する。焼成と手作業での切削に時間がかかるため，リードタイムが長くなる。

長田：これは工業製品じゃなくて工芸製品じゃないか。こんなものは三菱電機が作るものではないというようなことを言われた記憶がありますね。売れなくても売れても困る。売れなくても困るというのは，売らなければ大損になってしまうし，売れすぎても，日産50個じゃ供給が間に合わずユーザーに迷惑かけるでしょ，という。

　長田と，製造販売を担当するMHKの社長は三菱電機本社に何度も出向き，マネジャーたちを説得した。目標の3月発売を実現するためには，半年前には内釜を発注しなければならなかったため，既に初回分は発注してしまっていたのである。結果として，マネジャーはプレス・リリースや広告・宣伝を一切中止することを条件に発売することを了承した。発売前の期待が高まりすぎないよう配慮することで欠品のリスクを抑えたのである。

　かくして，2006年3月に本炭釜は発売された。やはり，価格が非常に高いため，発売してすぐはなかなか売上があがらなかったという。その状況を変えるきっかけになったのがマスコミの報道だった。定価が10万円を超える炊飯器の登場はそれ自体がニュースだったため，テレビや雑誌などが本炭釜をさかんに取り上げた。また，三菱電機も出版社に情報提供をするなど，マスコミに取り上げられやすい状況を仕掛けたという。

　このような販売促進策が功を奏し，本炭釜は予想を超える売れ行きをみせた。小売店としても，10万円の価格で持ち帰りの製品は非常に売りやすい製品だった[22]。当初の予想では月産1000台だったのだが，需要が供給を上回り，一時は3カ月待ちという状態にまでなったという。結果として，発売後半年で1万台を出荷するヒット商品となった。

タイガー魔法瓶による土鍋IH炊飯ジャーの開発

　土鍋IH炊飯ジャー＜炊きたて＞は，陶器の内釜を搭載した電気炊飯器である。シリーズ最初のJKF-A型，JKF-B型の2機種が発売されたのは2006

---

[22] 冷蔵庫や洗濯機などは，価格は高いが後日の配送や設置の作業が必要になる。本炭釜はこれらの製品と同じような価格帯でありながら，購入者が自分でもって帰れるため，販売店としては配送や設置の手間がかからない分，売りやすい商品だったのである。

年8月のことであり，2012年8月発売のJKX-A型まで，毎年様々な改良を施しながら販売を続けている。土鍋IH炊飯ジャーの内釜は，素焼きの陶器に釉薬をかけて焼成するという方法でつくられている。電流の流れない土鍋は，そのままではIHによって加熱することはできないが，タイガー魔法瓶は，土鍋の表面に電流を流すための金属皮膜を形成してIHで加熱する方法を開発し，電気炊飯器に採用したのである。陶器の内釜は蓄熱性が高いため，はじめはゆっくりと加熱し，徐々に温度を上げて炊き上げるという理想的な炊飯が可能になるという。また，細かい水蒸気の気泡を発生させるため，炊き上がったご飯は空気を含んだふっくらしたものになる。

　土鍋IH炊飯ジャーの開発が始まったのは，2003年のことである。この年，タイガー魔法瓶では製品企画を担当するソリューショングループという組織を新たに設置した。従来は，開発グループの企画チームとして製品開発を担当していた組織が，より企画を重視し，消費者の生活上の問題を解決する組織という位置づけになったのだという。

　この新しい組織から出てきたアイデアのひとつが，炊飯器の内釜を土鍋でつくるというものだった。当時のタイガー魔法瓶では，炊飯器の事業について強い危機感を抱いていた。タイガー魔法瓶は，市場では第2位のシェアを確保していたが，店頭売価で2万円前後の普及価格帯の製品が主流であり，利益が出にくい状態になっていた。なんとかしてこの状況を打破しようと考えたソリューショングループは，消費者へのアンケート調査を行った。当時市場で売れ筋だった「圧力」をはじめ複数のキーワードを提示し，どのキーワードが最もおいしいご飯を連想するか，という調査を行ったのである。そのとき提示したキーワードの中で，最もおいしくご飯が炊けそうだというものが「土鍋」だった。この調査について，ソリューショングループで商品企画を担当した金丸等(ひとし)は，次のように話した。

　　金丸：分かりやすいおいしさの特徴ということで，いろいろと調べました。店頭にあったもの，思いつくものなど様々なワードを並べて，ネット調査による定量調査を行いました。そうすると，おいしく炊けるフレーズのナンバーワンが土鍋だったのです。（中略）今

はもう土鍋でご飯を炊くというのは普通になっていますが,当時,デパートなどの売り場でご飯炊き用の土鍋が並び始めていて,一部のこだわりのある人たちの間でブームになり始めていたものの,まだまだ土鍋には鍋物のイメージが強いと思っていました。しかし調査の結果,実は,土鍋で炊いたご飯がおいしいという浸透が始まっていたことがわかったんです。

　こうして土鍋を炊飯器に採用するというアイデアを得たものの,それが開発の軌道に乗るまでには,様々な困難があった。まず,炊飯ジャーの内釜を土鍋でつくる,というのは家電製品のメーカーにおいては非常識なアイデアだった。土鍋は電流を通さないためIHによる加熱ができないのは明らかであるし,寸法のばらつきも家電製品の品質管理に対応できるとも思えなかったからだ[23]。そのような中で金丸を後押ししたのが,当時のソリューショングループの統括マネジャーだった[24]。営業出身の統括マネジャーは土鍋の炊飯器というアイデアに興味をもち,金丸に様々な土鍋を調べてみるように指示を出した。これにより金丸は,土鍋の産地や展示会などを調査することができたのである。土鍋の製造委託先の探索は難航したが,2004年3月にはなんとか要求に応えることのできるメーカーが見つかった。

　次に金丸が目標にしたのが,社内の企画会議[25]での承認であった。そのためには,少なくともご飯を炊くことのできる試作品が必要だった。試作品の開発を技術グループに依頼しようとしたが,当時のタイガー魔法瓶には,このような先行技術開発を担当する組織がなく,毎年の製品リニューアルを担当する技術グループが兼務で技術開発を行う必要があった。金丸は,2004年10月の企画会議で,2年後には画期的な新製品を発売するからその年の

---

[23] 企画を担当した金丸は,アイデアを他人に話すのが恥ずかしいぐらいだったという。ブレインストーミングなどの場でアイデアを口にするものの,相手にしてくれる技術者はほとんどいなかった。
[24] 当時のタイガー魔法瓶には6つほどのグループがあり,それぞれに統括マネジャーが置かれていた。グループはいわゆる機能部門(企画,開発など)にあたり,その長にあたるポジションが統括マネジャーである。その上の階層は,役員になる。
[25] 役員の出席のもと,翌年夏に発売する新製品,リニューアル品の開発投資を承認する会議である。

リニューアルはマイナーチェンジとすることで承認を得て，技術グループの協力を取り付けた[26]。また，ソリューショングループと技術グループの統括マネジャーの間でも話し合いがもたれ，技術グループも先行技術開発への人員配分に協力することになった。

　このようにリソースが割かれたにもかかわらず，試作品の開発は難航した。最大の問題は，土鍋内の温度コントロールが難しいことだった。これまでのタイガー魔法瓶の炊飯器では，内釜の底部に温度センサーを設置して釜内の温度を制御していたが，このひとつのセンサーだけでは土鍋内の温度を測定し，それをコントロールすることはできなかった。ところが，ふた（上部）にもセンサーを設置しようとすると，これが問題を引き起こした。これまでのタイガー魔法瓶の炊飯器の最大の特徴のひとつが，ふたを取り外して洗浄できることだったからだ。ユーザーは清掃の手間を非常に気にするため，製品の選択に迷う見込み客に「当社の製品は，ふたを外してきれいに洗えますよ」というのは，製品選択の決め手となるセールストークだったのだ。ところが，ふたにセンサーを設置するためには配線が必要になり，ふたを取り外すことはできなくなる。土鍋を採用するためには，これまでの最大のセールスポイントを否定しなければならなくなってしまうのである。営業部門は当初は難色を示したが，結果として技術的にふたへのセンサー設置は不可避であること，土鍋という新たな特徴がふたを取り外せることよりも効果的なセールスポイントになることで納得したという。

　　金丸：今までの炊飯器ではできない制御というか，土鍋の温度はうまく計れないので，ふたにセンサーをつけるなど工夫をする必要があり，最終的にはふたは取れない炊飯器として出しました。タイガーとして下位機種がもっているふたが取れる機能がない上位機種なんてありえないという議論もありましたが，それ以上に土鍋というフレーズと炊き上がりのごはんのおいしさ，土鍋の雰囲気そ

---

[26] 家電製品の業界では，製品を毎年リニューアルするのが慣行になっていた。特に営業部門は，新たな機能や従来の機能の改良があれば販売店との商談を進めやすくなるため，リニューアルに大きな期待をしていた。

のもの自身に力があるので、やっていこうということでした。

センサーを釜の底、横、上に設置することで釜内の温度制御はある程度可能になったが、今度は、どのように制御すべきかのプログラム開発が難航した。来年度には画期的な製品を発売すると宣言した前回の企画会議から1年が経過した2005年10月、土鍋IH炊飯ジャーの企画を上程する企画会議の段階でも、ようやく3合でベストの炊飯ができるという状態だった。しかし、企画会議での反響は大きかった。試作品で炊いたご飯を試食した会議の参加者からは、これはおいしい、ぜひ世に出そうという評価が得られたという。かくして土鍋IH炊飯ジャーの企画は社内の承認を得、本格的な開発が始まった。

一方、ソリューショングループでは製品のパッケージでの仕掛けを考えていた。ソリューショングループの統括マネジャーは、販売促進に取り組むためのプロジェクト・チームの結成を経営会議に進言し、企画、販売促進、開発、営業の4部門から担当者を集めた。土鍋の製造コストを考えると、開発中の製品は当時のタイガー魔法瓶の炊飯ジャーの中では最も高価格なものになる。であれば、少しでも消費者にその価値を感じてほしい。このように考えたプロジェクト・チームは「おひつセット」（図6-6）という演出を考案した。炊飯器のパッケージを開けると、木のしゃもじ、おひつのふた、なべしきなどがセットで封入されており、それを使えば、内釜の土鍋をそのまま食卓に出せるような演出を考えたのである。

図6-6　おひつセット

出典：タイガー魔法瓶株式会社のプレス・リリース（2006年8月29日）

金丸：おもてなしの感覚ですね。土鍋，日本，おもてなし，といった日本人ならではの感性に響く，買った人が満足するようなことをしようと考えたのです。当時は，まだ価格設定を確定できてなかったのですが，少なくともタイガーの中では一番高い商品になるだろうというのがあったので，それだけ高いものを買っていただいたお客様に，買って良かったと思っていただこうと。やっぱり期待値が高いので，箱を開けたときから驚いていただきたいといった話が，プロジェクトの中で出てきたのです。通常はふたを開けたら，ビニールに入った炊飯器が出てくるのですが，ふたを開けたらギフトボックスみたいな箱が出てきて，そこにひのきのしゃもじとおひつのふたと，それでなべしきとがセットに入ってて，ちょっとお品書きみたいな紙を入れて，大切な贈り物のような感じにしたのです。商品も不織布の袋に入れました。

このように発売の準備を進めていたプロジェクト・チームは驚くべき情報を入手した。2006年3月に，三菱電機が本炭釜を発売したのである。当時売れ筋だった電気炊飯器の店頭売価が2～3万円程度だったのに対し，本炭釜はメーカー希望小売価格110,000円（税別）という破格の高価格で発売された。この価格はタイガー魔法瓶にとっても驚きだったが，一方で，好機にもなった。これを受けて，土鍋IH炊飯ジャーの価格を見直すことができたのである。当時のタイガー魔法瓶の最も高い価格はメーカー希望小売価格で60,000円（税別）だった。ところが，開発を進めていくとそのメーカー希望小売価格では利益を確保するのが難しいことがわかってきたのだった。企画担当者は価格を上げたいと考えたが，これまで普及価格帯（店頭実売価格2万円前後）の炊飯器が主流のタイガー魔法瓶にとっては，リスクが大きかった。そこに，メーカー希望小売価格で10万円を超えるような炊飯器が登場し，高価格でもそれに見合った価値があると感じた消費者はその商品を買ってくれるのだということがわかったのである。販売店との商談でも，価格を上げても大丈夫ではないかとの意見をもらった。かくして，土鍋IH炊飯ジャーには，タイガー魔法瓶ではこれまでになかった高い価格をつけることとなっ

たのである。

　以上のような経緯で，タイガー魔法瓶は土鍋 IH 炊飯ジャー＜炊きたて＞（メーカー希望小売価格 80,000 円，税別）を 2006 年 9 月に発売することになった。タイガー魔法瓶は，商品発売前の 6 月から「土鍋ＩＨ炊飯ジャー 1 万人の大試食会」というプロモーション企画を行った。全国各地のイベント会場に試食会場を設け，来場者に土鍋 IH 炊飯ジャーで炊いたご飯を試食してもらうという企画だった。

　結果として，土鍋 IH 炊飯ジャー＜炊きたて＞は，タイガー魔法瓶の予想をはるかに超えるヒット商品となった。当初の販売予定数量は 2 万台程度だったのだが，実際の販売数量はその倍をはるかに超える量になったという。製造が追いつかず，予約販売で対応するということも行った。

象印マホービンによる圧力 IH ジャー炊飯器『極め炊き』(極め羽釜) の開発

　圧力 IH ジャー炊飯器『極め炊き』は，象印マホービンが 2010 年 9 月に発売した炊飯ジャーである。象印マホービンでは本品の内釜を「極め羽釜」と呼んでいる。極め羽釜にはかまどでご飯を炊く際に使用する釜のように，周囲にリング状の突起（羽）が付いている（図 6-7）。この羽を通じてヒーターからの熱が伝わるとともに，羽の下部が空気を含んだ断熱層になるため，釜全体を均一に加熱することができる。また，内釜が浅く広い形状になっているため，ご飯が自重で押しつぶされることがなく，ふっくらとしたご飯が炊き上がる。

図 6-7　圧力 IH ジャー炊飯器『極め炊き』と極め羽釜

出典：象印マホービン株式会社提供

象印マホービンによる極め羽釜の開発は，2009年1月のプロジェクト発足から始まった。当時，象印マホービンは19,800円や29,800円といった価格の炊飯器では高いシェアを誇っていたが，2006年3月に三菱電機が「本炭釜」を発売して以降成長がみられた高級炊飯器の市場では，苦戦が続いていた。この状況に危機感を抱いた商品企画部長がプロジェクトを発足させたのである。炊飯器の設計をゼロから見直し，ひとりの不満も出さない炊飯器を開発するのがプロジェクトの目標だった。

プロジェクト・チームが行った活動のひとつが，ご飯がおいしいといわれている店の食べ歩きだった。メンバーは手分けして，東京，大阪を中心に20～30軒のお店を見て回った。なかなか良いお店には出会えなかったが，ついに「これだ」と思える店を発見した。それが，大阪府堺市にある「銀シャリ屋 げこ亭」だった。プロジェクト・チームは技術者を引き連れてげこ亭を訪れ，釜に温度センサーを付けて炊飯中の温度データを採取した。そのデータにもとづいて炊飯プログラムを組み立て，げこ亭の炊飯を炊飯ジャーで再現しようと考えたのだった。そのほかにも，洗米の仕方や蒸らしのやり方などについても話を聞き，様々なノウハウを得たのである。

一方，象印マホービンでは食べ歩きと並行して，設計面からの検討も進めていた。その過程で出てきたアイデアが，昔ながらのかまどをイメージした羽釜を炊飯器の内釜に採用するというものだった。さらに，げこ亭でデータを採取する過程で，技術者たちは釜の形状，均一な加熱，およびご飯のおいしさに関係があることに気づいた。げこ亭では，炊飯中の釜の内部に温度ムラがほとんどなく，それを可能にしているのが浅くて広い釜だった。さらに，かまどにも工夫があり，釜の横からの火を受け止め，横からも熱が伝わるようになっていた。技術者たちは，この形状と横からの加熱が釜内の均一な温度上昇を可能にしており，その結果としておいしいご飯が炊けるのだと考えた。かくして，内釜は周囲に羽を付けた羽釜とし，釜の下からIHで加熱するとともに，横から羽を通じてヒーターで加熱するというアイデアが固まった。

引き続き，開発チームは量産化のプロセスを進めていった。主な課題は3つあった。まず，羽釜の形状を決める作業が難航した。げこ亭の釜を参考に従来の内釜よりも広く浅い釜にしようと考えたのだが，内釜を広くするとそ

の分本体が大きくなってしまう。プロジェクトに参加していたデザイン担当者は[27]，羽の上下の位置や内釜の丸みなど，細かい検討を行った。10種類を超える試作品をつくり検討し，最終的に商品化した形状にたどり着いたのである。

　2つめの課題は羽釜の製造方法の確立だった。羽釜形状の内釜は，溶湯鍛造という方法で製造されている。通常の炊飯ジャーの内釜は，アルミの板をプレスして製造するが，羽釜の形はプレスでは製造できない。そこで，象印マホービンでは，溶かしたアルミを低圧で釜の形状に成形する溶湯鍛造という手法を採用したのである。溶湯鍛造で最終的な形状よりも大きく成形し，工作機械で羽釜の形状に削り出すのだ。そのうえで，内釜の外面にはIHに反応するためのメッキを，内面にはフッ素コーティングを施し，内釜が完成する。開発チームは，委託先の工場と協力しながら，鍛造の品質安定性や削り出しの寸法安定性といった問題をクリアし，安定して生産する方法を確立していった。

　さらに，炊飯プログラムの開発も重要な課題だった。既存の内釜とは形状が大きく異なるうえに，ヒーターやセンサーの配置も異なるため，炊飯プログラムは一から見直す必要があった。技術者たちは，げこ亭の主人のアドバイスを受けながら何度も炊飯プログラムを見直し，げこ亭の炊飯を再現した炊飯プログラムを完成させた。

　このように様々な問題を乗り越え，象印マホービンは2010年9月に圧力IHジャー炊飯器『極め炊き』を発売した。羽釜形状の内釜は「極め羽釜」と名づけ，その特徴を前面に押し出した。メーカー希望小売価格は110,000円（税別）で，これまでの象印マホービンの炊飯ジャーとは一線を画す高い価格をつけることとした[28]。極め羽釜は，象印マホービンの想定を超えたヒット商品となった。象印マホービンでは，発売にあたって1年間で3万台の販売という目標を立てたが，予想以上に売れ行きがよく，9カ月でこの目標

---

27 象印マホービンでは，社内のデザイナーが炊飯ジャー本体の外観をデザインすることはあっても，内釜をデザインすることはこれまでなかったという。

28 これまでは，メーカー希望小売価格で10万円以下，実勢売価で7万円程度のものが象印マホービンで最も高価な炊飯ジャーだった。

を達成してしまったのである。

シャープによるヘルシオ炊飯器の開発

ヘルシオ炊飯器（KS-PX10A と KS-GX10A の2機種）は，シャープが2012年10月に発売した炊飯器である。この炊飯器の最大の特徴は，蓋の内側に「かいてんユニット」と呼ばれる機構をつけ，洗米，および炊飯のプロセスで米を攪拌できることである（図6-8）。このかいてんユニットは次の4つの効果をもつという[29]。

1. 栄養成分を損なわない洗米：かいてんユニットによる洗米では，白米表面の栄養成分が豊富な層を破壊しないため，ビタミンB_1などの栄養成分が手による洗米よりも多く残存する。
2. ムラのない吸水：かいてんユニットで，攪拌しながら吸水させることで，ムラなく十分に吸水させることができる。
3. ムラのない加熱：加熱中も米を攪拌し続けることで，米全体をムラなく一定の温度に保つことでご飯の甘みを引き出す酵素を十分に働かせる。これにより，ご飯の甘み成分が増加する。
4. 突沸の抑制によるうまみ成分の増加：炊飯プロセスが進み沸騰が始まると，かいてんユニットは羽を収納して回転を続ける。これ

図6-8 ヘルシオ炊飯器（KS-PX10）とかいてんユニット

出典：シャープ株式会社ニュース・リリース

---

[29] シャープ株式会社ニュース・リリース（2012年8月23日）。

が，沸騰によって生じた泡を消す。通常の炊飯器では突沸を防ぐために沸騰が始まったら加熱を弱める必要があるが，ヘルシオ炊飯器ではかいてんユニットが沸騰によって生じた泡を消してくれるため，強い火力で炊飯を続けることができる。また，ご飯のうまみを含んだ「おねば」をご飯に戻す働きがある。これらの働きにより，ご飯のおねば層の厚みが増し，ご飯の艶，コシ，ふっくら感や香りなどお米本来のおいしさを引き出すことができる。

シャープの調理システム事業部が炊飯器市場に注目し始めたのは2007年ごろのことだった。当時，シャープは主力としていた液晶テレビの事業で苦戦を強いられており，他の事業機会を模索し始めていた。日本の炊飯器市場の規模は年間約1000億円であり，参入するには十分大きな規模である。また，調理システムを名前に掲げる事業部として，日本人の主食であるご飯を炊く炊飯器は，製品ラインにぜひとも加えたい製品であった。様々な業界について参入の機会を探っていったプロジェクト・チームだったが，徐々に新たな炊飯器の開発へと的を絞っていった。

本炭釜の発売もプロジェクト・チームを後押しした。2006年に三菱電機が発売した「本炭釜」は，実売価格が約10万円と当時の炊飯器市場では破格の高価格であったにもかかわらず，業界の予測を上回るヒット商品となった。これをみたプロジェクト・チームは，象印マホービンやタイガー魔法瓶のような強い競合企業がいる炊飯器市場であっても，やり方によっては競争優位を築くことは可能であると考えたという。プロジェクト・チーム・チーフの田村友樹は，次のように話した。

田村：（炊飯器の）1000億のマーケットというのは，非常に日本の中では魅力的ですし，大きなマーケットですけども，タイガー魔法瓶さんとか，象印マホービンさんという専業のメーカーさんもいらっしゃる。非常にコンペティションの厳しい，参入障壁が逆に言うと高いです。だから，魅力的ですが，やはりプレーヤーが多いので，なかなか入りにくいと言えば入りにくいわけです。でも，

それを三菱電機さんが，炭釜，その3年後に出されました蒸気レス，いわゆるイノベーションで乗り越えられたわけです。ということは，やり方次第ではチャンスありかなということで「これはやろう」と決心しました。

　この時点で，プロジェクト・チームは，とにかく炊いたご飯のおいしさを追求しようと考えていた。調理システム事業部では，パナソニック／三洋電機の銅コーティング釜，三菱電機の本炭釜，タイガー魔法瓶の土鍋釜，象印マホービンの羽釜など，内釜の工夫によるおいしいご飯の追求という業界動向は把握していた。そこで，プロジェクト・チームはアプローチを変えて，ご飯の炊きムラをなくすことでおいしいご飯を追求しようと考えた。プロジェクト・チームの宮本洋一は次のように話した。

> 宮本：3合のお米で米粒は2万粒ぐらいあります。この2万粒をいかにムラを抑えながら高火力で炊き上げるかというところが一番ご飯をおいしく炊く方法ということで，各メーカーさんともいろいろそれを内釜で何とか再現しようと工夫をされている。その中で弊社は2万粒の米をむらなくするためにはどうすればいいかと喧々諤々し，やっぱり一番むらがないのは，米の外側のところで技術を駆使してもやっぱり不可能じゃないか，直接混ぜるのが一番理にかなってるんじゃないかということで，直接混ぜるという構造に着手しました。

　プロジェクト・チームはこのコンセプトを実現するための技術開発を技術部に依頼した。そこで技術部から提案があったのが，洗濯機と同様に，内釜の底に回転する羽を設置し，それを磁石の力で外部から攪拌するという方法である[30]。羽の形状など様々な条件を検討し，2009年の夏ごろには攪拌する

---

[30] 化学実験などで用いられるマグネチック・スターラーと同じ原理である。釜の内側に磁石を内包した攪拌子を入れ，釜の外側で磁石を回転させれば，攪拌子を連動して回すことができる。これによって，釜の内側の水を攪拌するのである。

ことでおいしいご飯を炊くという手法は、ほぼ完成していた。

　ところが、プロジェクト・チームはこの技術アイデアを覆し、一から技術開発をやり直すことになった。そのきっかけが、製品コンセプトのブラッシュ・アップだった。2009年の夏ごろ、調理システム事業部の事業部長に、商品企画のプレゼンテーションを行った。ここで、事業部長から思いがけない指示があった。炊飯器の市場に参入するにあたって、他社と同じ「ご飯のおいしさ」だけで勝負するのは難しい。シャープはウォーターオーブン「ヘルシオ」でおいしさと健康の両立[31]というブランド・イメージを確立しているのだから、炊飯器においてもおいしさと健康の両立というコンセプトを踏襲すべきではないか。事業部長は、こう指摘したのである。

　プロジェクト・チームは新たに炊飯と健康との関係を探り始めた。様々な調査の結果、プロジェクト・チームは、玄米に含まれる栄養成分を白米に残存させ、健康的でおいしいご飯を炊くことができる炊飯器、として、製品コンセプトをブラッシュ・アップした。精米した白米の表面には、まだ玄米の栄養成分が残っている。攪拌技術を利用して洗米すれば、この栄養成分を残したまま洗米できるというのである。2010年の初めごろのことだった。

　ところが、このコンセプトのブラッシュ・アップが問題を引き起こした。洗米した水を捨てようと釜を傾けると、攪拌に用いる羽が所定の位置からずれてしまうのである。ユーザーの利便性を考えると、磁石を用いた攪拌方式を採用することはできないのだった。

　結果として、技術開発部門は新たな攪拌方式の開発に着手することになった。下から攪拌するのがダメならば、上から攪拌してはどうか。ふたの内側に攪拌のためのユニットを取り付けるというアイデアは比較的早くに生まれたという。しかし、そこからの技術開発は困難を極めた。はじめは単純な棒を取り付けて攪拌したのだが、攪拌の勢いで米が割れてしまうことが明らかとなった。この問題を解決したのが、開発センターの研究者だった。彼は、大学時代に航空工学を専攻しており、生物の形態と流体力学の関係を研究し

---

[31] 健康を追求するのであれば、塩分や油分を落とすような調理をすれば良いのだが、それではおいしさを損なってしまう。シャープの調理システム事業部では両立が難しいおいしさと健康の両方を追求すべきだと考えていたという（田村氏・宮本氏へのインタビューによる）。

ていた[32]。彼がある水族館を訪れて様々な生物の形態を観察していたところ，ペンギンの羽と魚群の動きを参考にすることを思いついたという。結果として，撹拌する際の羽の形状を工夫し，撹拌時の水流をコントロールすることで，割れ米の発生を防止するとともに，栄養成分の流出を防ぐ撹拌が可能になった[33]。

さらに，ユニットの開発も困難が多かった。ユーザーは取り外して洗えるか，ということを大変気にするため，取り外して清掃できるようにしなければならない。一方，簡単に取り外しができるようにすると，ふたを勢いよく閉めたときに中でユニットが外れるおそれがある。また，ユーザーが使い方を誤って壊してしまう可能性もある。技術部門は，ユーザーに実際に使ってもらうテストを繰り返し，設計を煮詰めていった。設計が完成したのは，2011年の後半。磁石による回転方式を断念してから1年半が経過していた。

設計開発と並行して，企画部門は社内手続きを進めていった。2011年4月には製品開発の構想を上層部にプレゼンテーションし，開発進行の承認を得た。設計が確定した後の2011年12月には金型投資の承認を得た。かくして，開発プロセスは量産化に向けての金型作成と炊飯プログラム開発の段階へと移行した。シャープでIH式の高級炊飯器を開発するのははじめてのことだった。当然，部品の金型もすべて一からおこさなければならない。様々なプロセスで問題が発生したが，トップマネジメントの後押しを受けて，プロジェクト・チームは開発プロセスを一歩一歩進めていった。様々な問題を乗り越え，2012年10月にシャープはヘルシオ炊飯器（KS-PX10AとKS-GX10Aの2機種）を発売した。

---

[32] シャープでは，このように生物の形態を参考にした技術をNature Technologyと呼んでいる。Nature Technologyは，これまでにもエアコンのファンや洗濯機のパルセータの設計に応用されているという。

[33] シャープのニュース・リリース（2012年8月23日）によれば，この技術は以下のとおりである。ペンギンの後退翼は，水中をすばやく泳ぐ際に水の抵抗を減らす形状をしている。かいてんユニットの羽は，このペンギンの後退翼を参考に，先端を内側後方にカーブさせている。これによって，水や米の飛散を減らし，撹拌することができる。また，かいてんユニットによりつくり出された水流は，らせん状の流れを描き，米が内釜にあたらないように工夫されている。これは，回転する魚群の泳ぎを参考にしている。このような水流を生み出すため，かいてんユニットの羽は内側に約30度傾いている。

3. 事例の分析

　以上のように，電気炊飯器市場において，高級炊飯器という細分化市場が形成されたプロセスについて，市場レベルの対話と組織レベルの製品開発の2つの側面を示した。

　本章で取り上げた4つの製品開発事例は，2つのグループに分けることができる。ひとつは，三菱電機による本炭釜の開発とタイガー魔法瓶による土鍋IH炊飯ジャーの開発で，もうひとつは，象印マホービンによる極め羽釜の開発とシャープによるヘルシオ炊飯器の開発である。ここでは，前者を市場創造型製品の開発，後者を追跡型製品の開発であると考えた。当時，市場で主流だったのは「便利に使える」という性能属性を重視した製品評価の枠組みだったが，三菱電機とタイガー魔法瓶は，最終的には「ご飯のおいしさへのこだわり」という性能属性を重視して製品を開発した。一方，極め羽釜とヘルシオ炊飯器については，開発チームは高級炊飯器市場が存在すること，および「ご飯のおいしさへのこだわり」という性能属性を重視した製品評価の枠組みを前提に開発を進めていた。このことから，本炭釜と土鍋IH炊飯ジャーは市場創造型製品，極め羽釜とヘルシオ炊飯器は追跡型製品であると考えた。

　ここでは，これらの事例について技術の社会的形成アプローチによる分析を行い，リサーチ・クエスチョンに対する解を導いていく。

市場レベルの対話

　まず，市場レベルの対話によって，高級炊飯器市場という細分化市場が形成したプロセスを確認しよう。第4章，および第5章の事例研究では，市場レベルの対話において，ある生産者からの新たな製品評価の枠組みの提示，それに対する消費者の反応，および消費者の反応を受けての生産者の反応というパターンがみられたが，本章の事例においても同様のパターンがみられた。

　高級炊飯器市場が形成するきっかけとなったのは，三菱電機が「ご飯のおいしさへのこだわり」という性能属性を重視した製品を発売したことだった。

この製品は，これまでの製品が便利さを訴求していたのに対し，あえて価格を高く設定し，内釜の工夫によってご飯のおいしさを訴求するものだった[34]。本炭釜は消費者に支持され，三菱電機の予想を超えるヒット商品になった。それをみた競合企業は，内釜の工夫，高価格といった特徴を共有した製品を次々と発売し，三菱電機やタイガー魔法瓶も当初の高級炊飯器を改良していった。さらに，三菱電機をはじめとする多くのメーカーが，高級炊飯器の特徴を継承した様々な価格帯の炊飯器を発売し，高級炊飯器を最上級品として位置づけていった。かくして，高級炊飯器という細分化市場が形成されたのである。

　また，新たな市場を形成する対話に参加した主体は，生産者と消費者だけではなかった。小売業者が高級炊飯器をまとめて陳列したこと，マスコミがいくつかの製品をまとめて高級炊飯器として報道したことも，高級炊飯器市場の形成に寄与していた。

　そして，これまでの事例と同様に，本事例においても対話に参加した主体に影響を与えた構造的要因や物的存在を抽出することができる。当時は所得の高い50〜60歳代の人口が多かったうえに，彼らの嗜好に高級炊飯器が適合していた。つまり，人口構成という構造的要因が「ご飯のおいしさへのこだわり」という製品評価の枠組みを支持したのである。また，物的存在の影響としては，電気炊飯器という製品に様々な工夫の余地があったこと，高級炊飯器と既存の炊飯器で炊いたご飯の味に知覚できるほどの違いがあったことが指摘できる。電気炊飯器には，内釜の素材だけでなく，スチーム，圧力，超音波，攪拌など様々な工夫を施す余地があったため，メーカーは様々な工夫を施した製品を開発することができた。そして，その結果として炊いたご

---

[34] ただし，これまで電気炊飯器の市場参加者が，ご飯のおいしさという性能属性に注目していなかったわけではない。事例の記述でも示したように，マイコン式炊飯器は，ご飯のおいしさという性能属性で高い性能をもつとして登場し，既存の電気炊飯器とは異なる新たな細分化市場を形成していった。ところが，マイコン式炊飯器市場での競争は，ご飯のおいしさではなく，便利さや価格で行われるようになっていった。その後，IH式炊飯器が登場し，改めてご飯のおいしさという性能属性が市場に提示され，IH式炊飯器という細分化市場が形成された。しかし，IH式炊飯器市場でも同様に，便利さや価格での競争への移行が起こり，次に現れたのが本事例で取り上げた高級炊飯器だったのである。このように，電気炊飯器市場では，製品評価の枠組みにおけるご飯のおいしさという性能属性の重み付けが周期的に変化し，その都度新たな細分化市場が形成されたのである。

飯の味には知覚できるほどの違いが生まれた[35]。これらは，いずれも既存の製品と高級炊飯器とを異なるものとして認識することを促す。その結果，主体の対話も新たな製品評価の枠組みを支持する方向へと導かれたといえるだろう。

　以上のように，高級炊飯器という細分化市場が形成したプロセスにおいては，これまでの事例と同様に，新たな製品評価の枠組みの提示，消費者の支持，競合企業の追跡という対話のパターンがみられた。また，この対話は，人口構成という構造的要因の影響や，電気炊飯器の設計，炊いたご飯の味といった物的存在の影響も受けていた。このように，構造的要因と物的存在の影響のもと，市場参加者の間で対話が行われ，「ご飯のおいしさへのこだわり」を重視した製品評価の枠組みと高級炊飯器市場が共有されたのである。

組織レベルの製品開発

　では，このような市場レベルの対話のきっかけとなった製品——本炭釜と土鍋IH炊飯ジャー——はどのようにして開発されたのだろうか。

　本炭釜の開発においても，土鍋IH炊飯ジャーの開発においても，開発に携わったメンバーが新たなアイデアを得ることから開発が始まっていた。炭でできた釜でご飯を炊くとおいしいのではないか。土鍋というキーワードが消費者にウケるらしい。これらが新たなアイデアのきっかけになった。

　では，彼らは，なぜこのようなアイデアを得ることができたのだろうか。第1に，これまでの事例と同様に，物的存在の影響があったことを指摘できる。三菱電機においても，タイガー魔法瓶においても，炭製あるいは土鍋の内釜を製造できそうな委託先を見つけられたことが，開発を進めるきっかけになっていた。特に，本炭釜の事例では，試作品を入手し，ご飯を炊いたときの驚きが，開発を進める原動力になっていた。推進者にとっては，物的存在の支持が得られたことが，既存の製品評価の枠組みの束縛を逃れるきっかけになったといえるだろう。ところが，炭製の内釜と土鍋釜はいずれも製造コストが高く，これまでと同様の価格では利益を出すのが難しかった。この

---

[35] 多くのインタビュイーが，高級炊飯器と従来の炊飯器の炊いたご飯の味の違いを指摘していた。

時点で，これまでと同様に価格で競争できないことが明らかとなった．

　また，これまでの事例と同様に，構造的要因も既存の製品評価の枠組みの束縛を逃れるきっかけになっていた．両社とも，既存の電気炊飯器事業への危機感がアイデア探索のきっかけとなった．三菱電機では，その危機感を背景に勉強会を開催することで既存の製品評価の枠組みの束縛を逃れようとしていたし，タイガー魔法瓶では，組織変更によってアイデア探索を促していた．既存の製品評価の枠組みにしたがっていては自らの事業を維持できない──「便利に使える」という性能属性でパフォーマンスを高めても，価格を上げることはできず，利益が出ない──という状況は，既存の製品評価の枠組みと組織を取り巻く構造的要因には矛盾がある，ということを意味していたのである．

　かくして開発の推進者たちは，「ご飯のおいしさへのこだわり」という性能属性の重み付けを著しく高め，その新たな製品評価の枠組みで高いパフォーマンスを示す製品を設計していった．ところが，三菱電機による本炭釜の開発では，開発中の製品について，複数の主体で評価が異なっていた．開発のきっかけとなるアイデアを得た長田やMHKの宮崎は炭製の内釜を高く評価しており，製造に時間がかかる，落とすと割れることがあるといった欠点は問題ない，あるいはそのような欠点があるからこそ価値があると考えていた．一方，品質保証部門や本社のマネジャーはこれらの欠点を問題視した[36]．既存の製品評価の枠組みにしたがって炭製の内釜を評価すると，これらの欠点は発売をためらうほどの問題になったのである．タイガー魔法瓶による土鍋IH炊飯ジャーの開発でも同様の解釈の違いがみられた．推進者は，土鍋で内釜をつくるというアイデアを高く評価していたが，技術者は当初そのアイデアに否定的だった．土鍋内の温度をコントロールするためにセンサーをふたに設置するというアイデアも，ふたを取り外せることを重視していた営業部門に反対された．このように，既存の製品評価の枠組みの束縛を逃れ，新たなアイデアを高く評価する推進者，および既存の製品評価の枠組みを重視する反対者が現れ，それぞれが開発中の製品を異なるように解釈したのである．

---

[36] 長田自身も，落とすと割れることがあるということを当初は問題視していた．

そこで，推進者は反対者を説得していった。三菱電機の事例では，生産に時間がかかるという懸念に対しては，プレス・リリースを取りやめるという対応がとられた。これは，既存の製品評価の枠組みとの妥協であるといえるだろう。また，炭製の内釜が割れることがあるという懸念に対して，品質管理を徹底することで対応したのは，物的存在の支持を利用するとともに，新たな品質管理基準という構造的要因の支持を利用した説得であるといえる。タイガー魔法瓶の事例でも，推進者は，土鍋という新しい素材の魅力を主張することで，ふたが取り外せなくなることに難色を示した営業部を説得した。これも，物的存在を利用した説得であるといえるだろう。また，タイガー魔法瓶の事例では，各機能部門の統括マネジャー間で話し合いがもたれ，企画推進のための調整が行われた。これは構造的要因の支持を利用した説得であるといえるだろう。

興味深いのは，本炭釜と土鍋IH炊飯ジャーの開発における，価格設定のプロセスである。両社とも，当初は既存市場を参照しながら価格を設定していたが，その後，他の主体の影響を受けて価格を改定し，さらにその価格に見合うように製品に工夫を施していた。三菱電機は流通企業のマネジャーの助言により価格を上げることを決定し，それを受けて製品のデザインや包装を変更していた。タイガー魔法瓶でも同様に，三菱電機が本炭釜を発売したことを受けて価格を上げることを決定し，おひつセットを考案した。これらは，第三者の支持が利用されたこと，および高い価格を支持する物的存在が用意されたことを示しているといえるだろう。このようにして新たな製品評価の枠組みで競争すれば，コモディティ化を回避できる可能性が明らかになっていったのである。

以上のように，本章の事例においても，これまでの事例と同様のパターンが見いだされた。そのパターンは以下のようになる。

1. 既存の製品評価の枠組みと矛盾する物的存在・構造的要因が開発プロセスに持ち込まれることによって新たな製品評価の枠組みが構想される。
2. 既存の製品評価の枠組みをもった主体が，開発中の製品コンセプ

トを低く評価し，開発の推進に反対する場合がある。
3. 反対者が現れた場合，推進者が反対者を説得する。その過程では，物的存在の支持，構造的要因の支持，第三者の支持，あるいは既存の製品評価の枠組みとの妥協が見いだされることによって，新たな製品評価の枠組みが採用される。

本章の事例の場合，三菱電機やタイガー魔法瓶が置かれていた事業環境は，既存の製品評価の枠組みでの競争——その枠組みでパフォーマンスを高めても，価格を上げられないことによる価格競争——とは矛盾していたし，探索から見いだされた試作品も既存の製品評価の枠組みで重視されていた「便利に使える」という性能属性とは相容れなかった。そのため，開発チームは「ご飯のおいしさへのこだわり」という性能属性の重み付けを強めた新たな製品評価の枠組みをもつようになったが，それに反対する主体が現れた。彼らは，既存の製品評価の枠組みをもち，開発中の製品コンセプトを高く評価しなかったのである。そこで，推進者は反対者を説得した。その説得にあたっては，物的存在の支持（品質の向上，素材の魅力の訴え，製品の工夫），構造的要因の支持（新たな品質管理基準，統括マネジャー間の話し合い），既存の製品評価の枠組みとの妥協（プレス・リリースの中止），および第三者の支持（流通企業の支持）が用いられた。かくして，新たな製品評価の枠組みを提示する製品が発売されたのである。

組織レベルと市場レベルの相互作用

最後に，組織レベルの製品開発と市場レベルの対話の相互作用を検討しておこう。本章の事例からは，これまでの２つの事例と同様に，直接ルートと間接ルートの２つの関連性があったことがわかる。

直接的には，本炭釜を発売した三菱電機，および土鍋IH炊飯ジャーを開発したタイガー魔法瓶が，組織として市場レベルの対話に参加するというルートがあった。三菱電機は，販売店の担当者を対象に試食会を行い，ご飯のおいしさの追求という製品評価の枠組みが消費者にまで浸透しやすいように働きかけた。タイガー魔法瓶も試食会を実施し，消費者に炊いたご飯のおい

しさを直接浸透させようとした。これらの行動は，「ご飯のおいしさへのこだわり」を重視する製品評価の枠組みにもとづいており，そこで語られたストーリーは新たな製品評価の枠組みを反映していた。これが市場レベルの対話のきっかけとなった。

　間接的には，構造的要因や物的存在を媒介にして，組織レベルの製品開発と市場レベルの対話が関連するというルートがあった。電気炊飯器の市場では，これまでにもご飯のおいしさという性能属性での競争が行われたことがあり，「ご飯のおいしさへのこだわり」を重視した製品評価の枠組みは，組織においても市場においても受け入れられやすかった。また，物的存在の媒介も重要な役割を果たした。開発の過程では，開発関係者が試作品で炊いたご飯のおいしさに驚くという局面がみられた。この驚きは，完成した製品を媒介にして消費者にも伝えられた。この関連性があったからこそ，「ご飯のおいしさへのこだわり」という性能属性は改めて消費者の支持を得たといえるだろう。また，内釜の素材や，スチーム，圧力，超音波といった技術的な工夫も，組織レベルの製品開発と市場レベルの対話の両方に影響を与えていた。このように，構造的要因と物的存在が，両レベルにおける主体の行為を関連づけたと考えられる。

　また，健康茶飲料の事例と同様に，本章の事例においても，市場レベルの対話によって形成されつつある新たな市場・製品評価の枠組みが，ひるがえって後に続く製品の開発にも影響を与えていた。象印マホービンによる極め羽釜の開発，およびシャープによるヘルシオ炊飯器の開発では，高級炊飯器市場に参入する，という目的が当初から掲げられていた。これにより，両社は当初から製品の価格を高く設定するつもりで開発を進めていた。そのため，製品を一から設計しなおすということが可能だったのである[37]。そのうえで，技術的な工夫（内釜の工夫や撹拌の導入）によって，ご飯のおいしさを追求するという高級炊飯器に共通する特徴を製品にもたせようとした。形成されつつある新たな製品評価の枠組みが構造的要因として組織レベルの製品開発

---

[37] これは，三菱電機が本炭釜の開発において既存の本体を流用したこと（金型を新たにつくらなかった），あるいはタイガー魔法瓶が土鍋の内釜の形状を既存の金属製の釜と同じにしたのとは対照的である。

に影響を与えた結果，製品の同型化が促されたのである。

　一方で，形成されつつある新たな製品評価の枠組みは，メーカー間の競争も促した。内釜の素材をはじめとした技術的な工夫によりご飯のおいしさを追求する，という高級炊飯器に共通の特徴は踏襲しつつも，各メーカーはそれぞれ独自の素材・技術を採用し，その違いを強調していった。表6-1から，その競争の過程を読み取ることができるだろう。すなわち，高い価格と，内釜や技術的な工夫によりご飯のおいしさを追求する，という特徴は共有しつつ，それをどのように実現するかでメーカー各社は競争を繰り広げたのである。このように，形成されつつある新たな製品評価の枠組み・市場は，製品の同型化と同時に競争を促すのである。

　以上のように，本章の事例においてもこれまでの事例と同様に，組織レベルの製品開発と市場レベルの対話には，直接的なルートと間接的なルートによる関連性がみられた。直接的なルートでは，市場創造型製品を開発した組織が直接対話に参加し，新たな製品評価の枠組みを提示した。間接的なルートでは，組織レベルの製品開発と市場レベルの対話で同じ構造的要因や物的存在が影響する結果，両方のレベルの主体の行為に関連性が現れることが明らかとなった。さらに，新たに形成する市場・製品評価の枠組みがひるがえってその後の製品開発に影響を与えること，そしてその影響により後の製品開発では同型化と競争が同時に促されることは，第5章の事例と同様だった。組織レベルと市場レベルの主体の行為が直接的・間接的に関連しあい，新たな市場・製品評価の枠組みが市場参加者に共有されるプロセスには，複数の事例で類似したパターンがみられたのである。

4. 発見事項

　以上のように，本章では電気炊飯器市場において高級炊飯器という細分化市場が形成された事例を検討した。第4章，第5章と同様に技術の社会的形成アプローチによる分析を行ったところ，以下の4点が明らかになった。第1に，新たな製品評価の枠組みが市場参加者に共有されるプロセスは，ある生産者からの新たな製品評価の枠組みの提示，それに対する消費者の反応，

および消費者の反応を受けての生産者の反応という市場参加者の対話プロセスとして理解できること，そしてその対話プロセスには物的存在や構造的要因が影響していたことが示された（RQ1 に対応）。これは，着色汚れ除去ハミガキや健康茶飲料の事例と同様であった。

第2に，市場創造型製品の開発を組織レベルでみると，これまでの事例と共通するパターンがみられることが示された（RQ2 に対応）。はじめに，既存の製品評価の枠組みと矛盾する物的存在・構造的要因がきっかけとなって新たな製品評価の枠組みが構想される。新たな製品評価の枠組みをもった主体──推進者──と既存の製品評価の枠組みをもった主体──反対者──は開発中の製品コンセプトを異なるように評価する。それぞれの主体は対話し，その過程で推進者が反対者を説得する。説得には，物的存在の支持，構造的要因の支持，第三者の支持，既存の製品評価の枠組みとの妥協といった方略が用いられる。

第3に，組織レベルの製品開発プロセスと市場レベルの対話プロセスは，組織が主体として市場レベルの対話に参加するという直接的なルートのほかに，構造的要因や物的存在を媒介にした間接的なルートで関連しあうことが示された（RQ3 に対応）。これも，着色汚れ除去ハミガキの事例や健康茶飲料の事例と同様であった。

第4に，新たに形成されつつある市場・製品評価の枠組みがひるがえって組織レベルの製品開発に影響を与えることが示された（RQ4 に対応）。新たに形成されつつある市場・製品評価の枠組みは，その後に開発される製品に共通した属性をもつように強いる。一方，新たに形成されつつある市場・製品評価の枠組みは，追跡する企業による差別化のきっかけにもなる。かくして，新たに形成されつつある市場・製品評価の枠組みは，製品の同型化と競争を促し，その市場をさらに確固たるものにするのである。

このように，事例の間で細かい相違はあるものの，市場レベルの対話，組織レベルの製品開発，およびそれらの関連性については3つの事例で共通点がみられた。次章ではこれらを横断的に検討し，リサーチ・クエスチョンへの解を明らかにしていこう。

＊本章の事例研究は宮尾（2013a, 2013b, 2013c）を元に加筆したものである。

第 **7** 章

考　察

　本章では，3つの事例研究を横断的に検討し，発見事項の整理とその考察を行う。それぞれの事例でみてきたように，市場レベルの対話，組織レベルの製品開発，および両方のレベルの相互作用には事例を横断した類似性がみられた。本章ではこの類似性を抽出し，市場レベルの対話，組織レベルの製品開発，および両方のレベルの相互作用の3つの局面ごとに整理する。

1. 市場レベルの対話

　新たな市場・製品評価の枠組みを形成する市場レベルの対話について，3つの事例研究における発見事項は主として2つにまとめることができる。ひとつは，ある生産者からの新たな製品評価の枠組みの提示，それに対する消費者の反応，および消費者の反応を受けての生産者の反応という3つのステップからなる主体の対話であり，もうひとつは，その対話に対する物的存在，および構造的要因の影響である。

対話のステップ

　3つの事例における市場参加者の対話には，ある生産者からの新たな製品評価の枠組みの提示，それに対する消費者の反応，およびそれを受けての生産者の反応という3つのステップがみられた（表7-1）。
　市場レベルの対話は，ある企業が新たな製品評価の枠組みを提示する製品を発売し，その製品評価の枠組みについての情報を発信することから始まる。本書の事例でいえば，サンスターによる Ora2 ステインクリアの発売，花王によるヘルシア緑茶の発売，三菱電機による本炭釜の発売，そしてタイガー魔法瓶による土鍋 IH 炊飯ジャーの発売がこれにあたる。いずれの事例においても，メーカーは製品の発売によって既存のものとは異なる製品評価の枠組みを提示し，その新たな製品評価の枠組みについての情報を，様々なプロ

表 7-1　新たな市場・製品評価の枠組みを形成する市場レベルでの主体の対話

	新たな製品評価の枠組みの提示	消費者の反応	生産者の反応
着色汚れ除去ハミガキ	・サンスターが Ora2 ステインクリアを発売 ・着色汚れを除去するという効能についての情報をテレビ CM などで発信	・Ora2 ステインクリアのシェアが同時期に発売された美白ハミガキのシェアを上回る	・花王・ライオンが，着色汚れを除去する製品を発売 ・サンスターが，着色汚れ除去というコンセプトで製品ラインを拡大
健康茶飲料	・花王がヘルシア緑茶を発売 ・コンビニとの連携により体脂肪を低減するという機能についての情報を発信	・ヘルシア緑茶がヒット	・多数のカテキン高含有緑茶が発売されたが，花王の特許に阻まれ淘汰 ・サントリー，伊藤園がトクホの表示許可を得た製品を発売 ・花王がヘルシア緑茶のトクホ表示許可を再取得
高級炊飯器	・三菱電機が本炭釜を発売 ・タイガー魔法瓶が土鍋 IH 炊飯ジャーを発売し，試食キャンペーンを実施	・本炭釜，土鍋 IH 炊飯ジャーがヒット	・多くのメーカーが内釜に工夫を施した高価格な炊飯器を発売 ・三菱電機／タイガー魔法瓶が本炭釜／土鍋 IH 炊飯ジャーを改良 ・各メーカーが高級炊飯器の特徴を継承した中・低価格帯の製品ラインを展開

モーション手段によって発信していた（例えば，ニュース・リリースやテレビ CM など）。このように，市場創造型製品の発売，および情報の発信が，市場レベルの対話のきっかけになっていた。あたりまえのことではあるが，誰かが新たな製品評価の枠組みを提示して，対話の口火を切らなければならないのである。

　対話の次のステップは，消費者の反応である。事例研究では，高いシェアの獲得，製品のヒット，メーカーの予測を超えた売れ行きとして，消費者の支持が観察された。消費者が新たな製品評価の枠組みを受け入れたかどうかを我々研究者が回顧的に確認することは難しいが（Bijker, 1995, pp. 188-189），新製品が高いシェアを獲得したことや製品がヒットしたということが，それを間接的に示していると考えて良いだろう。すなわち，消費者は，集合的な主体として新製品の支持を表明することで市場レベルの対話に参加した

と考えることができる。

　消費者が新たな製品評価の枠組みを支持すると，生産者がさらにそれに反応する。生産者の反応としては，大きく分けて3つのパターンがありうる。第1に，新たな製品評価の枠組みにしたがった製品がヒットしたことを察知した他の生産者がその製品評価の枠組みにしたがった製品——追跡型製品——を発売するというパターンである。本書の事例でも，多くの生産者が，先に発売された製品が提示した製品評価の枠組みに対応した製品を開発・発売していた。ただし，これらは，市場創造型製品を模倣したものではない場合もある。例えば，市場創造型製品が発売される前から開発を進めていたが，市場創造型製品が発売されたことによって製品に変更を施し，発売するということも起こりうる[1]。

　第2に，生産者が追跡型製品ではない製品を発売することで，新たな市場の形成を促すというパターンである。すなわち，新たな製品評価の枠組みが提示された後で，従来の製品評価の枠組みにしたがった新製品が登場すると，市場参加者が新たな製品評価の基準を際立って認識するようになるのである。健康茶飲料の事例において，伊藤園が発売した「おーいお茶濃い味」がこれに該当する。高級炊飯器の事例において，各メーカーが高級炊飯器の特徴を継承した中・低価格帯の製品を発売したことも，これに類似した効果があったといえるだろう。

　第3に，最初に市場創造型製品を導入した生産者が，その製品を改良したり，製品ラインを追加したりするパターンである。本書の事例でも，サンスターによるOra2ステインクリアのシリーズ化，花王によるトクホ表示許可の再取得，三菱電機やタイガー魔法瓶による製品の改良といった反応がみられた。

　また，市場レベルの対話では，生産者と消費者以外の主体も重要な役割を果たしていた。本書の事例から指摘できるのは，小売業者とマスコミの役割である。小売業者は，店舗での陳列方法によって，新たな市場を形成する製品を既存の細分化市場から区分するという役割を担っていた。マスコミは，

1　健康茶飲料の事例における，サントリーや伊藤園の製品開発がこれに該当する。

生産者からのニュース・リリースを受けて,あるいは独自の取材によって,製品開発,新たな製品評価の枠組み,市場の形成,消費者の反応などを記事にし,発信していた。これらの主体も市場レベルでの対話に参加し,新たな市場が形成されるのを促すのである。

物的存在・構造的要因の影響

以上のように,新たな市場・製品評価の枠組みを形成した市場レベルの対話は,生産者・消費者に加えて小売業者,マスコミも参加して,新たな製品評価の枠組みの提示,消費者の反応,生産者の反応という3つのステップで進行するプロセスだった。本書の事例研究では,技術の社会的形成アプローチにもとづき,この主体の対話に影響を与えた物的存在,および構造的要因を指摘した。

物的存在は,市場参加者の対話において,その機能・属性によって新たな製品評価の枠組みを支持するという役割を担っていた。市場創造型製品(物的存在)は,いずれもその製品が提示する製品評価の枠組みにしたがって機能を発揮するように設計されていた。Ora2ステインクリアは着色汚れの除去を,ヘルシア緑茶は健康の維持・増進を,本炭釜と土鍋IH炊飯ジャーはご飯のおいしさへのこだわりを実現するように設計されていた。このため,それを使用した消費者は,その新たな製品評価の枠組みに対応した便益を享受する。このとき,メーカーが新たな製品評価の枠組みを発信するのに加えて,物的存在としての製品も新たな製品評価の枠組みの発信を代行していると考えられる。また,機能とはいえない他の属性も同様の役割を果たしていた。ヘルシア緑茶の350mLのPETボトル,本炭釜や土鍋IH炊飯ジャーの内釜の工夫といった属性は,競合企業にも採用された。このような製品の属性は,消費者や小売業者をして,新たな市場を形成する製品と既存市場の製品とを区別するように仕向ける。かくして,物的存在は市場参加者に新たな市場・製品評価の枠組みを認識させる役割を担うのである。

また,構造的要因も,市場参加者の対話において,新たな市場・製品評価の枠組みを支持するという役割を担っていた。例えば,赤ワイン・カフェブームは,赤ワインや紅茶の成分が着色汚れの原因であるというストーリーを

補強し，着色汚れを除去するという製品評価の枠組みを正当化していた。健康重視の社会的趨勢やメタボリック・シンドロームという言葉の流行は，健康の維持・増進という製品評価の枠組みと整合的だった。50～60歳代の高所得層が増加していたことが，高級炊飯器の売上を押し上げた。このように，構造的要因は新たな市場・製品評価の枠組みを正当化する役割を担っていた。

2. 組織レベルの製品開発

次に，組織レベルの製品開発をみていこう。事例研究では，組織はどのようにして既存の製品評価の枠組みの束縛を乗り越えて新たな製品評価の枠組みを提示する製品を発売するのか，という問いを掲げ，主体が新たな製品評価の枠組みを見いだし，それを組織レベルで採用していくプロセスを検討してきた。そこから明らかになったのは，以下のような市場創造型製品の開発パターンだった。

1. 既存の製品評価の枠組みと矛盾する物的存在・構造的要因が開発プロセスに持ち込まれることによって新たな製品評価の枠組みが構想される。
2. 既存の製品評価の枠組みをもった主体が，開発中の製品コンセプトを低く評価し，開発の推進に反対する場合がある。
3. 反対者が現れた場合，推進者が反対者を説得する。その過程では，物的存在の支持，構造的要因の支持，第三者の支持，あるいは既存の製品評価の枠組みとの妥協が見いだされることによって，新たな製品評価の枠組みが採用される。

新たな製品評価の枠組みの構想

市場創造型製品の開発は，ある主体が既存の製品評価の枠組みと矛盾する物的存在・構造的要因を開発プロセスに持ち込み，新たな製品評価の枠組みを構想してその矛盾を解消することから始まる。事例から抽出した製品評価

図 7-1 新たな製品評価の枠組みの構想プロセス

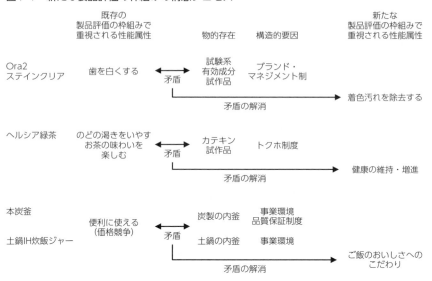

の枠組みの構想過程を図 7-1 にまとめた。

　市場創造型製品の開発では，開発チームのメンバーが既存の製品評価の枠組みで重視されていた性能属性と矛盾する物的存在や構造的要因を開発プロセスに持ち込んでいた。Ora2 ステインクリアの開発事例では，要素技術開発のための試験系，有効成分，および試作品（物的存在）とともに，ブランド・マネジメント制（構造的要因）のもとで，ブランドを育てるという課題が持ち込まれた。既存の製品評価の枠組み「歯を白くする」は，これらの物的存在や構造的要因と矛盾した。試験系，素材，試作品は歯を白くするのではなかったし，過去の経験から歯を白くすることを強調しすぎると短期的な売上に終わる可能性が高かったのだ。同様に，ヘルシア緑茶の事例では，健康の維持・増進という製品評価の枠組みが構想されたが，その背後には，「のどの渇きをいやす」「お茶の味わいを楽しむ」という既存の製品評価の枠組みと，カテキンの苦み・渋み（物的存在），およびトクホ制度（構造的要因）との矛盾があった。さらに，本炭釜や土鍋 IH 炊飯ジャーの開発では，開発した新素材の内釜（物的存在）は便利に使えず，コストも高いというように，

彼らの置かれていた事業環境（構造的要因）は，便利に使えるという性能属性で競争しても価格競争に陥ることを示していた。

このとき，開発チームは新たな製品評価の枠組みを構想してこの矛盾を解消した。試験系，素材，試作品は，着色汚れを除去するという機能を発揮するよう設計されていた。着色汚れを除去するという方が，美白というよりも消費者の期待を抑制し，長く売れるブランドになると考えることもできた。高級炊飯器の事例でも同様だった。ご飯の味へのこだわりという性能属性で評価すれば，多少不便で，高い価格でも消費者は納得するだろうと考えることができたのである。

ヘルシア緑茶の開発の場合は，少し順序が異なるが，既存の製品評価の枠組みとの矛盾，および新たな製品評価の枠組みによる矛盾の解消，という論理構造は同じである。花王は当初から健康の維持・増進という性能属性を構想していたが，のどの渇きをいやす，お茶の味わいを楽しむ，という既存の性能属性も重視していた。しかし，これらの既存の製品評価の枠組みはカテキンの苦み（物的存在）やトクホ制度（構造的要因）と矛盾していた。その結果，新たな性能属性を採用し，その後の設計は健康の維持・増進という性能属性を重視して進められることとなった。

以上をまとめよう。開発チームは既存の製品評価の枠組みと矛盾する物的存在，および構造的要因を開発プロセスに持ち込み，それをきっかけに新たな製品評価の枠組みを構想する。既存の製品評価の枠組みをもったままでは，物的存在や構造的要因が障害となり開発を進めることができない。そこで，これら物的存在や構造的要因と矛盾しない新たな製品評価の枠組みが構想されるのである。

製品評価の対立

新たな製品評価の枠組みを構想した開発チームは，その製品評価の枠組みに適合するように製品コンセプトをつくり，その製品評価の枠組みで高いパフォーマンスを発揮するよう，製品を設計していく。しかし，その過程で製品開発の進行に反対するものが現れる場合がある。反対者は既存の製品評価の枠組みにしたがって開発中の製品コンセプトを低く評価し，その製品の開

発を進めるべきではないと主張するのである。

　Ora2 ステインクリアの開発では，営業部が反対者となった。営業部は同時期に発売された競合品が，歯を白くすることを強調していたため，サンスターも同様の訴求をすべきだと主張した。ヘルシア緑茶の開発では，明確な反対者が現れたわけではなかったが，既存の製品評価の枠組みにそって，味を改善すべきだという主張もあった。本炭釜の開発では，品質保証部門と本社のマネジャーが反対者となった。土鍋IH炊飯ジャーの開発でも営業部門の反対があった。これらはいずれも開発中の製品を既存の製品評価の枠組みで評価すると，その評価が高くならないということに起因した反対である。これは，市場創造型製品の開発では，既存の製品評価の枠組みによる束縛が発生する，ということもできるだろう。

対話による新たな製品評価の枠組みの了解

　このように，新たな製品評価の枠組みをもった推進者は開発中の製品コンセプトを高く評価するが，既存の製品評価の枠組みをもった反対者は，その設計や発売に異を唱える。このとき，推進者は，既存の製品評価の枠組みとの妥協，第三者の支持の利用，物的存在の支持の利用，および構造的要因の利用という4つの説得的な対話によって，反対者を説得していた（表7-2）。

　ひとつめのパターンは，既存の製品評価の枠組みとの妥協である。Ora2 ステインクリアの事例では，競合品と同様に「歯を白くする」ことを強調す

表7-2　説得的な対話のパターン

	既存の製品評価の枠組みとの妥協	第三者の支持の利用	物的存在の支持の利用	構造的要因の支持の利用
Ora2 ステインクリア	価格の切り下げ ステッカー貼付	市場調査によるコンセプト受容性の確認	試験系・素材・試作品などの着色汚れ除去を目指した設計	ブランド・マネジャーのリーダーシップ
本炭釜	プレス・リリースの取りやめ	小売業者の支持	品質管理の徹底 炊いたご飯のおいしさ	新たな品質管理基準
土鍋IH 炊飯ジャー	—	三菱電機の本炭釜発売 小売業者の支持	炊いたご飯のおいしさ	統括マネジャー間の話し合い

べきという営業部に対し，開発チームは価格を切り下げたり，「歯本来の白さに」という文言を書いたステッカーを貼付することを提案した。本炭釜の事例でも，生産リードタイムの長さから欠品を心配する本部のマネジャーに対し，プレス・リリースを取りやめることで製品の売れ行きをコントロールするという対応が行われた。このように，既存の製品評価の枠組みをある程度認めつつ，妥協点を探るという対応が推進者によって行われることがある。

　2つめのパターンは，第三者の支持の利用である。Ora2 ステインクリアの事例では，開発チームが市場調査を行い，着色汚れ除去という製品評価の枠組みでのパフォーマンスの高さが消費者に支持されることを示した。タイガー魔法瓶が，三菱電機の本炭釜がヒットしているのをみて開発中の製品の価格を上げる決断をしたのも同様のパターンである。先行する製品の売れ行きによって，その製品評価の枠組みについて消費者の支持があることを示したのである。小売業者が新たな製品評価の枠組みを直接支持するということもありうる。このように，第三者が新たな製品評価の枠組みを支持することで，その製品評価の枠組みが組織に採用されやすくなる。

　3つめのパターンは，物的存在の支持の利用である。Ora2 ステインクリアの事例では，試験系・素材・製品などの物的存在が，着色汚れを除去するという製品評価の枠組みにもとづいて設計されていた。本炭釜では，内釜が割れることがあるということを問題視した反対者に対し，品質管理を徹底することでその可能性をゼロに近づけるという対応がなされた。土鍋 IH 炊飯ジャーの事例では，企画会議での試食が開発を推進させる原動力になった。このように，物的存在の支持を導入することで，新たな製品評価の枠組みを正当化するという方略がとられたのである。

　4つめのパターンが，構造的要因の支持の利用である。既存の製品評価の枠組みも構造的要因のひとつであるが，これは新たな製品評価の枠組みの正当化には使えない。そこで，他の構造的要因を利用して，新たな製品評価の枠組みを正当化するというのがこのパターンである。ブランド・マネジャーや統括マネジャーなどの上級マネジャーをうまく利用したり，新たな品質管理基準をつくるなど，構造的要因を創造することで新たな製品評価の枠組みを正当化することができる。

以上のように,推進者は様々な手段を講じて反対者と対話し,彼らを説得する。その結果,組織内では新たな製品評価の枠組みが採用される。このようになると,組織内では開発中の製品が新たな製品評価の枠組みによって高く評価されるようになり,資源が動員されて開発が進行し,発売に至る（武石ら, 2012）。かくして,新たな製品評価の枠組みを提示する製品が発売されるのである。

3. 組織レベルと市場レベルの相互作用

　最後に,組織レベルの製品開発と市場レベルの相互作用について検討しよう。事例研究では,(1)組織が主体として市場レベルの対話に参加する直接ルート,(2)物的存在や構造的要因を媒介に両レベルが関連する間接ルート,(3)形成しつつある新たな市場・製品評価の枠組みからのフィードバック・ルート,という3つのルートで,組織レベルの製品開発と市場レベルは相互作用することが示された。この相互作用の結果,組織レベルの製品開発で採用された新たな製品評価の枠組みが,市場レベルの対話においても市場参加者に共有されると考えられる（図7-2）。

図7-2　組織レベルの製品開発と市場レベルの対話の関連

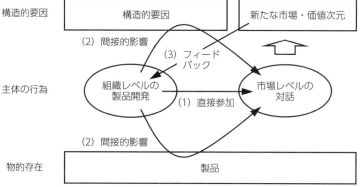

直接ルート：主体としての対話への参加

　組織レベルの製品開発によって市場創造型製品を開発した組織が，市場レベルの対話に直接参加するのがこのルートである．当然，製品を販売することもその一環であるが，ほかにも様々な手段で組織は対話に参加することができる．例えば，本炭釜の事例では，既存の製品よりも大幅に高い価格を提示したことが，新たな細分化市場を形成するきっかけになった．Ora2 ステインクリアのテレビ CM，土鍋 IH 炊飯ジャーの試食キャンペーンなどのプロモーション施策も，新たな製品評価の枠組みを消費者に提示する手段のひとつだった．ヘルシア緑茶発売時のコンビニの協力，本炭釜発売時の販売員を対象とした試食会など，流通施策も新たな製品評価の枠組みを消費者に提示するのに役立った．このように，生産者はマーケティング・ミックスを通じて市場レベルの対話に直接参加し，自らが提示する製品評価の枠組みを市場に定着させようとすることができる．

間接ルート：物的存在や構造的要因を媒介にした関連性の発生

　また，組織レベルの製品開発と市場レベルの対話は，物的存在や構造的要因を媒介にして関連性をもっていた．物的存在を媒介にした関連性とは，発売された製品が，市場レベルの対話に参加する主体に影響を与えることをいう．本書の事例では，Ora2 ステインクリア，ヘルシア緑茶，本炭釜，および土鍋 IH 炊飯ジャーはいずれも新たな製品評価の枠組みにおいて高いパフォーマンスを発揮するように設計されていた．Ora2 ステインクリアは，開発の途中で着色汚れを除去する性能が高いことが確認されていた．ヘルシア緑茶の開発でもトクホの表示許可を得るための飲用試験が行われ，体脂肪低減作用を発揮することが確認されていた．本炭釜，および土鍋 IH 炊飯ジャーの開発でも，開発関係者たちは炊いたご飯のおいしさに，知覚できるレベルの違いがあることを認めていた．

　このように製品が設計されていたため，市場レベルにおいて消費者や競合企業がこれらの製品を使用した際も，そのパフォーマンスを発揮したと考えられる．だからこそ，消費者はその製品を継続使用し，結果として多くの消

費者がその製品を支持したといえるだろう。また，追跡型製品を開発した生産者たちもその製品評価の枠組みでより高いパフォーマンスを発揮する製品を開発するよう動機づけられたと考えられる。

　一方，構造的要因を媒介にした関連性とは，組織レベルの製品開発においても市場レベルの対話においても同じ構造的要因が参照され，その結果，両方のレベルでの関連性が発生することをいう。着色汚れ除去ハミガキの事例では，製品開発においても市場レベルの対話においても，同じ赤ワイン・カフェブームという構造的要因が参照されていた。組織レベルの製品開発でも，この構造的要因が新たな製品評価の枠組みを了解するきっかけとなっていたし，市場レベルの対話でも，この構造的要因が消費者に新たな製品評価の枠組みを説明するために用いられた。健康茶飲料の事例では，健康重視の社会的趨勢やトクホ制度は，組織レベルの製品開発においても，市場レベルの対話においても重要な役割を担っていた。高級炊飯器の事例では，ご飯のおいしさへのこだわりという性能属性が過去に重視されたことがあるということが，製品開発の局面と市場レベルの対話の局面の両方に影響を与えていた。

　重要なのは，この関連性を媒介する物的存在や構造的要因は，対話に参加する主体によって，意図的に動員されたと考えられることである。物的存在を媒介とした関連性の発生，特に製品による新たな製品評価の枠組みの発信は，新たな市場・製品評価の枠組みを形成しようと企図する生産者にとって必須である。後から参入する生産者にとっては，先行する製品と類似した属性を備えるよう製品を設計することで，拡大しつつある市場に参入し，その恩恵を受けることができる[2]。このように，生産者は，物的存在を利用して組織レベルの製品開発と市場レベルの対話を媒介し，両者を意図したように関連づけようとするのである。

　構造的要因による媒介についても同様である。着色汚れ除去ハミガキの事例では，サンスターはOra2ステインクリアの開発時から赤ワイン・カフェブームに注目しており，それを利用して「コーヒー，紅茶，赤ワインが着色

---

[2] 例えば，健康茶飲料の事例では，サントリーや伊藤園は，350mLのPETボトルを採用することで健康茶飲料カテゴリとしてカテゴリ化されるという利点を享受しながら，独自の成分でヘルシア緑茶と差別化を図ろうとした。

汚れの原因である」という知識を普及させ，新たな製品評価の枠組みを定着させようとした。ライオンや花王などの競合企業は同様の製品を開発するとともにサンスターの訴求方法を踏襲し，その普及を促した[3]。健康茶飲料の事例では，花王は開発時からトクホ制度を利用していたし，それを発売後のプロモーションでも利用した。高級炊飯器の事例でも，ご飯のおいしさへのこだわりという性能属性が過去に重視されたことは，開発中にも参照されていたし，発売後のプロモーションにも影響を与えていた。このように，生産者は開発中に参照した構造的要因を，市場レベルの対話においても利用することによって組織レベルの製品開発と市場レベルの対話を媒介し，両者を意図したように関連づけようとするのである。

フィードバック・ルート

　組織レベルの製品開発と市場レベルの対話の関連性を生むルートで，もうひとつ重要な役割を果たすのは，形成しつつある新たな製品市場・製品評価の枠組みが組織レベルの製品開発に影響を与えるフィードバック・ルートである。例えば，健康茶飲料の事例では，ヘルシア緑茶が採用した350mLの角型PETボトルが，後で参入した企業にも採用された。これは，類似した容器の製品を同じ棚に並べたいというコンビニの意向が反映されたものだった。すなわち，新たな細分化市場が形成されようとしている状況が，ひるがえって製品の設計に影響を与えたのである。同様に，着色汚れ除去ハミガキの事例では，Ora2ステインクリアの採用した研磨剤と化学的に着色汚れを除去する成分の組み合わせという特徴を，後から参入した生産者が踏襲していた。また，高級炊飯器の事例では内釜の工夫という特徴が踏襲された。

　特に，高級炊飯器の事例では，極め羽釜を開発した象印マホービンやヘルシオ炊飯器を開発したシャープが，高級炊飯器という市場が形成されていることをみて，そこへの参入を企図して開発を始めていた点に注目すべきであろう。彼らは，製品開発を始めた時点で，既に高級炊飯器という細分化市場

---

[3] 市場シェアでサンスターより優位に立つライオンや，企業規模でサンスターより優位に立つ花王にとっては「白い歯を保つためには着色汚れを除去することが重要である」という知識が消費者の間に定着し，市場そのものが大きくなることが望ましかったと考えられる。

が形成されていることを認識していた。そして，その市場では「ご飯のおいしさへのこだわり」という性能尺度が重視されること，そのためには価格を上げても消費者はそれを受容することを理解していた。そこで，彼らは製品の原価を上げることになっても良いので炊飯器の設計をゼロから見直し，「ご飯のおいしさへのこだわり」という性能属性で高いパフォーマンスを発揮する設計を目指すという行動に出たのである。

また，事例研究では，このフィードバック・ルートが製品の同型化と同時に競争を促すことも示された。健康茶飲料の事例において，サントリーや伊藤園は350mLのPETボトルを容器とした製品をトクホの表示許可を得て発売する一方で，トクホの表示許可を得た訴求内容はヘルシア緑茶と異なっていた。高級炊飯器の事例においても同様に，後から参入したメーカーは，本炭釜や土鍋IH炊飯ジャーと同様に内釜に工夫を施してはいたものの，その素材やその他の機能では異なったものを採用していた。このように，追跡型製品を発売する企業は，成長しつつある新たな細分化市場に参入する一方で，そこで先行する製品とは何らかの方法で差別化しようと試みることがわかる。このように，形成されつつある新たな製品評価の枠組み・市場は，製品の同型化と同時に競争を促すのである。

4．事例間の比較

本書で取り上げた3つの事例を比較すると，特に市場創造型製品の開発について，その業界で活動していた企業と，業界に新たに参入した企業とでは開発プロセスに違いがみられた。その業界で活動していた企業——着色汚れ除去ハミガキの事例におけるサンスターと高級炊飯器の事例における三菱電機・タイガー魔法瓶——では，既存の製品評価の枠組みに束縛された反対者が現れたのに対し，業界に新たに参入した企業——健康茶飲料の事例における花王——では，そのような反対者が現れなかった。なぜ，このような違いが生じたのだろうか。

一般的に，市場の創造，需要の創造や掘り起こしは，業界の中枢の企業ではなく辺境の企業によってもたらされることが多い（Christensen, 1997;

Tushman & Anderson, 1986)。その背景にあるのは，第2章で議論した，市場創造型製品の開発におけるハードルと同じ論理である。既存の業界の中枢企業は，制度・構造，組織能力，技術，開発プロセスなどを既存の業界の慣行に適応するように構築している。むしろ，その業界の外部の企業の方が既存の業界の慣行に制約されず，業界に変化をもたらすことができるというのである。

　本書の事例研究においても，この違いを見いだすことができる。業界の外部にいた花王は，茶系飲料カテゴリにおける製品評価の枠組みに束縛されなかった。そのため，花王の社内の人々は，健康の維持・増進という新たな製品評価の枠組みを受け入れやすかったと考えられる。もちろん，新たな業界に参入しようというのであるから，その業界における製品評価の枠組みも参照する必要がある。このため，花王の開発チームは，既存の製品評価の枠組み——のどの渇きをいやす，お茶の味を楽しむ——をもつと同時に，新たな製品評価の枠組みをもつことができたと考えられる。一方，業界の内部にいたサンスターでは，歯を白くするという既存の製品評価の枠組みをもった営業部が反対者となった。同様に，三菱電機やタイガー魔法瓶でも，開発の推進に難色を示す反対者が現れた。このように，業界内部の企業の方が，既存の市場・製品評価の枠組みの束縛を受けやすい。

　しかし一方で，業界の外部にいる企業は，その業界に参入するためのハードルを越えることを求められる。花王はヘルシア緑茶の開発にあたってトクホの取得は必須だと考えていた。それは，飲料の業界にはじめて参入するからには，トクホの表示許可を得て製品の機能性を十分に説明する必要があると考えたからだった。そのほかにも，花王はコンビニとの取り組みやテレビCMなど，市場レベルの対話において多くの資源を投入している。

　以上の比較から，次のことがいえるだろう。業界の外部から新たな市場・製品評価の枠組みを形成しようと参入する場合には，その業界に参入するハードルを越えるため市場レベルの対話において多くの資源投入が必要となる。一方で，業界の内部から新たな市場・製品評価の枠組みを形成しようとする場合には，組織内部における組織内部に向けた説得が必要となる。第2章で検討したように，新たな市場の形成は，製品評価の枠組みの不連続な変化を

ともなうため，社内外の説得を必要とする。しかし，その説得のパターンは，市場を形成しようと企図する企業が，業界の外部からの参入なのか，業界の内部のものなのかによって異なる可能性が示唆されるのである。

5. まとめ

　以上のように，本章では事例研究の発見事項について，市場レベルの対話，組織レベルの製品開発，およびその両者の関連性の論点別に考察を行った。最後に，これらの発見事項・考察をリサーチ・クエスチョンに対する答えとしてまとめよう。

RQ1　ある製品の導入をきっかけとして，新たな製品評価の枠組みが市場参加者に共有され，新たな細分化市場という秩序が形成されるプロセスはどのようなものか。そのプロセスにおいて，市場参加者はどのような対話を行うのか。物的存在，あるいは社会的・経済的文脈は，その対話にどのような影響を与えるのか。

　新たな製品評価の枠組みが市場参加者に共有され，新たな細分化市場という秩序が形成されるプロセスは，ある生産者からの新たな製品評価の枠組みの提示，それに対する消費者の反応，および消費者の反応を受けての生産者の反応という3つのステップからなる市場参加者の対話プロセスである。対話のプロセスは，新たな製品評価の枠組みを提示する製品を発売し，その新たな製品評価の枠組みについてメーカーが発信することから始まる。この製品を消費者が支持すると，それをみた競合企業がその製品評価の枠組みにおいて高いパフォーマンスを示す製品で追随したり，市場創造型製品を発売した生産者もそれを改良したり，製品ラインを追加したりする。このような行為の連鎖，すなわち対話によって，新たな製品評価の枠組みが市場参加者に共有され，新たな細分化市場が形成されるのである。なお，この対話にはマスコミや小売業者といった生産者と消費者以外の主体も参加する。

　また，この対話には，物的存在や構造的要因も影響を与える。物的存在は，

市場参加者の対話において，その機能・属性によって新たな製品評価の枠組みを支持するという役割を担う。また，構造的要因も同様に，新たな市場・製品評価の枠組みを支持するという役割を担う。これらの支持を得ることによって，市場参加者の対話は，新たな市場を形成するよう導かれるのである。

RQ2　組織は，どのようにして既存の製品評価の枠組みの束縛を乗り越えて新たな枠組みを提示する製品を開発するのか。新たな製品評価の枠組みを見いだす主体は，どのようにしてそれを成し遂げるのか。新たな枠組みを見いだした主体は既存の枠組みをもつ主体をどのように説得し，新たな枠組みの採用を認めさせるのか。

市場創造型製品は，次のようなプロセスで開発されると考えられる。

1. 既存の製品評価の枠組みと矛盾する物的存在・構造的要因が開発プロセスに持ち込まれることによって新たな製品評価の枠組みが構想される。
2. 既存の製品評価の枠組みをもった主体が，開発中の製品コンセプトを低く評価し，開発の推進に反対する場合がある。
3. 反対者が現れた場合，推進者が反対者を説得する。その過程では，物的存在の支持，構造的要因の支持，第三者の支持，あるいは既存の製品評価の枠組みとの妥協が見いだされることによって，新たな製品評価の枠組みが採用される。

市場創造型製品の開発は，組織内のあるメンバーが，既存の製品評価の枠組みと矛盾する物的存在・構造的要因を組織内の対話に持ち込むことから始まる。これらは，試作品や何らかの社会的なトレンドであり，それをきっかけに組織内のメンバーが新たな製品コンセプトを構想する。しかし，それは既存の製品評価の枠組みでは高く評価されない。そこで，そのメンバーは推進者としてその製品コンセプトの評価が高くなるような新たな製品評価の枠組みを構想し始めるのである。

ところが，組織内には既存の製品評価の枠組みをもった主体も存在する。彼ら／彼女らは製品コンセプトを既存の製品評価の枠組みにしたがって低く評価する。場合によっては，彼ら／彼女らは明確な反対者となる。特に，これまでもその業界で事業をしていた組織では，反対者が現れる可能性が高い。

そこで，それぞれの製品評価の枠組みをもった主体——推進者と反対者——が対話を始める。この対話は推進者から反対者に向けての説得的なものとなる。この説得では，物的存在の支持，構造的要因の支持，第三者の支持，あるいは既存の製品評価の枠組みとの妥協といった方略が用いられる。説得の結果，新たな製品評価の枠組みが組織的にも採用される。

RQ3 市場創造型製品の開発において，組織内での対話と市場での対話はどのように関連するのか。組織内での新たな製品評価の枠組みの提示という同意が，市場での同意に結びつくのはなぜか。

RQ4 新たに形成しつつある新たな市場・製品評価の枠組みは，それ以降の組織レベルの製品開発にどのような影響を与えるのか。

RQ3 と RQ4 に対する解は，組織レベルの製品開発と市場レベルの対話の相互作用として示すことができる。この相互作用は，次の3つのルートによって発生する。

1. 組織が主体として市場レベルの対話に参加する直接ルート
2. 物的存在や構造的要因を媒介に両レベルが関連する間接ルート
3. 形成しつつある新たな市場・製品評価の枠組みからのフィードバック・ルート

組織が主体として市場レベルの対話に参加するとき，組織はマーケティング・ミックスを駆使して，新たな製品評価の枠組みを主張する。新たな製品評価の枠組みで高いパフォーマンスを発揮するよう製品を設計し，価格をそれに見合ったものとし，プロモーションと流通を通じて新たな製品評価の枠

組みについての情報を発信するのである。これが，市場での同意に結びつくうえで重要な役割を果たす。

　また，組織レベルと市場レベルの関連性は物的存在や構造的要因を媒介にしても発生する。消費者や競合の反応は，物的存在——新たな製品評価の枠組みを提示する製品——の影響を受ける。また，組織内での対話において新たな製品評価の枠組みを支持した構造的要因が，市場での対話においても同様に新たな製品評価の枠組みを支持する。このように，物的存在や構造的要因を媒介にして組織レベルと市場レベルに関連性が生まれることで，組織内での同意が市場での同意に結びついていくのである。

　このとき，組織レベルと市場レベルを媒介する物的存在や構造的要因は，主体によってその対話に影響するよう動員されると考えられる。市場創造型製品を開発した主体は，その製品を新たな製品評価の枠組みを支持するように設計する。それをみた競合企業は，新たな市場の恩恵を受けながら先行する製品とは差別化するように，自らの製品を設計する。構造的要因についても，新たな製品評価の枠組みが他の市場参加者にも認められるよう，市場創造型製品を開発した主体が，開発時に利用した構造的要因を市場での対話にも利用しようとする。すなわち，新たな市場・製品評価の枠組みを形成しようと企図する生産者は，主体として対話に参加するとともに，物的存在や構造的要因をその対話に巻き込み，対話を意図した方向へと導びいていく，といえるだろう。

　さらに，形成しつつある新たな市場・製品評価の枠組みは，組織レベルの製品開発にも影響を与える。これによって，追跡型製品が市場創造型製品と類似した属性をもつようになる。追跡型製品を発売する生産者は，それによって成長を始めた新たな市場から恩恵を受けるとともに，市場創造型製品とは差別化し，自身の利益を確保しようとする。これによって，新たな市場はさらに確固たるものになっていくのである。

第8章
結論とインプリケーション

　本書では，新製品開発と市場のダイナミクスについての理解を深めることを目的に，先行研究の整理と問題点の確認，研究方法の検討，そして事例研究の順に検討を進めてきた。本章では，これらの検討の要約，結論，および貢献を整理する。そのうえで，その結論が示唆することを理論的側面と実践的側面から検討する。最後に，本書の限界と今後の課題を述べる。

1．要約と結論

　製品開発と市場のダイナミクスの理解という研究テーマのもと，本書で最も問題視したのは，市場創造型製品の開発に潜む本質的な矛盾だった。新製品を開発するためには，市場から得られる様々な情報を利用しなければならないが，市場創造型製品の開発では，その市場がその製品をきっかけに変化してしまう。すなわち，市場創造型製品の開発という局面は，製品市場に制約されつつその製品市場を革新するという矛盾をはらんでいる。この問題について，本書では，既存の議論の整理，方法論的立場の明確化，そして事例研究の順に検討を行った。

既存の議論の整理

　第2章では，市場創造型製品の開発に関連する先行研究についての検討を行った。はじめに，イノベーションの類型化，および製品市場の役割についての研究にもとづき，市場創造型／追跡型製品を，製品評価の枠組みが不連続／連続な製品として定義した。次に，市場創造型製品の開発を理解するために，製品開発研究の多くが採用してきた市場適応アプローチについて検討した。検討の結果，市場適応アプローチは，市場創造型製品の開発が困難な理由について一定の示唆を与えるものの，製品開発の審級として製品市場の存在を前提しているため，事後的に市場が形成される市場創造型製品の開発

を分析するのには適さないことが示された。

　そこで，市場適応アプローチに代わるものとして，構築主義的アプローチによる研究を取り上げ検討した。市場レベルにおける市場の境界をめぐる競争（石井，2003a），および社会認知アプローチ（Rosa et al., 1999）についての研究によれば，新たな細分化市場が形成するプロセスは，市場参加者の対話のプロセスを通じて理解できることが示唆された。また，組織レベルにおける意味構成・了解（石井，1993）と説得（原，2004）についての研究によれば，市場創造型製品の開発を理解するためには，組織内の説得的な対話によって新たな製品評価の枠組みが了解されるプロセスを明らかにしなければならないことが示唆された。しかし，これらの研究は，物的存在や構造的要因の影響，および市場レベルと組織レベルの相互作用について，検討の余地があることも明らかとなった。

方法論的立場の明確化

　第3章では，本書のリサーチ・クエスチョンを示すとともに，方法論的立場の明確化，および研究アプローチの検討を行った。はじめに，第2章の文献レビューを踏まえ，市場レベルの対話プロセス，組織レベルの製品開発プロセス，および両者の関連性を明らかにすることをリサーチ・クエスチョンとして設定した。

　次に，このリサーチ・クエスチョンを解くうえでの，方法論的な問題を検討した。リサーチ・クエスチョンに答えを見いだすためには，主体の対話のみではなく，物的存在や構造的要因の影響についても検討する必要がある。このとき，製品市場の存在論については構築主義の立場をとりながら，物的存在や社会的・経済的文脈が実在物として主体の行為，そして新たな細分化市場の形成に影響を与えると考えなければならない。このような見方は，方法論的な矛盾を抱えることになる（Burrell & Morgan, 1979）。

　そこで，この矛盾を乗り越える見方として技術の社会的形成を取り上げ，検討を行った。技術の社会的形成は，技術決定論を批判しつつ技術と社会の相互形成を明らかにしようとする研究領域である（MacKenzie & Wajcman, 1999; Russell & Williams, 2002; Williams & Edge, 1996; 宮尾, 2013）。その研

究領域で共有されている見方は，構築主義的な見方と整合的である点，および方法論的な矛盾に積極的な意義を見いだそうとしている点で，本書の研究課題に取り組むうえで有効であることが示された．以上の検討を踏まえて，本研究では，技術の社会的形成アプローチを事例研究の方法に採用することとした．

事例研究

　以上のように，リサーチ・クエスチョンと研究アプローチを明確にしたうえで，第4章から第6章では，新たな市場・製品評価の枠組みが形成された事例を3つ取り上げ，それぞれ検討を行った．第4章では，美白ハミガキ市場において，「歯を白くする」ことを重視する製品評価の枠組みが「着色汚れを落とす」ことを重視する製品評価の枠組みに置き換えられた事例を検討した．美白ハミガキ市場では「歯を白くする」という性能属性で競争が行われていたが，2001年にサンスターがOra2ステインクリアという製品を発売し，「着色汚れを落とす」という性能属性を提示した．Ora2ステインクリアは同時期に発売された製品よりも高いシェアを獲得したため，競合メーカーも同様に「着色汚れを落とす」ことを訴求するようになった．このOra2ステインクリアの開発プロセスを検討したところ，推進者が既存の製品評価の枠組みと矛盾する物的存在／構造的要因をきっかけに新たな製品評価の枠組みを構想したこと，既存の製品評価の枠組みを重視する反対者が現れたこと，推進者が反対者を説得したことが明らかとなった．

　第5章では，茶系飲料市場の細分化市場として健康茶飲料市場が形成された事例を検討した．茶系飲料市場では，2000年ごろから「のどの渇きをいやす」，「お茶の味わいを楽しむ」ことを重視した製品評価の枠組みのもと，いくつかのヒット商品が登場していた．2003年，そこにトクホの表示許可を得て「健康の維持・増進」を重視した製品評価の枠組みを提示するヘルシア緑茶が登場した．コンビニの販売協力を得た結果，ヘルシア緑茶はヒット商品となった．その後，ヘルシア緑茶と同様にトクホの表示許可を得て350mLのPETボトルを採用した製品がいくつか登場し，それらが小売店でまとめて陳列されるようになったのである．

この新たな市場のきっかけとなったヘルシア緑茶，追跡型製品の黒烏龍茶OTPP，および引き締った味カテキン緑茶の開発プロセスを検討したところ，次のようなことが明らかになった。第1に，ヘルシア緑茶の開発チームは，推進者が既存の製品評価の枠組みと矛盾する物的存在／構造的要因をきっかけに新たな製品評価の枠組みを構想した。第2に，既存の製品評価の枠組みをもった反対者は現れなかった。第3に，黒烏龍茶OTPP，引き締った味カテキン緑茶の開発では，形成されつつある新たな市場の影響を受けて，製品の設計が変更されていた。

　第6章では，電気炊飯器市場の細分化市場として高級炊飯器の市場が形成された事例を検討した。電気炊飯器市場では，2000年代に入ってから「便利さ」を重視した製品評価の枠組みで競争が行われていたが，コモディティ化が起こっていた。2006年，そこに三菱電機が本炭釜を発売し，「ご飯のおいしさへのこだわり」を重視した製品評価の枠組みを提示し，高級炊飯器市場形成のきっかけをつくった。その後，多くのメーカーから内釜などの工夫と高価格という共通点をもった炊飯器が登場し，マスコミの紹介や小売店での陳列によってこれらが高級炊飯器としてカテゴリ化されるようになった。

　製品開発の事例としては，三菱電機の本炭釜，タイガー魔法瓶の土鍋IH炊飯ジャー，象印マホービンの極め羽釜，およびシャープのヘルシオ炊飯器の開発を取り上げ検討を行った。前者2つを市場創造型製品，後者2つを追跡型製品として開発プロセスを調べたところ，次のようなことが明らかになった。第1に，開発推進者は，試作品や自社の置かれている事業環境が既存の製品評価の枠組みと矛盾することに気づき，新たな製品評価の枠組みを構想していた。第2に，既存の製品評価の枠組みをもった主体は，開発中の製品コンセプトを低く評価し，開発の推進に反対した。第3に，推進者は既存の製品評価の枠組みとの妥協，第三者，物の存在，および構造的要因の支持を利用して反対者を説得していた。第4に，追跡型製品を開発した組織は，既に発売された高級炊飯器とそれらが提示した新たな製品評価の枠組み，そして形成されつつある市場をみて，そこに参入する意図をもって製品を開発していた。

結論

　第7章では，以上の3つの事例を横断的に検討し，市場レベルの対話，組織レベルの製品開発，および組織レベルと市場レベルの相互作用について，共通したパターンを明らかにした。

　市場レベルの対話は，ある生産者からの新たな製品評価の枠組みの提示，それに対する消費者の反応，および消費者の反応を受けての生産者の反応という3つのステップからなる。ある生産者が，新たな製品評価の枠組みを提示し，それを消費者が支持すると，競合する生産者も同様の製品を開発，発売する。また，最初に市場創造型製品を発売した生産者も，その製品を改良したり，製品ラインを拡張したりする。また，この対話にはマスコミや小売店などの主体も参加する。このような行為の連鎖によって，生産者と消費者は新たな市場・製品評価の枠組みを共有するのである。さらに，この対話は，物的存在や構造的要因の影響を受ける。物的存在は，市場参加者の対話において，その機能・属性によって新たな製品評価の枠組みを支持するという役割を担う。また，構造的要因も同様に，新たな市場・製品評価の枠組みを支持するという役割を担う。これらの支持を得ることによって，市場参加者の対話は，新たな市場を形成するよう導かれる。

　一方，組織レベルの製品開発は，組織のあるメンバーが新たな製品評価の枠組みを構想し，関係者との対話によってその製品評価の枠組みを了解するというプロセスを含むことが明らかになった。具体的には，次のようなプロセスが共通してみられた。

1. 既存の製品評価の枠組みと矛盾する物的存在・構造的要因が開発プロセスに持ち込まれることによって新たな製品評価の枠組みが構想される。
2. 既存の製品評価の枠組みをもった主体が，開発中の製品コンセプトを低く評価し，開発の推進に反対する場合がある。
3. 反対者が現れた場合，推進者が反対者を説得する。その過程では，物的存在の支持，構造的要因の支持，第三者の支持，あるいは既

存の製品評価の枠組みとの妥協が見いだされることによって，新たな製品評価の枠組みが採用される。

また，このような市場レベルの対話と組織レベルの製品開発は，次の3つのルートで関連性をもつことが明らかとなった。

1. 組織が主体として市場レベルの対話に参加する直接ルート
2. 物的存在や構造的要因を媒介に両レベルが関連する間接ルート
3. 形成しつつある新たな市場・製品評価の枠組みからのフィードバック・ルート

組織は主体として市場レベルの対話に参加し，直接新たな市場・製品評価の枠組みの形成に関わる。また，それに加えて発売した製品を介したルートや，組織レベルの製品開発と市場レベルの対話の両方で参照される構造的要因を介して，両方のレベルは関連性をもつ。さらに，形成しつつある新たな市場・製品評価の枠組みは，ひるがえって組織レベルの製品開発に影響を与える。この3つのルートで組織レベルの製品開発と市場レベルの対話に相互作用が発生することによって，ある組織が提示した新たな製品評価の枠組みが市場レベルの秩序の発生につながるのである。

以上のように，本書では文献レビュー，研究方法論の明確化を経て3つの事例研究を行い，市場レベルの対話，組織レベルの製品開発，およびそれらの相互作用について，共通したパターンを見いだした。すなわち，製品開発と市場のダイナミクスは，物的存在や構造的要因の影響下において，組織内外で行われる主体の対話が一定の秩序に収結するプロセスとして理解できることが示された。以上が本書の結論である。

2. 本書の貢献

本書の主たる貢献は，製品開発と市場のダイナミクスについての理解，および技術の社会的形成アプローチという研究アプローチの確立の2点である。

ここまで議論してきたように，製品開発と市場のダイナミクスは，市場レベルの対話，組織レベルの製品開発，およびそれらの相互作用という3つの側面に分けて理解することができる。文献レビューで指摘したように，これらの側面は先行研究においてもそれぞれ検討されてはいるが，いくつかの疑問も残されていた。その疑問に答えつつ，組織レベルと市場レベルの全体像について詳細な検討を行い，多くの発見事項を示したことが本書のひとつめの貢献であろう。

市場レベルの対話についての理解

　事例研究から見いだされた市場レベルの対話についての発見事項は，多くの先行研究と整合的である。生産者が新たな市場を求めて製品を発売し，それを消費者が支持すると他の生産者が参入するという競争のダイナミクスは，Dickson（1992）によって指摘されていた。また，Rosa et al.（1999）は，細分化市場を市場参加者の認知枠組みとして捉え，その枠組みが市場参加者に共有されるメカニズムを市場参加者の対話から読み解いた。これらに対し，本書では，Rosaらのいう対話を単なる言説の交換ではなく行為の連鎖としてより幅広く捉え（沼上ら，1992），ある生産者からの新たな製品評価の枠組みの提示，それに対する消費者の反応，および消費者の反応を受けての生産者の反応という3つのステップからなる対話のプロセスを見いだした。このパターンを見いだしたことは，本書の貢献のひとつだといえるだろう。

　市場レベルの対話は，Dickson（1992）やRosa et al.（1999）のように，対話に参加する市場参加者を生産者と消費者に限定して議論されることが多い。しかし，本書の事例研究では，小売業者やマスコミも新たな市場・製品評価の枠組みの形成に重要な役割を担っていたことを示した。このように多様な主体が市場の形成に関わることは，これまでにも指摘されていたが（Rosa & Spanjol, 2005），それを実証的に示したのは本書の貢献のひとつだといえるだろう。

　さらに，技術の社会的形成アプローチによる事例の分析は，市場における主体の対話に対する物的存在や構造的要因の影響も明らかにした。第2章の文献レビューでは，Rosa et al.（1999）のように市場参加者の対話に焦点を

あてることで，製品市場が形成されるプロセスの理解は深まるが（吉田，2007; 石井，2003a)，その対話に影響を与える物的存在や構造的要因の影響も看過できない可能性を指摘した。本書の事例研究は，この指摘を裏づけた。すなわち，物的存在や構造的要因は，新たな市場・製品評価の枠組みの形成を支持することで，市場参加者の対話に影響を与えていた。技術の社会的形成の論者が指摘してきたように（Williams & Edge, 1996; Williams & Russell, 1988; 原, 2007)，新たな市場の形成という社会——技術的な出来事（socio-technical phenomena）は，主体の対話だけでなく物的存在や構造的要因の影響を考慮して分析すべきだといえるだろう。

組織レベルの製品開発についての理解

　組織レベルの製品開発についての検討は，本書が取り組んだ主問題——市場創造型製品の開発は，製品市場を足場としつつその足場を革新するという矛盾をはらんでいる——に対して，一定の答えを示した。製品開発においては市場の情報を利用することが肝要であるが（Cooper, 1988; Fujimoto et al., 1996; Myers & Marquis, 1969; Rothwell et al., 1974)，新たな市場は製品開発の後に形成されるため，市場創造型製品の開発では製品市場をその審級として利用することはできない（石井, 2003b)。では，市場創造型製品の開発はどのように進行するのか。この疑問に対して先行研究が示したのは，新たな製品評価の枠組みの妥当性を分析的に判断するのではなく，関係者の対話によって了解するのだ，という見方であった（Lester & Piore, 2004; 石井, 1993)。

　本書の事例研究は，これら先行研究から導かれた見方と整合的である。推進者は新たな製品評価の枠組みを構想し，開発中の製品コンセプトをその製品評価の枠組みにそってつくっていった。特に，既存の市場・製品評価の枠組みをもった主体は，その製品コンセプトを高く評価しないため，推進者は彼らを説得しなければならなかった。このように，組織が新たな製品評価の枠組みを採用する際には，それが将来消費者によって支持されるに違いないという分析的判断が用いられるのではなく，対話による関係者の了解が必要とされるのである（Lester & Piore, 2004; 原, 2004; 武石ら, 2012)。

第8章 結論とインプリケーション

　本書がこれらに付け加えるのは，この対話における物的存在や構造的要因の役割である。その役割は，主に2つある。ひとつは，新たな製品評価の枠組みについての気づきを与える役割である。事例において，開発チームは，既存の製品評価の枠組みと物的存在・構造的要因が矛盾することから，新たな製品評価の枠組みを構想していた。多くの先行研究が示すように，組織は環境変化に適応することが難しく（Christensen, 1997; Leonard-Barton, 1992），既存の製品評価の枠組みに束縛されることが多い。しかし，事例研究から明らかになったのは，そのような束縛下においても何人かのメンバーはその束縛を離れた探索を行い，既存の製品評価の枠組みとは矛盾する物的存在や構造的要因を組織に持ち込む場合があるということだ[1]。このとき，既存の製品評価の枠組みが優勢になれば，これらの物的存在や構造的要因は採用されることはないが，新たな製品評価の枠組みを構想できれば状況は変化し始める。このように物的存在や構造的要因の多様性が，新たな製品評価の枠組みを構想するきっかけになるのである（Seo & Creed, 2002; Stark, 2009）。

　もうひとつは，対話による関係者の了解を促す役割，あるいは説得の資源としての役割である。事例研究では，反対者を説得する際に，物的存在や構造的要因の支持が利用されることが示された[2]。アクター・ネットワーク理論の論者がいうように，物的存在が適切に設計されていなければイノベーションは成立しない（Callon, 1986, 1987）。物的存在は，その素材や設計にもとづいて使用者に同じように繰り返し働きかけるため，使用者，およびその社会に影響を与えるからだ（Leonardi, 2012）。このため，物的存在の支持が得られることは，他者を説得するうえで強力な武器になりうる。本書の事例においても，推進者が，試作品・製品を用いて着色汚れ除去作用を示し，体脂肪抑制作用を示し，おいしいご飯を炊けることを示したことが，開発を推進するきっかけになっていた。構造的要因についても同様である。Ora2ステインクリアの開発では，赤ワイン・カフェブームが「着色汚れを除去する」という性能属性の根拠として用いられていた。また，Ora2ステインクリア

---

[1] 例えば，既存の価値次元では評価されない試作品をつくってしまう，というのがこれにあたる。
[2] 本書の事例でいう第三者の支持の利用という説得のパターンについては，武石ら（2012）がより多くの支持者の獲得による正当化として同様のパターンを報告している。

や土鍋IH炊飯ジャーの開発では，マネジャーによる組織的な支持が新たな製品評価の枠組みの採用につながっていた。本炭釜の開発では，新たな品質保証制度がつくられた。このように，推進者は様々な構造的要因を利用して，ときには自らそれを創造して，新たな製品評価の枠組みを正当化していた（Suchman, 1995）。

第2章で検討したように，市場創造型製品の開発では，その製品をきっかけとして事後的に細分化市場が形成されるため，市場を審級にできないという問題があった（石井, 2003b）。そこで本書では，市場創造型製品の開発では，市場を根拠にするのではなく，対話によって新たな製品評価の枠組みを了解する，と考え，そのプロセスを技術の社会的形成アプローチによって検討した。その結果明らかとなったのは，市場創造型製品の開発は，市場を根拠にした合理的で秩序あるものとはならないが，まったく根拠のない無秩序なものでもない，ということだ。製品開発活動が，合理的で秩序ある側面と非合理的で無秩序な側面の両面をもつことは，これまでにも様々な論者によって指摘されており，その両面を統合して理解しようとする試みもなされてきた（McCarthy, Tsinopoulos, Allen, & Rose-Anderssen, 2006; 加藤, 2011; 川上, 2005）。本書の事例研究は，この研究潮流に新たな見方を加えるものだといえるだろう。すなわち，市場創造型製品の開発の場合，既存の製品評価の枠組みの束縛を乗り越え，新たな製品評価の枠組みを構想したり，反対者を説得するために，推進者は物的存在や構造的要因を用いるが，それをどのように行うかには創意工夫の余地がある[3]。本書の事例研究は，この創意工夫——推進者のエージェンシー——を，構造的要因と物的存在との関連性に注目しながら読み解くことで，合理性と非合理性の両方の側面を明らかにした。ここに，技術の社会的形成アプローチの有効性が見いだせるだろう。

このように，市場創造型製品の開発は，関係者の対話による新たな製品評価の枠組みの了解として理解できることが示された。また，その対話のプロ

---

[3] 製品開発におけるある行為や判断が合理的かどうか，あるいは正当かどうかは，どのような構造的要因・物的存在に依拠するかどうかによって変わりうる。そのため，依拠すべき構造的要因・物的存在を変えたり，その解釈を変えたりすることによって，推進者は自身が進めようとする製品開発を正当化する。このようなことを成し遂げる市場創造型製品の開発推進者は，制度的企業家のひとつの類型としても理解することができるだろう（桑田・松嶋・髙橋, 2015）。

第 8 章
結論とインプリケーション

セスでは，物的存在や構造的要因が，新たな製品評価の枠組みの構想と反対者の説得の両方で，重要な役割を果たしていた。本書の事例研究では，技術の社会的形成アプローチによってこれらを明らかにしたのである。

市場レベルと組織レベルの関連性についての理解

　これまでの研究においても，イノベーションの実現には社内だけでなく社外の説得が必要であることは指摘されていた（原, 2004）。本書の事例研究から見いだされた直接ルートによる組織レベルの製品開発と市場レベルの対話の関連性の発生は，まさにこの社外の説得に相当する。新たな製品評価の枠組みを提示する生産者は，市場レベルの対話に参加し，マーケティング・ミックスのすべての局面で新たな市場・製品評価の枠組みを形成するように働きかけるのである。

　技術の社会的形成アプローチによる分析は，この直接ルートに加えて間接ルートが両レベルの関連性の発生に重要な役割を担っていることを明らかにした。技術の社会的形成の知的源流のひとつであるアクター・ネットワーク理論では，物的存在がその技術に関連するネットワークにおいてその役割を果たすことが，その技術を維持するうえで不可欠であるという（Callon, 1986, 1987）。物的存在は，その設計にもとづき物的エージェンシーを発揮し，社会システムを支えている（Leonardi, 2012）。言葉を換えれば，物的存在の支持が得られなければ，新たな市場・製品評価の枠組みを維持することはできない。また，構造的要因が，組織レベルの製品開発と市場レベルの対話の両方で共通して採用され，その結果として両方のレベルに関連性が生まれることは，これまでの研究ではほとんど指摘されていなかった。このように，本書では技術の社会的形成アプローチを分析枠組みとして採用することで，間接ルートの役割を指摘することができたといえるだろう。

分析アプローチの確立

　以上のように，本書の貢献の多くは，事例研究において技術の社会的形成アプローチを採用したことによって得られている。このことは，技術の社会的形成アプローチが製品開発と市場のダイナミクスを理解するうえで有効

あることを示している。

　技術の社会的形成の論者たちは，防衛システムや電力システム，自転車，プラスチック，電灯，鉄鋼，飛行機，情報技術など，社会に大きなインパクトを与えた比較的長期間にわたっての技術の形成を取り上げ，その過程における社会，政治，経済，文化などの影響を考察してきた（Bijker & Law, 1992; MacKenzie & Wajcman, 1999）。しかし，技術の社会的形成という見方は，医薬品の開発（Hara, 2003）や，安全の形成（原, 2008）など，多様な対象の研究に応用可能であることが示されている。元来の技術の社会的形成は，科学技術社会論の研究領域から発生し，技術の成立・発展に対する社会的な影響を明らかにすることを目的としていたが，その見方は科学技術社会論にとどまらず経営学の研究領域にも応用可能である（宮尾, 2013; 原, 2007）。本書は，このような技術の社会的形成アプローチの応用可能性を実際に事例分析に適用することで明示したといえるだろう。

　本書が明らかにしたように，組織の製品開発，技術開発は，市場参加者の対話によって形成される市場と密接な関係をもっている。その関係は，イノベーション，あるいは製品開発が社会にインパクトを与えるというようなテクノロジー・プッシュな関係でもなければ，顧客ニーズに適応して製品を開発するというマーケット・プルな関係でもなかった。むしろ，製品開発と市場の形成は分かちがたく結びついており，お互いがお互いを形成するダイナミックな関係にあるといえる。このように本書では，技術の社会的形成の論者による技術と社会の相互形成という見方を敷衍することで，製品と市場の相互形成を分析するアプローチを確立できたのである。

3. 理論的インプリケーション

　以上の貢献に加えて，本書は以下のような3つの理論的インプリケーションを提供する。

　第1のインプリケーションは，組織内外での対話における物的存在の役割に関するものである。ここまで示してきた事例研究では，市場レベルの対話，組織レベルの製品開発，および両者の相互作用のいずれの局面でも，その対

話を新たな市場の形成へと導くうえで，物的存在が重要な役割を担っていた。例えば，市場レベルの対話では，製品が製品評価の枠組みと整合する機能を発揮すること，製品の物的な属性が類似したものになることによって，主体の対話が新たな市場の形成へと導かれていた。組織レベルの製品開発においても同様に，既存の製品評価の枠組みと矛盾する物的存在（例えば，既存の製品評価の枠組みでは評価されないが，新たな製品評価の枠組みでは高く評価される試作品）が新たな製品評価の枠組みを構想するきっかけとなっていたし，推進者が反対者を説得する局面でも物的存在の支持が利用されていた。

　このことは，新たな市場の形成という局面において，対話する主体と同等に物的存在が重要な役割を担っていることを示唆している。技術の社会的形成の研究領域では，アクター・ネットワーク理論の示唆を踏まえて，物的存在が，人々の行動，意味づけ，および関係に秩序をもたらすことが強調されてきた（Russell & Williams, 2002）。もちろん，それは，Collins & Yearley（1992）がいうように，物的存在が人々の社会的活動を決定しているという技術決定論的な見方に後退することを意味するわけではない。本書で指摘したいのは，物的存在は主体とともに新たな市場・製品評価の枠組みを形成するということだ。このような見方は，ネットワーク上の役割において人と物を区別しないアクター・ネットワーク理論の見方を敷衍している。

　では，なぜ物的存在はこのような役割を担うことができるのだろうか。本書の事例研究が示唆するのは，物的存在が製品評価の枠組みと適合する機能を発揮することが，主体が対話においてその製品評価の枠組みをストーリーとして発信する（Rosa et al., 1999）のと同じ役割を担うからだということだ。Ora2ステインクリアが歯の着色汚れを落とすこと，ヘルシア緑茶を飲み続けると痩せること，本炭釜や土鍋IH炊飯ジャーで炊いたご飯がおいしいこと。このように製品が製品評価の枠組みにしたがった機能を発揮すれば，対話に参加している人々はその製品を使用し，その機能を経験することで，製品評価の枠組みを経験することになる。社会認知アプローチでは，ストーリーの発信者として想定されているのは消費者，生産者，マスメディア，小売業者，政府関係者などの主体だが（Rosa & Spanjol, 2005），本書の事例は，物的存在も製品の使用経験というストーリーを発信する役割を担えることを示唆し

ている。この見方は，組織内の対話にも適用できる。組織内で，ある開発中の製品に価値があるかどうかの対話がなされているとき，開発中の試作品，あるいはその試作品を評価するための試験系などの物的存在は，その機能を発揮することで，新たな製品評価の枠組みの正しさを語るのである。

　物的存在は，社会においてその素材・形態にもとづいて人の介入なしに一定の動きを行う[4]。そもそも，広い意味での技術の役割は，何らかの成果を求める際にともなう不確実性の回避，あるいは確実性の保証にあり，機械や材料，プロセスは，それを客体化したものだと考えられる（宗像, 1989）。すなわち，組織レベルの製品開発あるいは市場レベルの対話において，製品，試作品，材料などの物的存在はいわば「ブレない」発信者となる。もちろん，その解釈は主体に委ねられてはいるが，物的存在も交えた対話の中で物的存在が一貫性の高い発信を行えば，主体の解釈もそれに引き寄せられるだろう。このような見方を採用すれば，市場レベル・組織レベルの対話に物的存在の役割を組み込んだ理解が可能となる。

　第2の理論的インプリケーションは，製品の価値に関するものである。従来の技術経営の研究領域では，いわゆるイノベーションは，価値創造（value-creation）と価値獲得（value-capture）に分けて把握されてきた（Tidd & Bessant, 2009; 延岡, 2006; 近能・高井, 2010）。この枠組みでは，発明や製品化のプロセスを価値創造とし，それを市場において販売して経済的な利益を得ることを価値獲得とする。あるいは，前者をものづくり，後者を価値づくりとして，両方を高いレベルで達成することが製造業の生きる道であるという指摘もなされてきた（延岡, 2011）。

　しかし，本研究が示唆するのは，価値創造と価値獲得という枠組みは，組織内で開発した優れた製品を，市場で受け入れてもらうにはどうすれば良いか，を問うわけではないということだ[5]。このような問いは，製品の価値につ

---

[4] Leonardi（2012）は，物的存在の素材・形態のことをマテリアリティ（materiality）と呼ぶ。彼によれば，物的存在はそのマテリアリティにもとづいて人の介入なしに動く能力をもっており，その能力はマテリアル・エージェンシーと呼ばれる。これと人のエージェンシーとが折り重なるように積み上げられることで，人と物からなるシステムが形成されているというのが彼の見方である。

[5] 例えば，『一橋ビジネスレビュー』2010年春号の表紙には「なぜ優れた製品が，収益に結びつ

いて対称性を欠いた見方である点で問題である。

　技術の社会的形成の研究領域では，ある人工物が社会で受け入れられたことを説明する際に，その説明の対称性が重視されてきた（MacKenzie & Wajcman, 1999; Pinch & Bijker, 1987）。説明の対称性とは，相反する2つの現象を同じタイプの因果関係で説明することをいう（Bloor, 1976）。ある人工物が社会で受容／拒否された場合を説明するのに，受容されたのは技術が優れていたからだと説明し，拒否されたのは様々な理由があったからだと説明するのは対称性を欠いている。対称性を確保するためには，人工物が受容された様々な理由も説明しなければならない。同様に，組織内で開発した製品は本質的に優れている――価値創造はできている――としながら，価値獲得という局面で「市場で価値が認められるにはどうすれば良いか」ということを問うのは，対称性を欠いている。この場合，価値創造の局面においても「組織で価値が認められるにはどうすれば良いか」という疑問に目を向けなければならない。

　価値創造・価値獲得という枠組みで説明の対称性を確保することは，「組織と市場の両方において，ある製品が価値があると認められるのはなぜか」を問うことになる。本研究は，この問いに対する答えを示唆している。本書の事例研究が示すように，ある製品の良し悪しは，どのような製品評価の枠組みをもつかに依存しており，その製品評価の枠組みは，組織レベルの製品開発と市場レベルの対話の両方を通じて形成されるものである。つまり，価値創造と価値獲得は，製品の価値を評価する製品評価の枠組みを自社に有利なように形成しようとする競争行為として一貫して理解できるのである（Miller & Floricel, 2007）。このような見方は，価値創造と価値獲得の両方を高いレベルで達成するためにはどうすれば良いか，という問いを探求するための重要な手がかりとなるだろう。

　第3のインプリケーションは，製品開発・イノベーション研究とマーケティング研究の橋渡しに関するものである。楠木・阿久津（2006）は，従来のイノベーション論とマーケティング論の間にはある種の断絶があったと指摘

かないのか」という問いが掲げられているが，このような問いは対称性を欠いていると考えられる。

している。多くのイノベーション論が，技術にはある特定の価値があることを前提に，いかにしてそれを向上するかという課題に取り組んできた一方で，マーケティング論は，技術の価値は市場参加者の相互作用から生まれると考え，そのプロセスについての洞察を深めてきた。また，イノベーション論はどちらかといえば組織のマネジメントに注目する一方で，マーケティング論は市場参加者の相互作用という組織の外部の事象に注目してきた。このように，イノベーション論とマーケティング論は異なるカテゴリの研究領域だとみなされてきたというのである。

　本書が示したように，技術の社会的形成アプローチは，この断絶を乗り越える可能性を有している。技術の社会的形成の研究領域では，ある技術が社会的に受容されている理由をその技術に本質的に備わっている価値に求めるのではなく，その技術が価値あるものとして社会的に認められるようになったプロセスに注目する。すなわち，技術の社会的形成アプローチは，楠木・阿久津（2006）がいうところのイノベーション論とマーケティング論の両方をカバーする分析枠組みなのである。本書が示したように，技術の社会的形成アプローチを分析枠組みとして用いることで，製品開発・イノベーション論とマーケティング論の領域横断的な研究が今後も期待できると考えられる。

4. 実践的インプリケーション

　本書は，実践的には次のようなことを示唆する。第1に，本書は，新たな市場を形成して競争を有利に進めるための方法を示唆する。新たな市場を形成して競争を有利に進めるためには，将来の消費者ニーズを予測して新たな価値を提供すれば良い，というのは素朴な見方にすぎる。Ora2 ステインクリアは着色汚れの除去というニーズを見いだし，着色汚れの除去という新たな製品評価の枠組みを確立した，ヘルシア緑茶は健康の維持・増進という新しい価値を見いだし，健康茶飲料のパイオニアとなった，本炭釜や土鍋 IH 炊飯ジャーは，ご飯のおいしさにこだわるというニーズを見いだし，高級炊飯器市場を形成するきっかけをつくった。このような説明は，結果だけをみれば正しいかもしれない。しかし，本書の事例では，その背後において，市

第 8 章
結論とインプリケーション

場参加者の対話，構造的要因，および物的存在が，複雑なネットワークを形成していることが示された。素朴な見方は，この複雑性を捨象している点で問題をはらんでいる[6]。

　新たな市場・製品評価の枠組みの形成を意図的にコントロールしたいのであれば，市場参加者の対話，物的存在，および構造的要因からなるネットワークを把握したうえでの慎重なマネジメントが必要となる。市場創造型製品を開発するためには，消費者のニーズを予測してそれに合わせた製品をつくるというよりも，ニーズそのものが形成されるよう，主体的に市場レベルの対話に参加する必要がある。本書の事例でいえば，サンスターが赤ワインやカフェのブームを利用してステインという言葉の普及を図ったこと，花王がカテキンの濃度に関する特許を取得するとともにトクホ制度を利用して他社の模倣を制約したこと，三菱電機やタイガー魔法瓶が製品に価格に応じた工夫を施すとともに試食会を開催してご飯のおいしさを消費者に伝えようとしたことが，その例である。特に，これらの事例では構造的要因が新たな製品評価の枠組みを正当化するために，巧妙に利用されていることにも注目すべきである。また，理論的インプリケーションにおいても指摘したように，この対話においては物的存在にもストーリーの発信者としての役割を担わせることが重要な施策となりうる。

　細分化市場はあくまでも市場参加者の対話によって共有された知識にすぎない。したがって，市場参加者が対話するままに任せておけば，その知識がどのように共有・安定化されるかはまったく予想できないということになってしまう。しかし，本書の事例研究で示したように，新たな市場・製品評価の枠組みの形成に介入する手段は様々なものがありうる。そして，その手段は主体としての対話への参加，構造的要因を利用した正当化，および物的存在によるストーリーの発信の 3 点に集約することができる。これらを駆使す

---

[6] もちろん，複雑な要素を捨象したシンプルな理論が，実践の役に立たないわけではない。安定した環境における競争など，シンプルな理論が有効である局面はありうる。しかし，市場創造型製品の開発は，その環境に変化をもたらすことで自らに有利な環境を構築しようという戦略であり，そのような局面ではシンプルな理論はあまり役に立たない可能性が高い。このような局面では，むしろ，様々な要素の複雑な関係を総合的に勘案し，戦略をダイナミックに展開するための，思考のきっかけとなる理論が必要だといえるだろう（栗木, 2012）。

ることで，組織は自らに有利なように新たな市場の形成に介入することができるのではないだろうか。

　第2に，本書は市場創造型製品の開発を企図した組織マネジメントについても示唆を与える。本書の事例研究では，新たな市場を形成するような製品が，組織内でどのように開発されたのか，そのプロセスを明らかにした。そこでは，既存の製品評価の枠組みとは矛盾する物的存在や構造的要因が持ち込まれたことをきっかけに，新たな製品評価の枠組みが構想されること，既存の製品評価の枠組みをもった反対者が現れる場合があること，そして，推進者は物的存在，構造的要因，第三者の支持を利用したり，既存の製品評価の枠組みと妥協することによって，反対者を説得することが示された。

　以上の発見事項で興味深いのは，既存の製品評価の枠組みと，構造的要因や物的存在との間に矛盾が見いだされるプロセスである。これまでの市場適応アプローチによる製品開発論では，このような矛盾は「問題」であり，製品開発を進めるためにはその解決が必要になるとされてきた（Clark & Fujimoto, 1991）。そのため，適応すべき市場が参照され，顧客ニーズが基準となって問題解決の方法が選択されるというのが，市場適応アプローチの一般的な見方である（Fujimoto et al., 1996; Iansiti, 1998）。しかし，本書の事例では，この矛盾は解決すべき問題というよりは，開発に関与した人々が新たな製品評価の枠組みを見いだすきっかけという組織にとってポジティブな役割を果たしていた。

　このように，既存の製品評価の枠組みと構造的要因や物的存在の間の矛盾を見いだし，そこから新たな製品評価の枠組みを構想するためには，2つの条件を満たさなければならない。ひとつは，矛盾を見いだすこと，もうひとつは，見いだした矛盾を安易に解消せず（既存の製品評価の枠組みを採用せず），新たな製品評価の枠組みを構想し，対話を行うこと，である。

　では，どうすれば既存の製品評価の枠組みと構造的要因や物的存在の間の矛盾を見いだすことができるのだろうか。そのヒントとなるのが，Stark (2009) による，組織の多様性を高め，組織内に不協和を保持すれば，新たな価値を発見しやすくなる，という指摘である。本書の事例においても，組織構造を変えること（サンスターによるブランド・マネジメント制の導入や

タイガー魔法瓶によるソリューション・グループの新設），新たな業界に参入すること（花王の飲料業界への参入），あるいは社外の知識を導入すること（三菱電機のホスピタリティ研修）が，組織の多様性を高め，既存の製品評価の枠組みと構造的要因や物的存在の間の矛盾を見いだすきっかけになっていたといえるだろう。このように，組織の多様性を高めることが，新たな製品評価の枠組みを見いだす可能性を高めると考えられる。

　一方，新たな製品評価の枠組みを構想し，組織内で対話を行うにはどうすれば良いのだろうか。本書の事例が示唆するのは，安易に既存の製品評価の枠組みを採用せず，新旧2つの製品評価の枠組みを共存させることが不可欠だということだ。

　新旧2つの製品評価の枠組みが共存するとき，製品はその価値について「多義性（equivocality）」の高い状態にあるといえる（藤本，2000）。一般的には，人はこのような多義性の高い，曖昧（ambiguous）な状態を避ける傾向にあることが知られている（Budner, 1962; Furnham & Ribchester, 1995; Norton, 1975）。製品開発においても，開発初期に曖昧さを排除しておくことが，開発パフォーマンスを高めるといわれている（Frishammar, Floren, & Wincent, 2011; Khurana & Rosenthal, 1997; Kim & Wilemon, 2002; Zhang & Doll, 2001）。しかし，本書の事例は，多義性の高い状態で推進者と反対者が対話し，その対話を新たな製品評価の枠組みを採用するよう収結させるプロセスが，市場創造型製品の開発には不可欠であることを示唆している。白か黒かをはっきりさせなければ気がすまないような，曖昧さへの耐性（ambiguity tolerance）の低い組織は，この対話における多義性の高さに耐え切れず，安易に既存の製品評価の枠組みを採用してしまうだろう。換言すれば，新たな市場・製品評価の枠組みを形成するためには，製品の価値について曖昧な状態に耐え，新たな製品評価の枠組みを採用するよう粘り強く対話を続ける——場合によっては反対者を説得する——必要があるといえるだろう（Lester & Piore, 2004）。

　第3に，本書は製品市場の境界をめぐる競争についても実践的なインプリケーションを提示する。本書の関心は，コモディティ化への対抗手段としての新たな市場の形成（Christensen & Raynor, 2003; Kim & Mauborgne, 2005;

Kotler & Bes, 2003; 楠木・阿久津, 2006) にあったため, 本書の議論は, 新たな市場を創造する戦略を是とすることを前提に展開されてきた。

しかし, 本書は, 新たな市場・製品評価の枠組みが形成された後で, その製品評価の枠組みにそってより高いパフォーマンスを示すよう製品を改良するという戦略を否定するものではない。着色汚れ除去ハミガキの事例では, サンスターがコーヒーや紅茶による着色汚れの付着という知識を広めたために, 花王やライオンは消費者が獲得したその知識を利用することができた。健康茶飲料の事例では, サントリーや伊藤園は350mLの角型PETボトルを採用することでヘルシア緑茶と並んだ売り場を確保し, 健康に良い茶系飲料であるというコンセプトを消費者に伝えることに成功している。高級炊飯器の事例でも, 象印マホービンやシャープは, 高級炊飯器市場が活性化しているのをみて, 新たな技術をもってその市場に参入していた。このように, 競争において足場を新たにつくるべきか, あるいは既にある足場を利用すべきか, ということは重要な戦略的判断となりうる。どちらの戦略が有効かを左右する条件などは今後の研究課題だが, さしあたり, その業界で事業を営んでいた企業の方が, 既存の製品評価の枠組みに束縛されやすいため, より注意深いマネジメントが必要であることを指摘できるだろう (Christensen & Raynor, 2003)。

5. 本書の限界と今後の展望

本書の限界

一方, 本書にはいくつかの課題が残されている。第1の課題は, 新たな市場の形成における産業の違いについての検討である。本書の事例研究は, 飲料, ハミガキ, および家電業界を対象とした。これらの事例で取り上げた産業は, 成熟しており, それほど先端的な技術が用いられているわけではない, という特徴を共有している。であれば, 新興業界では, あるいはハイテク業界では, 新たな市場の形成プロセスはどのようなものになるのだろうか。飲料, ハミガキ, あるいは家電業界とは何か違いがあるのだろうか。これらの

疑問は，今後の研究課題である。

　特に，物的存在の影響について考察を深めるためには，様々な産業を取り上げることが肝要である。本書の理論的インプリケーションにおいては，組織内外の対話において物的存在が重要な役割を担うことを指摘した。本書で取り上げた事例では，ハミガキや飲料，あるいは電気炊飯器を扱っており，これらが「物的」なものであること，その素材や設計について考察することに，疑問を挟む余地はあまりない。しかし，今後の研究において，例えばPC用アプリケーション・ソフトウェア，ゲームソフト，あるいはアニメーションの業界を取り上げると，物的なものとは何か，という理論的パズルに直面することになる（Kallinikos, Leonardi, & Nardi, 2012）。技術の社会的形成アプローチという分析枠組みの応用可能性を広げるためにも，このような業界の分析に挑戦することには大きな意義があるだろう。

　もうひとつの課題は，新たな市場の形成と戦略的な優位性の構築に関する考察である。本書は，新たな市場を形成した製品を取り上げ，それらの製品が成功し，競合企業の製品がそれを追跡する，という構図を取り上げた。しかし，新たな市場を形成することのみが，競争優位を導くわけではない。既存の市場への参入によっても，競争優位を築くことは可能である（Schnaars, 1994; Tellis & Golder, 2002; 山田・遠藤, 1996）。製品市場をめぐる競争においては，先発が有利になるケース，後発が有利になるケースの両方がありうる。それぞれを支えるメカニズムについての探求は，今後の課題のひとつであろう。

今後の展望

　このように，本書はいくつかの課題を抱えている。この課題への対応が，今後の研究の展望のひとつである。すなわち，特性の異なる産業における新たな市場形成の事例を取り上げるなど，製品開発と市場のダイナミクスについてさらに探求を進める必要がある。本書のような事例研究という研究方法は，サンプルを分析することによって母集団を推定するわけではなく，サンプルの数は必ずしも重要ではないが，状況の違う事例を取り上げ，追試を行うことは理論の確からしさを高める重要な取り組みである（Yin, 1994）。新

たな市場の形成という局面は，組織内の製品開発だけでなく，市場での対話も関連した複雑なものである。この局面を探求することにより，様々な経営学上の示唆が期待できる。

　もうひとつの展望は「製品の意味的価値の創造」という問題についての検討である。本書で最初に述べたように，近年，同じ製品評価の枠組みにもとづいた競争が繰り広げられ，コモディティ化が起こることが問題視されている。本書は，この問題に対する解のひとつとして新たな市場・製品評価の枠組みの形成を取り上げ，その具体的な事例を検討した。一方，コモディティ化を回避するためには，模倣しやすい機能による価値ではなく，情緒的，経験的，あるいは意味的な価値――ここでは簡単に意味的価値と呼ぶ――の形成が有効であるということも指摘されている（Utterback, 2006; 陰山, 2012; 延岡, 2011; 長沢, 2005）。意味的価値は，顧客が商品に対して主観的に意味づけすることによって生まれる価値である（延岡, 2011）。だからこそ，意味的価値を把握するのは難しく，それをめぐっての激しい競争も起こりにくい（楠木, 2010）。

　しかし，どうすれば意味的価値を創造できるのか，という疑問についてはまだ検討の余地がある。意味的価値の大きさは，製品の材料，設計，発揮する機能だけではなく，顧客側の使用状況によって決められる（延岡, 2011）。つまり，意味的価値は，製品に本来備わっているものというよりは，顧客とメーカー，製品の対話から共創されるものなのだ（Praharad & Ramasway, 2004; Ramírez, 1999; 石井, 2010）。したがって，意味的価値を創造するための活動は，組織内の製品開発で完結するのではなく，市場での対話にまで広がりうる。

　このような，意味的価値の創造にかかる市場レベルの対話と組織レベルの製品開発の相互作用は，本書で扱った市場創造型製品の開発と類似するところが多い。市場創造型製品の開発では，新たな製品評価の枠組みを提示する製品の開発と，市場参加者の対話による製品評価の枠組みの共有という2つの局面が関連しあっていた。意味的価値の創造も同様に，組織内の製品開発と市場での対話による価値の共創が，相互に関連しあうことになる。両者に類似性があるのであれば，本書で分析枠組みとして採用した技術の社会的形

成アプローチは，製品の意味的価値の創造という問題を探求するのにも有効なのではないだろうか。意味的価値の創造を技術の社会的形成アプローチにより探求するという研究課題は，今後取り組むべき魅力的な課題であるといえよう。

　もうひとつの展望は，市場創造型製品の開発を効果的に行うためのマネジメント要因の探求である。実践的には，いかにして新たな市場を形成するような製品を開発し，競争上の優位に立つか，が重要な課題となる。本書ではこの課題に対して，市場レベルと組織レベルのそれぞれの示唆を提示した。すなわち，市場レベルでは主体としての対話への参加，構造的要因を利用した正当化，および物的存在によるストーリーの発信が有効であり，組織レベルでは既存の製品評価の枠組みと構造的要因や物的存在の間の矛盾を見いだし，そこから新たな製品評価の枠組みを構想することが，有効であると考えられる。しかし，これらの方法をとることで，市場創造型製品の開発を成功に導く可能性が高まるのかどうかは，検討の余地がある。このようなマネジメント要因の有効性を，例えば大規模なサーベイ・リサーチによって確認することも，今後の重要な課題であろう。

インタビューリスト

　本稿の事例研究にあたってインタビューさせていただいた方と，インタビューの日付は以下のとおりである。なお，守秘のため一部の方の会社名，お名前などは，匿名とさせていただいた。役職等はインタビュー当時のものである。お忙しいところお時間をいただいたことに感謝申し上げる。ありうべき誤謬は筆者の責任に帰する。

第4章　着色汚れ除去ハミガキ市場の形成

サンスター株式会社
　　Ora2 ブランドマネジャー　　　　　　瀧　行雄 氏　　2007年12月27日
　　品質保証推進部　　　　　　　　　　　谷井 小百合 氏　2008年11月11日
　　研究開発部　　　　　　　　　　　　　藤澤 考一 氏　　2007年11月14日
　　研究開発部　　　　　　　　　　　　　高世 尚子 氏　　2007年11月29日
　　マーケティング部　　　　　　　　　　村上 悟郎 氏　　2007年11月21日
サンスター・マーケティング株式会社
　　　　　　　　　　　　　　　　　　　　土田 成人 氏　　2007年12月14日
　　　　　　　　　　　　　　　　　　　　　　　　　　　　2008年9月12日
株式会社マッキャン・エリクソン
　　パーチェスマネージメント部　　　　　春山　稔 氏　　2008年6月24日
大手流通業
　　バイヤー　　　　　　　　　　　　　　C 氏　　　　　　2008年8月6日

第5章　健康茶飲料市場の形成

花王株式会社
　　ヘルスケア第1研究所　　　　　　　　A 氏　　　　　　2006年5月18日
　　ヘルスケア事業本部　　　　　　　　　B 氏　　　　　　2006年5月30日
株式会社伊藤園
　　商品企画本部　　　　　　　　　　　　高橋 修一 氏　　2008年9月19日
　　商品企画本部　　　　　　　　　　　　志田 光正 氏　　2008年9月19日
　　特販一部　　　　　　　　　　　　　　田中 達也 氏　　2008年9月19日
株式会社セブン-イレブン・ジャパン
　　商品本部　　　　　　　　　　　　　　高橋 功一 氏　　2008年11月3日

株式会社セブン＆アイ・ホールディングス
 広報センター   宮地 信幸 氏 2008年11月3日

第6章 高級炊飯器市場の形成

三菱電機ホーム機器株式会社
 家電製品技術部長   長田 正史 氏 2011年11月16日
 営業部企画課マーケティンググループグループリーダー
            宮崎 睦子 氏 2011年11月16日
 営業部次長兼企画課課長   樋口 裕晃 氏 2011年11月16日
 営業部クリーナー営業課担当課長 赤石 都良 氏 2011年11月16日

三菱電機株式会社
 デザイン研究所主管技師長   中町 剛 氏   2012年1月11日
 リビング・デジタルメディア事業本部リビング・デジタルメディア技術部長
            小西 広繁 氏 2012年1月30日
 リビング・デジタルメディア技術部開発企画G専任
            中村 輝男 氏 2012年1月30日

タイガー魔法瓶株式会社
 ソリューショングループ商品企画チーム
            金丸 等 氏   2012年11月1日
 ソリューショングループSPチーム 加藤 晋也 氏 2012年11月1日
 ソリューショングループSPチーム 伴 小誉美 氏 2012年11月1日

象印マホービン株式会社
 第一事業部マネージャー   宇都宮 定 氏 2012年3月1日
 第一事業部マネージャー   後藤 譲 氏   2012年3月1日
 第一事業部サブマネージャー   野間 雄太 氏 2012年3月1日
 広報グループ   市川 なな緒 氏 2012年3月1日

シャープ株式会社
 健康・環境システム事業本部 調理システム事業部
 新規事業推進プロジェクトチーム チーフ
            田村 友樹 氏 2012年12月10日
 健康・環境システム事業本部 調理システム事業部
 新規事業推進プロジェクトチーム 係長
            宮本 洋一 氏 2012年12月10日

                   以上

参考文献

Abell, D. F. (1980). *Defining the business: The starting point of strategic planning*. Englewood Cliffs, NJ: Prentice-Hall (石井淳蔵訳『新訳 事業の定義―戦略計画策定の出発点』碩学舎, 2012 年).

Abernathy, W. J. (1978). *Productivity dilemma: Roadblock to innovation in the automobile industry*. Baltimore: Johns Hopkins University Press.

Abernathy, W. J. & Clark, K. B. (1985). Innovation: Mapping the winds of creative destruction. *Research Policy, 14*(1), 3-22.

Abernathy, W. J. & Utterback, J. M. (1978). Patterns of industrial innovation. *Technology Review, 80*(7), 40-47.

Ansoff, I. H. (1957). Strategies for diversification. *Harvard Business Review, 35*(5), 113-124.

青島矢一 (1997)「新製品開発研究の視点」『ビジネスレビュー』 *45*(1), 161-179.

荒川正嘉・石崎 勉・村上幸孝・渥美公則・安室 操・上田浩太郎・杉山眞次・尾崎哲則・吉田 茂 (1999)「ハイドロキシアパタイトによるエナメル質表面の修復に関する研究」『口腔衛生学雑誌』*49*, 408-409.

Bijker, W. E. (1993). Do not despair: There is life after constructivism. *Science, Technology & Human Values, 18*(1), 113-138.

Bijker, W. E. (1995). *Of bicycles, Bakelites, and bulbs: Toward a theory of sociotechnical change*. Cambridge, MA: MIT Press.

Bijker, W. E. & Law, J. (Eds.) (1992). *Shaping technology/Building society*. Cambridge, MA: MIT Press.

Blackwell, R. D., Miniard, P. W., & Engel, J. F. (2006). *Consumer behavior* (10th ed.). Thomson/South Western.

Bloor, D. (1976). *Knowledge and social imagery*. London: Routledge & Kegan Paul.

Braverman, H. (1974). *Labor and monopoly capital: The degradation of work in the twentieth century*. New York: Monthly Review Press.

Brown, S. L. & Eisenhardt, K. M. (1995). Product dvelopment: Past research, present findings, and future directions. *Academy of Management Review, 20*(2), 343-378.

Budner, S. (1962). Intolerance of ambiguity as a personality variable. *Journal of Personality, 30*(1), 29-50.

Burgelman, R. A. (1983). A process model of internal corporate venturing in the diversified major firm. *Administrative Science Quarterly, 28*(2), 223-244.

Burr, V. (1995). *An introduction to social constructionism*. London: Routledge (田中一彦訳『社会的構築主義への招待―言説分析とは何か』川島書店, 1997 年).

Burrell, G. & Morgan, G. (1979). *Sociological paradigms and organisational analysis: Elements of the sociology of corporate life*. London: Heinemann.

Callon, M. (1986). The sociology of an actor-network: The case of the electric vehicle. In M. Callon & J. Law (Eds.), *Mapping the dynamics of science and technology: Sociology of science in the real world* (pp. 19–34). Basingstoke: Macmillan.

Callon, M. (1987). Society in the making: The study of technology as a tool for sociological analysis. In W. E. Bijker, T. P. Hughes, & T. J. Pinch (Eds.), *The social construction of technological systems* (pp. 83–103). Cambridge, MA: MIT Press.

Carpenter, G. S. & Nakamoto, K. (1989). Consumer preference formation and pioneering advantage. *Journal of Marketing Research, 26*(3), 285–298.

Christensen, C. M. (1997). *The innovator's dilemma*. Boston, MA: Harvard Business School Press (玉田俊平太監修, 伊豆原弓訳『イノベーションのジレンマ―技術革新が巨大企業を滅ぼすとき [増補改訂版]』翔泳社, 2001年).

Christensen, C. M. & Raynor, M. E. (2003). *The innovator's solution: Creating and sustaining successful growth*. Boston, MA: Harvard Business School Press (玉田俊平太監修, 櫻井祐子訳『イノベーションへの解―利益ある成長に向けて』翔泳社, 2003年).

Clark, K. B. & Fujimoto, T. (1991). *Product development performance: Strategy, organization and management in the world auto industry*. Boston, MA: Harvard Business School Press (田村明比古訳『製品開発力―日米欧自動車メーカー20社の詳細調査』ダイヤモンド社, 1993年).

Cohen, J. B. & Basu, K. (1987). Alternative models of categorization: Toward a contingent processing framework. *Journal of Consumer Research, 13*(4), 455–472.

Collins, H. M. & Yearley, S. (1992). Epistemological chicken. In A. Pickering (Ed.), *Science as practice and culture* (pp. 301–326). Chicago: University of Chicago Press.

Cooper, R. G. (1979). The dimensions of industrial new product success and failure. *Journal of Marketing, 43*(3), 93–103.

Cooper, R. G. (1988). Predevelopment activities determine new product success. *Industrial Marketing Management, 17*(3), 237–247.

Cooper, R. G. (2011). *Winning at new products: Creating value through innovation* (4th ed.). Philadelphia: Basic Books (浪江一公訳『ステージゲート法―製造業のためのイノベーション・マネジメント』英治出版, 2012年).

Cooper, R. G. & Kleinschmidt, E. J. (1986). An investigation into the new product process: Steps, deficiencies, and impact. *Journal of Product Innovation Management, 3*(2), 71–85.

Cooper, R. G. & Kleinschmidt, E. J. (1993). Major new products: What distinguishes the winners in the chemical industry? *Journal of Product Innovation Management, 10*(2), 90–111.

Crawford, C. (1984). Protocol: New tool for product innovation. *Journal of Product Innovation Management, 1*(2), 85–91.

Danneels, E. (2004). Disruptive technology reconsidered: A critique and research agenda. *Journal of Product Innovation Management, 21*(4), 246-258.

Day, G. S. (1999). Misconceptions about market orientation. *Journal of Market Focused Management, 4*(1), 5-16.

Day, G. S., Shocker, A. D., & Srivastava, R. K. (1979). Customer-oriented approaches to identifying product-markets. *Journal of Marketing, 43*(4), 8-19.

Dickson, P. R. (1992). Toward a general theory of competitive rationality. *Journal of Marketing, 56*(1), 69-83.

Dosi, G. (1982). Technological paradigms and technological trajectories. *Research Policy, 11*(3), 147-162.

Ernst, H. (2002). Success factors of new product development: A review of the empirical literature. *International Journal of Management Reviews, 4*(1), 1-40.

Ettlie, J. E., Bridges, W. P., & O'Keefe, R. D. (1984). Organization strategy and structural differences for radical versus incremental innovation. *Management Science, 30*(6), 682-695.

Evanschitzky, H., Eisend, M., Calantone, R. J., & Jiang, Y. (2012). Success factors of product innovation: An updated meta-analysis. *Journal of Product Innovation Management, 29*(S1), 21-37.

Fishbein, M. (1963). An investigation of the relationship between beliefs about an object and the attitude toward that object. *Human Relations, 16*(3), 233-240.

Frishammar, J., Floren, H., & Wincent, J. (2011). Beyond managing uncertainty: Insights from studying equivocality in the fuzzy front end of product and process innovation projects. *IEEE Transactions on Engineering Management, 58*(3), 551-563.

藤本隆宏 (2000)「製品開発の基本構造とコンティンジェンシー仮説」藤本隆宏・安本雅典編『成功する製品開発—産業間比較の視点』有斐閣, 235-256 頁, 所収.

Fujimoto, T., Iansiti, M., & Clark, K. B. (1996). External integration in product development. In T. Nishiguch (Ed.), *Managing product development* (pp. 121-161). Oxford: Oxford Univesity Press.

深田博己編 (2002)『説得心理学ハンドブック—説得コミュニケーション研究の最前線』北大路書房.

Furnham, A. & Ribchester, T. (1995). Tolerance of ambiguity: A review of the concept, its measurement and applications. *Current Psychology, 14*(3), 179-199.

Garcia, R. & Calantone, R. (2002). A critical look at technological innovation typology and innovativeness terminology: A literature review. *Journal of Product Innovation Management, 19*(2), 110-132.

Gergen, K. J. (1999). *An invitation to social construction.* London: Sage (東村知子訳『あなたへの社会構成主義』ナカニシヤ出版, 2004 年).

Giddens, A. (1984). *The constitution of society: Outline of the theory of structuration.* Cambridge, UK: Polity Press.

Golder, P. N. & Tellis, G. J. (1993). Pioneer advantage: Marketing logic or marketing legend? *Journal of Marketing Research, 30*(2), 158-170.

Govindarajan, V. & Kopalle, P. K. (2006). Disruptiveness of innovations: Measurement and an assessment of reliability and validity. *Strategic Management Journal, 27*(2), 189-199.

Griffin, A. (1997). PDMA research on new product development practices: Updating trends and benchmarking best practices. *Journal of Product Innovation Management, 14*(6), 429-458.

Hara, T. (2003). *Innovation in the pharmaceutical industry: The process of drug discovery and development.* Cheltenham: Edward Elgar.

原 拓志 (2003)「医薬品イノベーションの類型」『国民経済雑誌』*187*(2), 85-103.

原 拓志 (2004)「イノベーションと「説得」—医薬品の研究開発プロセス」『ビジネス・インサイト』*12*(1), 20-33.

原 拓志 (2007)「研究アプローチとしての「技術の社会的形成」」『年報 科学・技術・社会』*16*, 37-57.

原 拓志 (2008)「安全の社会的形成に関する予備的考察」『国民経済雑誌』*197*(4), 5-44.

Hara, T., Kambayashi, N., & Matsushima, N. (Eds.) (2008). *Industrial innovation in Japan.* Abingdon, Oxon: Routledge.

Hase, T., Komine, Y., Meguro, S., Takeda, Y., Takahashi, H., Matui, Y., Inaoka, S., Katsuragi, Y., Tokimitsu, I., Shimasaki, H., & Itakura, H. (2001). Anti-obesity effects of tea catechins in humans. *Journal of Oleo Science, 50*(7), 599-605.

Heasman, M. & Mellentin, J. (2001). *The functional foods revolution: Healthy people, healthy profits?* London: Earthscan (斎藤衛郎・飯塚和恵訳『機能性食品革命—高成長企業, ビジネス成功の鍵』講談社, 2002 年).

Henderson, R. M. & Clark, K. B. (1990). Architectural innovation: The recongfiguration of exisitng product technologies and the failure of established firms. *Administrative Science Quarterly, 35*(1), 9-30.

平林千春・廣川州伸 (2004)『花王 強さの秘密』実業之日本社.

Howell, J. M. & Higgins, C. A. (1990). Champions of technological innovation. *Administrative Science Quarterly, 35*(2), 317-341.

Hughes, T. P. (1983). *Networks of power: Electrification in Western society, 1880-1930.* Baltimore: Johns Hopkins University Press.

Hughes, T. P. (1987). The evolution of large technological systems. In W. E. Bijker, T. P. Hughes, & T. J. Pinch (Eds.), *The social construction of technological systems* (pp. 51-82). Cambridge, MA: MIT Press.

Iansiti, M. (1998). *Technology integration: Making critical choices in a dynamic world.* Boston, MA: Harvard Business School Press.

飯塚喜一・丹羽源男・日本歯磨工業会編 (1994)『歯磨剤を科学する—保健剤としての機能と効能』学建書院.

石原武政 (1982)『マーケティング競争の構造』千倉書房.
石井淳蔵 (1993)『マーケティングの神話』日本経済新聞社.
石井淳蔵 (1999)『ブランド：価値の創造』岩波書店.
石井淳蔵 (2003a)「競争の場を作り出す競争」『国民経済雑誌』 *188*(4), 1-16.
石井淳蔵 (2003b)「戦略の審級」『組織科学』*37*(2), 17-25.
石井淳蔵 (2010)「市場で創発する価値のマネジメント」『一橋ビジネスレビュー』 *57*(4), 20-32.
石井淳蔵 (2012)『マーケティング思考の可能性』岩波書店.
石井淳蔵・石原武政編 (1996)『マーケティング・ダイナミズム―生産と欲望の相克』白桃書房.
石井淳蔵・石原武政編 (1998)『マーケティング・インタフェイス―開発と営業の管理』白桃書房.
石井淳蔵・石原武政編 (1999)『マーケティング・ダイアログ―意味の場としての市場』白桃書房.
陰山孔貴 (2012)『製品の意味次元の価値の研究』神戸大学大学院経営学研究科博士論文.
Kallinikos, J., Leonardi, P. M., & Nardi, B. A. (2012). The challenge of materiality: Origins, scope, and prospects. In P. M. Leonardi, B. A. Nardi, & J. Kallinikos (Eds.), *Materiality and organizing: Social interaction in a technological world* (pp. 3-34). Oxford: Oxford Univesity Press.
片岡義晴 (2008)「日本における緑茶飲料の生産概況」『法政大学文学部紀要』*58*, 45-52.
加藤俊彦 (1997)「方法論的視座からみた技術革新研究の展開と課題」『ビジネスレビュー』 *45*(1), 188-194.
加藤俊彦 (2011)『技術システムの構造と革新―方法論的視座に基づく経営学の探究』白桃書房.
川上智子 (2005)『顧客志向の新製品開発―マーケティングと技術のインタフェイス』有斐閣.
Khurana, A. & Rosenthal, S. R. (1997). Integrating the fuzzy front end of new product development. *Sloan Management Review, 38*, 103-120.
Khurana, A. & Rosenthal, S. R. (1998). Towards holistic "front ends" in new product development. *Journal of Product Innovation Management, 15*, 57-74.
Kim, J. & Wilemon, D. (2002). Focusing the fuzzy front-end in new product development. *R & D Management, 32*(4), 269-279.
Kim, W. C. & Mauborgne, R. (2005). *Blue ocean strategy: How to create uncontested market space and make the competition irrelevant*. Boston, MA: Harvard Business School Press (有賀裕子訳『ブルー・オーシャン戦略―競争のない世界を創造する』ランダムハウス講談社，2005 年).
Klein, H. K. & Kleinman, D. L. (2002). The social construction of technology: Structural considerations. *Science, Technology, & Human Values, 27*(1), 28-52.

Kleinschmidt, E. J. & Cooper, R. G. (1991). The impact of product innovativeness on performance. *Journal of Product Innovation Management, 8*(4), 240-251.

Kohli, A. K. & Jaworski, B. J. (1990). Market orientation: The construct, research propositions, and managerial implications. *Journal of Marketing, 54*(2), 1-18.

近能善範・高井文子 (2010)『コア・テキスト イノベーション・マネジメント』新世社.

Kotler, P. & Trias de Bes, F. (2003). *Lateral marketing: New techniques for finding breakthrough ideas.* Hoboken, NJ: John Wiley & Sons (恩藏直人・大川修二訳『コトラーのマーケティング思考法』東洋経済新報社, 2004年).

高 永才 (2006)「技術知識蓄積のジレンマ―温度補償型水晶発振器市場の製品開発過程における分析」『組織科学』*40*(2), 62-73.

高 承志・劉 海山・片山伊九右衛門・市村 葉・大竹洋子・片山 直 (1999)「薬用歯みがき剤アパガードMのヒト上顎生活歯の色彩に及ぼす影響について」『歯科の色彩』*6*(1), 60-63.

Krishnan, V. & Ulrich, K. T. (2001). Product development decisions: A review of the literature. *Management Science, 47*(1), 1-21.

Kuhn, T. S. (1962). *The structure of scientific revolutions.* Chicago: University of Chicago Press (中山茂訳『科学革命の構造』みすず書房, 1971年).

栗木 契 (2012)『マーケティング・コンセプトを問い直す:状況の思考による顧客志向』有斐閣.

楠木 建 (2005)「次元の見えない差別化―脱コモディティ化の戦略を考える」『一橋ビジネスレビュー』*53*(4), 6-24.

楠木 建 (2010)「イノベーションの「見え過ぎ化」―可視性の罠とその克服」『一橋ビジネスレビュー』*57*(4), 34-51.

楠木 建・阿久津 聡 (2006)「カテゴリー・イノベーション:脱コモディティ化の論理」『組織科学』*39*(3), 4-18.

楠木 建・チェスブロウ, H. W. (2001)「製品アーキテクチャのダイナミック・シフト―バーチャル組織の落とし穴」藤本隆宏・武石 彰・青島矢一編『ビジネス・アーキテクチャ―製品・組織・プロセスの戦略的設計』有斐閣, 263-285頁, 所収.

桑田耕太郎・松嶋 登・高橋勅徳編 (2015)『制度的企業家』ナカニシヤ出版.

桑嶋健一 (2002)「新製品開発研究の変遷」『赤門マネジメントレビュー』*1*(6), 463-495.

Lambkin, M. (1988). Order of entry and performance in new markets. *Strategic Management Journal, 9*(S1), 127-140.

Latour, B. (1987). *Science in action: How to follow scientists and engineers through society.* Cambridge, MA: Harvard University Press (川崎 勝・高田紀代志訳『科学が作られているとき―人類学的考察』産業図書, 1999年).

Latour, B. (1992). Where are the missing masses? The sociology of a few mundane artifacts. In W. E. Bijker & J. Law (Eds.), *Shaping technology/Building society* (pp. 225-258). Cambridge, MA: MIT Press.

Law, J. & Bijker, W. E. (1992). Postscript: Technology, stability, and social theory. In W. E. Bijker & J. Law (Eds.), *Shaping technology/Building society* (pp. 290-308). Cambridge, MA: MIT Press.

Leonard-Barton, D. (1992). Core capabilities and core rigidities: A paradox in managing new product development. *Strategic Management Journal, 13*(Special Issue), 111-125.

Leonardi, P. M. (2012). Materiality, sociomateriality, and socio-technical systems: What do these terms mean? How are they different? Do we need them? In P. M. Leonardi, B. A. Nardi, & J. Kallinikos (Eds.), *Materiality and organizing: Social interaction in a technological world* (pp. 25-48). Oxford: Oxford Univesity Press.

Lester, R. K. & Piore, M. J. (2004). *Innovation: The missing dimension.* Cambridge, MA: Harvard University Press.

Lieberman, M. B. & Montgomery, D. B. (1988). First-mover advantages. *Strategic Management Journal, 9*(S1), 41-58.

MacKenzie, D. A. & Wajcman, J. (1985). *The social shaping of technology: How the refrigerator got its hum.* Milton Keynes: Open University Press.

MacKenzie, D. A. & Wajcman, J. (1999). *The social shaping of technology* (2nd ed.). Buckingham: Open University Press.

Mander, G. (1982). The structure of value: Accounting for taste. In M. S. Clark & S. T. Fiske (Eds.), *Affect and cognition: The seventeenth annual Carnegie symposium* (pp. 3-36). Hillsdale, NJ: Lawrence Erlbaum Associates.

松本邦宏・有吉政春 (2006)「成長する健康食品市場への参入戦略」『知的資産創造』*14*(3), 40-51.

松嶋 登・水越康介 (2008)「制度的戦略のダイナミズム―オンライン証券業界における企業間競争と市場の創発」『組織科学』*42*(2), 4-18.

McCarthy, I. P., Tsinopoulos, C., Allen, P., & Rose-Anderssen, C. (2006). New product development as a complex adaptive system of decisions. *Journal of Product Innovation Management, 23*(5), 437-456.

McDermott, C. M. & O'Connor, G. C. (2002). Managing radical innovation: An overview of emergent strategy issue. *Journal of Product Innovation Management, 19*(6), 424-438.

メタボリックシンドローム診断基準検討委員会 (2005)「メタボリックシンドロームの定義と診断基準」『日本内科学会雑誌』*94*(4), 794-809.

Miller, R. & Floricel, S. (2007). Games of innovation: A new theoretical perspective. *International Journal of Innovation Management, 11*(1), 1-35.

Misa, T. J. (1992). Controversy and closure in technoogical change: Constructing "Steel." In W. E. Bijker & J. Law (Eds.), *Shaping technology/Building society* (pp. 109-139). Cambridge, MA: MIT Press.

宮尾 学 (2009)「製品カテゴリの社会的形成」『日本経営学会誌』*24*, 3-15.

宮尾 学 (2011)「製品カテゴリを再定義する製品開発―技術の社会的形成アプローチによる検討」『組織科学』*44*(3), 120-131.

宮尾 学 (2013a)「象印マホービン株式会社による圧力IH炊飯ジャー『極め炊き』の開発」『人間文化』33, 45-52.

宮尾 学 (2013b)『三菱電機株式会社「本炭釜NJ-WS10」の開発』神戸大学大学院経営学研究科ディスカッション・ペーパー, 2013・15.

宮尾 学 (2013c)『シャープ株式会社「ヘルシオ炊飯器」の開発』神戸大学大学院経営学研究科ディスカッション・ペーパー, 2013・17.

宮尾 学 (2013d)「技術の社会的形成」組織学会編『組織論レビューⅡ―外部環境と経営組織』白桃書房, 89-136頁, 所収.

Montoya-Weiss, M. M. & Calantone, R. (1994). Determinants of new product performance: A review and meta-analysis. *Journal of Product Innovation Management, 11*(5), 397–417.

Moreau, C. P., Markman, A. B., & Lehmann, D. R. (2001). "What is it?" Categorization flexibility and consumers' responses to really new products. *Journal of Consumer Research, 27*(4), 489–498.

Mowery, D. & Rosenberg, N. (1979). The influence of market demand upon innovation: A critical review of some recent empirical studies. *Research Policy, 8*(2), 102–153.

宗像正幸 (1989)『技術の理論:現代工業経営問題への技術論的接近』同文舘.

村澤博人 (2007)『顔の文化誌』講談社.

Murase, T., Nagasawa, A., Suzuki, J., Hase, T., & Tokimitsu, I. (2002). Beneficial effects of tea catechins on diet-induced obesity: Stimulation of lipid catabolism in the liver. *International Journal of Obesity, 26*(11), 1459-1464.

Myers, S. & Marquis, D. G. (1969). *Successful industrial innovations.* National Scinece Foundation.

Nagao, T., Meguro, S., Soga, S., Otsuka, A., Tomonobu, K., Fumoto, S., Chikama, A., Mori, K., Yazawa, M., Watanabe, H., Hase, T., Tokimitsu, I., Shimasaki, H., & Itakura, H. (2001). Tea catechins suppress accumulation of body fat in humans. *Journal of Oleo Science, 50*(9), 717-728.

長沢伸也 (2005)『ヒットを生む経験価値創造―感性を揺さぶるものづくり』日科技連出版社.

中川功一 (2006)「アーキテクチャと企業間分業構造―モジュラリティの罠をどう越えるか」『国際ビジネス研究学会年報』12, 93-107.

Narver, J. C., Slater, S. F., & MacLachlan, D. L. (2004). Responsive and proactive market orientation and new‐product success. *Journal of Product Innovation Management, 21*(5), 334–347.

Nelson, R. R. & Winter, S. G. (1977). In search of useful theory of innovation. *Research Policy, 6*(1), 36–76.

新倉貴士 (2005)『消費者の認知世界:ブランドマーケティング・パースペクティブ』千倉書房.

延岡健太郎 (2002)『製品開発の知識』日本経済新聞社.

延岡健太郎 (2006)『MOT［技術経営］入門』日本経済新聞出版社.

延岡健太郎 (2011)『価値づくり経営の論理―日本製造業の生きる道』日本経済新聞出版社.

Norton, R. W. (1975). Measurement of ambiguity tolerance. *Journal of Personality Assessment, 39*(6), 607-619.

野澤 歩・杉本昭夫・永田幸三・角田隆巳・堀口倫博 (2002)「茶カテキン配合飲料の血清コレステロール値低下作用」『健康・栄養食品研究』5(2), 1-9.

沼上 幹 (2000)『行為の経営学：経営学における意図せざる結果の探究』白桃書房.

沼上 幹・浅羽 茂・新宅純二郎・網倉久永 (1992)「対話としての競争―電卓産業における競争行動の再解釈」『組織科学』26(2), 64-79.

Olson, E. M., Walker, O. C., & Ruekert, R. W. (1995). Organizing for effective new product development: The moderating role of product innovativeness. *Journal of Marketing, 59*(1), 48-62.

恩蔵直人 (2007)『コモディティ化市場のマーケティング論理』有斐閣.

Orlikowski, W. J. (1992). The duality of technology: Rethinking the concept of technology in organizations. *Organization Science, 3*(3), 398-427.

Pinch, T. & Bijker, W. E. (1987). The social construction of facts and artifacts: Or how the sociology of science and the sociology of technology might benefit each other. In W. E. Bijker, T. P. Hughes, & T. Pinch (Eds.), *The social construction of technological systems* (pp. 17-50). Cambridge, MA: MIT Press.

Porac, J. F., Thomas, H., Wilson, F., Paton, D., & Kanfer, A. (1995). Rivalry and the industry model of scottish knitwear producers. *Administrative Science Quarterly, 40*(2), 203-227.

Porter, M. E. (1980). *Competitive strategy: Techniques for analyzing industries and competitors.* New York: Free Press (土岐 坤・服部照夫・中辻万治訳『競争の戦略［新訂版］』ダイヤモンド社, 1995 年).

Porter, M. E. (1985). *Competitive advantage: Creating and sustaining superior performance.* New York: Free Press (土岐 坤訳『競争優位の戦略―いかに高業績を持続させるか』ダイヤモンド社, 1985 年).

Praharad, C. K. & Ramasway, V. (2004). *The future of competition.* Boston, MA: Harvard Business School Press.

Ramírez, R. (1999). Value co-production: Intellectual origins and implications for practice and research. *Strategic Management Journal, 20*(1), 49-65.

Ratneshwar, S., Barsalou, L. W., Pechmann, C., & Moore, M. (2001). Goal-derived categories: The role of personal and situational goals in category representations. *Journal of Consumer Psychology, 10*(3), 147-157.

Ratneshwar, S., Pechmann, C., & Shocker, A. D. (1996). Goal-derived categories and the antecedents of across-category consideration. *Journal of Consumer Research, 23*(3), 240-250.

Rindova, V. P. & Petkova, A. P. (2007). When is a new thing a good thing? Technological change, product form design, and perceptions of value for product innovations. *Organization Science, 18*(2), 217–232.

Rosa, J. A., Judson, K. M., & Porac, J. F. (2005). On the sociocognitive dynamics between categories and product models in mature markets. *Journal of Business Research, 58*(1), 62–69.

Rosa, J. A. & Porac, J. F. (2002). Categorization bases and their influence on product category knowledge structures. *Psychology and Marketing, 19*(6), 503–532.

Rosa, J. A., Porac, J. F., Runser-Spanjol, J., & Saxon, M. S. (1999). Sociocognitive dynamics in a product market. *Journal of Marketing, 63* (Special issue), 64–77.

Rosa, J. A. & Spanjol, J. (2005). Micro-level product-market dynamics: Shared knowledge and its relationship to market development. *Journal of the Academy of Marketing Science, 33*(2), 197–216.

Rothwell, R., Freeman, C., Horlsey, A., Jervis, V. T. P., Robertson, A. B., & Townsend, J. (1974). SAPPHO updated - project SAPPHO phase II. *Research Policy, 3*(3), 258–291.

Russell, S. & Williams, R. (2002). Social shaping of technology: Frameworks, findings and implication for policy with glossary of social shaping concept. In K. H. Sørensen & R. Williams (Eds.), *Shaping technology, guiding policy: Concepts, spaces & tools* (pp. 37–132). Cheltenham: Edward Elgar.

Schnaars, S. P. (1994). *Managing imitation strategies: How later entrants seize markets from pioneers.* New York: Free Press (恩蔵直人・嶋村和恵・坂野友昭訳『創造的模倣戦略――先発ブランドを超えた後発者たち』有斐閣, 1996 年).

Schön, D. A. (1963). Champions for radical new inventions. *Harvard Business Review, 41*(2), 77–86.

Schumpeter, J. A. (1926). *Theorie der wirtschaftlichen Entwicklung, 2. Aufl.* Duncker & Humblot (塩野谷祐一・東畑精一・中山伊知郎訳『経済発展の理論――企業者利潤・資本・信用・利子および景気の回転に関する一研究』岩波書店, 1977 年).

「清涼飲料の 50 年」編纂委員会 (2005)『清涼飲料の 50 年』社団法人全国清涼飲料工業会.

千田有紀 (2001)「構築主義の系譜学」上野千鶴子編『構築主義とは何か』勁草書房, 1–41 頁, 所収.

Seo, M. G. & Creed, W. E. D. (2002). Institutional contradictions, praxis, and institutional change: A dialectical perspective. *Academy of Management Review, 27*(2), 222–247.

Simons, H. W. & Johns, J. G. (2011). *Persuasion in society* (2nd ed.). New York: Routledge.

Sivasubramaniam, N., Liebowitz, S. J., & Lackman, C. L. (2012). Determinants of new product development team performance: A meta-analytic review. *Journal of Product Innovation Management, 29*(5), 803–820.

Song, X. M. & Montoya-Weiss, M. M. (1998). Critical development activities for really new versus incremental products. *Journal of Product Innovation Management, 15*(2), 124–135.

Sørensen, K. H. & Williams, R. (2002). *Shaping technology, guiding policy: Concepts, spaces and tools.* Cheltenham: Edward Elgar.

Stark, D. (2009). *The sense of dissonance: Account of worth in economic life.* Princeton, NJ: Princeton University Press (中野 勉・中野真澄訳『多様性とイノベーション—価値体系のマネジメントと組織のネットワーク・ダイナミズム』日本経済新聞出版社, 2011 年).

Stookey, G. K., Burkhard, T. A., & Schemehorn, B. R. (1982). In vitro removal of stain with dentifrices. *Journal of Dental Research, 61*(11), 1236-1239.

Suchman, M. C. (1995). Managing legitimacy: Strategic and institutional approaches. *Academy of Management Review, 20*(3), 571-610.

Sujan, M. (1985). Consumer knowledge: Effects on evaluation strategies mediating consumer judgments. *Journal of Consumer Research, 12*(1), 31-46.

Sujan, M. & Dekleva, C. (1987). Product categorization and inference making: Some implications for comparative advertising. Journal of Consumer Research *14*(3), 372-378.

鈴木裕子・野澤 歩・永田幸三・提坂裕子・角田隆巳・梶本修身・梶本佳孝・中村 正・吉川敏一 (2007)「ガレート型カテキンの体脂肪低減効果」『第 61 回日本栄養・食糧学会大会講演要旨集』94.

Szymanski, D. M., Troy, L. C., & Bharadwaj, S. G. (1995). Order of entry and business performance: An empirical synthesis and reexamination. *Journal of Marketing, 59*(4), 17-33.

武石 彰・青島矢一・軽部 大 (2012)『イノベーションの理由—資源動員の創造的正当化』有斐閣.

Tellis, G. J. & Golder, P. N. (2002). *Will & vision: How latecomers grow to dominate markets.* New York: McGraw-Hill (伊豆村房一訳『意志とビジョン—マーケット・リーダーの条件』東洋経済新報社, 2002 年).

Theoharakis, V. & Wong, V. (2002). Marking high-technology market evolution through the foci of market stories: the case of local area networks. *Journal of Product Innovation Management, 19*(6), 400-411.

Tidd, J. & Bessant, J. (2009). *Managing innovation: Integrating technological, market and organizational change* (4th ed.). West Sussex: John Wiley & Sons.

土田 隆・板倉弘重・中村治雄 (2002)「カテキン類の長期摂取によるヒトの体脂肪低減作用」『PROGRESS IN MEDICINE』*22*(9), 2189-2203.

Tushman, M. L. & Anderson, P. (1986). Technological discontinuities and organizational environments. *Administrative Science Quarterly, 31*, 439-465.

上野千鶴子編 (2001)『構築主義とは何か』勁草書房.

浦野充洋・松嶋 登・金井壽宏 (2011)「「緊プロ」の社会的構成に接続された知識生産—社会構成主義再訪」『日本情報経営学会誌』*31*(3), 66-80.

Utterback, J. M. (2006). *Design-inspired innovation.* Singapore: World Scientific Publishing.

Williams, R. & Edge, D. (1996). The social shaping of technology. *Research Policy, 25*(6), 865-899.

Williams, R. & Russell, S. (1988). *Opening the black box and closing it behinde you: On microsociology in the social analysis of technology*, No. 3.

山田英夫・遠藤 真 (1996)『先発優位・後発優位の競争戦略——市場トップを勝ち取る条件』生産性出版.

山田真茂留 (2003)「構築主義的組織観の彼方に——社会学的組織研究の革新」『組織科学』*36*(3), 46-58.

Yin, R. K. (1994). *Case study research: Design and methods* (2nd ed.). Thousand Oaks, CA: SAGE (近藤公彦訳『ケース・スタディの方法［第2版］』千倉書房, 1996年).

吉田満梨 (2007)「製品市場の認知的ダイナミズム」『マーケティングジャーナル』*27*(2), 90-99.

吉田満梨 (2009)「健康緑茶」石井淳蔵・栗木 契・清水信年・西川英彦・水越康介・吉田満梨編『ビジネス三國志』プレジデント社, 107-152頁, 所収.

Zhang, Q. & Doll, W. J. (2001). The fuzzy front end and success of new product development: A causal model. *European Journal of Innovation Management, 4*(2), 95-112.

Ziamou, P. & Ratneshwar, S. (2014). Innovations in product functionality: When and why explicit comparisons effective? *Journal of Marketing, 67*(2), 49-61.

あとがき

　本書では，製品開発と市場創造のダイナミクスの理解を目的に，技術の社会的形成アプローチという分析枠組みを用いて3つの事例を探求した。コモディティ化という問題を抱える多くの日本の製造業者にとって，新たな市場を形成することでそれを回避するのは喫緊の課題である。不十分なところはあるものの，本書が示した様々な発見事項・インプリケーションが，市場創造型製品を開発し，自らに有利なように市場の形成をコントロールするためのヒントとなれば幸いである。

　本書を執筆する過程では，たくさんの方々に多くの助言やご協力をいただいた。はじめに，神戸大学大学院経営学研究科の原拓志先生にお礼を申し上げたい。原先生には，神戸MBAのゼミから博士後期課程を経て現在に至るまで，様々な場面で多くのご指導をいただいた。今思えばであるが，MBAのゼミで原先生の論文「イノベーションと「説得」」（原，2004）を読んだことが，私が研究者の道を志すきっかけになったようだ。本書執筆の過程でも何度も草稿に目を通していただき，丁寧な助言をいただいた。心から感謝申し上げたい。

　現在の勤務先である神戸大学大学院経営学研究科の先生方にも，お礼申し上げたい。特に，南知恵子先生，松嶋登先生には，本書の原形となった博士論文の審査過程で，多くの貴重なコメントをいただいた。また，森村文一先生には，本書の草稿について多くの改善点を指摘していただいた。そのほかにも，学内セミナーの報告に対して研究科の先生方からいただいたコメントは，本書を執筆するうえで大きな助けとなった。幸いなことに母校で職を得て，これ以上ない研究環境を与えていただいている。感謝申し上げたい。

　また，前任校の滋賀県立大学人間文化学部生活デザイン学科の先生方にも感謝申し上げたい。まったく異なる分野から来た私を暖かく迎え入れてくださっただけでなく，企業から大学に移り，環境の変化に戸惑う私を様々な形

でサポートしてくださった。大学教員という職をここで始められたのは本当に幸運だったと思う。また、特に南政宏先生とそのゼミ生には本書の装丁までしていただいた。「10年耐えうる品のある普通さ」というコンセプトのもと、素晴らしい装丁をしてくださった南先生と市井誠樹さんには、改めて感謝申し上げたい。

さらに、学会や研究会での報告にいただいた多くのコメントも本書執筆の支えとなっている。工業経営研究会では、宗像正幸先生をはじめとする神戸大学工業経営講座の諸先輩方から心強いコメントをいただいた。本研究の一部となった『組織科学』への投稿論文の審査過程では、シニアエディターの加藤俊彦先生から多くのアドバイスをいただいた。また、大阪市立大学の石井真一先生、一橋大学の延岡健太郎先生、楠木建先生、早稲田大学の根来龍之先生、長内厚先生、川上智子先生には、学会でのコメントに加えて、場所を変えてのディスカッションでも様々なアドバイスをいただいた。長内先生がいつかおっしゃっていたとおり「我々は学会に育ててもらっている」のだと思う。

本書の取材や調査にご協力いただいた実務家の皆様にも、心からの謝意をお伝えしたい。サンスター株式会社の皆様は、取材への協力だけではなく、仕事を続けながらMBAと博士後期課程に通学する筆者を暖かく見守ってくださった。また、株式会社アイ・キューブの広野郁子氏との出会いは、本書の完成に欠かせないものだった。高級炊飯器市場の形成についての事例研究は、広野氏による取材先のご紹介があったからこそなしえたものである。そのほかにも、貴重な時間を割いて取材に応じてくださった実務家の方々のご厚情の上に本書は成り立っている。心もとないところはあるが、そのお気持ちに少しでも応えることができていれば、幸いである。

神戸大学原ゼミにおいて、中京大学の山﨑喜代宏先生、岡山商科大学の横澤幸宏先生、横浜国立大学の竹内竜介先生、獨協大学の陰山孔貴先生、ダイキン工業株式会社の門脇一彦氏など、研究者としてともに歩める先輩方や仲間に出会えたことは私の貴重な財産である。こういった素晴らしい仲間とゼミで切磋琢磨できたことは、現在の私の研究生活の重要な支えとなっている。

株式会社白桃書房の平千枝子氏には、本書の刊行にあたって多大な配慮と

ご尽力をいただいた。博士論文を書籍として出版したい，と右も左もわからないまま原稿を持ち込んだ私に，丁寧なアドバイスをいただいた日のことは今も忘れていない。あれからかなり時間が経ってしまったが，遅々として執筆の進まない私を根気よく励ましてくださった。

　最後に，私事になり恐縮だが，研究生活を支えてくれている家族に感謝のメッセージを贈りたい。MBAから博士後期課程と仕事をしながら学ぶ間は，家庭のことは妻に任せっぱなしだった。自身も仕事を続けながら立派に家事・育児をこなしつつ，頼りない夫を支えてくれている妻・雅美には感謝してもしきれない。そして，忙しい両親を笑顔でいやしてくれる萌，円佳，佐保の3人の娘にも感謝の言葉を贈りたい。

　　2016年2月

　　　　　　　　　　　　　　　　　　　　　　　　　　　　宮尾　学

事項索引

＜数字・欧文＞

1 次データ …………………59
2 次データ …………………59
actor-network theory ………45
alternative technology ……15
customer functions …………15
customer groups ……………15
Fuzzy Front-end（FFE）…21
IH 式炊飯器 ………………114
induction heating: IH ……114
market-creating product … 1
multi-attribute attitude
　model ………………………16
nature technology ……… 141
oolong tea polymerized
　polyphenols: OTPP ………92
PEG（ポリエチレン
　グリコール）………………65
PET ボトル …………………87
product valuation
　framework …………………17
science, technology, and
　society ………………………46
social construction of
　technology …………………45
social shaping of technology
　………………………………45
socio-technical phenomena
　……………………………180
Stage-Gate® ………………… 3

＜ア行＞

曖昧さ ……………………… 191
曖昧さへの耐性（ambiguity
　tolerance）……………… 191
アクター・ネットワーク理論
　………………… 45, 51, 183
足場 ……………………………4
圧力 ……………………… 117
アニメーション ………… 193
アミノ酸系界面活性剤 ………71
アンケート調査 ………… 130
安全 ……………………… 184
アンチテーゼ ………………47
イノベーション ………………12
イノベーション研究 ………11
イノベーションの類型化 ……12
イノベーション・
　マネジメント ……………… 4
イノベーターのジレンマ
　（innovator's dilemma）…24
意味構成・了解 ………………29
意味的価値 ……………… 194
医薬品，医療機器等の品質，
　有効性及び安全性の確保等
　に関する法律 ……………64
内釜 ……………………… 117
内釜の工夫 ……………… 140
うまみ成分 ……………… 138
烏龍茶 …………………… 100
烏龍茶重合ポリフェノール…92
液晶テレビ ……………… 139
おひつセット …………… 133
おもてなしの心 ………… 126
温度センサー …………… 132
温度データ ……………… 136

＜カ行＞

解釈的取り組み（interpretive
　process）……………………29
解釈の柔軟性（interpretative
　flexibility）…………………50
かいてんユニット ……… 138
開発テーマ ……………………3
外部統合 ……………………22
科学技術社会論 ………… 184
科学技術の社会学 …………46
価格競争 ………………………2
価格設定 ………………… 147
科学知識の社会学 …………46
角型 PET ボトル ……………98
革新性の度合い ……………13
攪拌方式 ………………… 141
可視性の罠 …………………25
家事の省力化 …………… 114
価値獲得（value-capture）
　…………………………… 186
価値曲線（value curve）……19
価値次元 ……………………18
価値次元の可視性 …………19
価値創造（value-creation）
　…………………………… 186
価値づくり ……………… 186
カテゴリ ……………………16
カテゴリ・イノベーション
　……………………………2, 19
家電業界 ………………… 192
金型 ……………………… 142
カフェブーム …………………68
かまど …………………… 135
ガレート型カテキン …………94
間接ルート
　……… 83, 108, 148, 162, 163
企画会議 ………………… 131
技術経営 ………………… 186
技術決定論 …………………46
技術システムの構造化理論…24
技術システムの発展研究……46
技術政策の批判的研究………46
技術選択肢 …………………15
技術知識蓄積のジレンマ……24
技術統合（technology
　integration）………………21
技術の社会的形成 ……6, 45
技術の社会的形成アプローチ
　………………………………54
技術の社会的構成 …………45
技術フレーム（technological
　frame）………………50, 80
技術変化の経済学 …………46
技術マネジメント …………… 4
既存の製品評価の枠組みとの
　妥協 ………… 81, 147, 160
既存の製品評価の枠組みに
　よる束縛 ……………… 160
機能性素材 …………………89
客観主義社会学 ……………44
業界動向 ………………… 140

215

業界の慣行……………… 166	市場創造型製品の	ストーリー……………… 29, 32
競争戦略………………… 14	開発パターン………… 157	素焼き………………… 130
競争的使用価値………… 26	市場調査………………… 126	スルホコハク酸系界面活性剤
競争要因………………… 19	市場適応アプローチ…… 21	……………………… 71
金属皮膜………………… 130	市場の境界……………… 3	生産性………………… 128
経験的研究……………… 47	市場のダイナミクス…… 4	生産性のジレンマ……… 23
芸術型開発……………… 29	市場レベル……………… 7	生産リードタイム……… 128
ゲームソフト…………… 193	市場レベルの対話	製造委託………………… 131
健康重視の社会的趨勢	………… 39, 77, 103, 143, 153	製造コスト……………… 127
……………… 100, 102	試食……………………… 122	正当化………………… 31, 157
健康食品………………… 88	持続的（sustaining）	正当性（legitimacy）……31
健康茶飲料…………… 56, 85	イノベーション……… 13	性能尺度（performance
言説……………………… 32	漆黒……………………… 128	metrics）……………… 18
研磨剤………………… 67, 71	実在論…………………… 5	性能属性（performance
コア・ケイパビリティ（core	自動式電気炊飯器……… 113	attributes）………… 17, 18
capability）……………… 23	社会―技術的な出来事… 180	製品開発マネジメント… 2
濃い味の緑茶飲料……… 92	社会・経済的文脈……… 6	製品カテゴリ…………… 17
行為の連鎖…………… 32, 78	社会グループ…………… 50	製品技術の制約………… 75
高級炊飯器………… 56, 113	社会決定論……………… 47	製品コンセプト………… 141
航空工学………………… 141	社会システム…………… 183	製品の革新性…………… 13
高血圧治療薬…………… 48	社会的・経済的文脈	製品の同型化……… 109, 166
構造的要因	………… 35, 44, 50, 53	製品評価の枠組み…… 17, 78
…… 53, 78, 80, 105, 144, 156	社会的合意……………… 30	製品ライフサイクル…… 1
構造的要因の支持	社会認知アプローチ… 28, 58	製品ライン……………… 139
……………… 81, 147, 161	社会認知的市場システム… 28	清涼飲料………………… 86
構造としての競争……… 27	ジャー炊飯器…………… 114	説得（persuasion）
構築主義……………… 5, 44	収結（closure）………… 50	……………… 30, 81, 107, 147
構築主義的アプローチ… 26	重量級プロダクト・	説明の対称性……… 49, 187
硬直性（core rigidity）……23	マネジャー…………… 22	セールストーク………… 132
購買決定行動…………… 16	主観主義社会学………… 44	先行技術開発…………… 131
小売業者…………… 144, 155	衝撃耐性………………… 126	選択……………………… 16
顧客機能………………… 15	消費財産業……………… 6	洗米……………………… 138
顧客グループ…………… 15	商品企画………………… 130	戦略キャンバス（strategy
顧客ニーズ……………… 22	情報探索………………… 16	canvas）……………… 19
コモディティ化……… 1, 115	触媒……………………… 51	創造的正当化…………… 31
	食品衛生法……………… 87	組織の多様性…………… 190
＜サ行＞	シリアル・ナンバー…… 128	組織レベル……………… 7
	進化経済学……………… 46	組織レベルと市場レベルの
再石灰化………………… 65	審級……………………… 26	相互作用…… 42, 82, 108, 148
細分化市場…………… 3, 14	新興業界………………… 192	組織レベルの製品開発
サーベイ・リサーチ…… 195	人工物…………………… 6	……… 40, 79, 106, 145, 157
差別化…………………… 1	新市場型の分断………… 18	ソリューションループ… 130
産業組織の社会学……… 46	新製品開発……………… 1	存在論…………………… 44
事業の定義……………… 15	信念……………………… 16	
試験系……………… 70, 97	審美……………………… 74	＜タ行＞
資源動員………………… 30	推進者…………… 30, 146, 160	
市場規模………………… 64	推進者のエージェンシー… 182	代替案評価……………… 16
市場参加者……………… 28	炊飯器……………… 57, 59	第三者の支持…… 81, 147, 161
市場志向………………… 25	炊飯プログラム… 114, 136, 137	態度……………………… 16
市場創造型製品……… 1, 17	スクリーニング………… 3	対話………………… 27, 29
	スチーム………………… 117	対話のステップ………… 153
	ステイン…………… 67, 70, 75	

多義性（equivocality）…… 191
炊きムラ……………………… 140
多属性態度モデル……………16
食べ歩き……………………… 136
タムスロシン…………………48
団塊の世代…………………… 120
蓄電池…………………………51
蓄熱性……………………… 130
茶カテキン……………………89
着色汚れ除去ハミガキ… 56, 63
茶系飲料………… 57, 59, 85, 86
チャンピオン（champion）…30
中枢の企業………………… 166
調理システム事業部……… 139
直接ルート…… 83, 108, 148, 162
追跡型製品……………… 7, 17
適応領域イノベーション……48
テクノロジー・プッシュ… 184
鉄………………………………48
電気自動車……………………51
電気炊飯器………………… 113
電極……………………………51
展示会……………………… 131
電子ジャー………………… 114
電磁誘導加熱方式………… 114
伝統的な雰囲気…………… 126
統括マネジャー…………… 131
陶器…………………… 117, 129
銅コーティング釜………… 140
独占市場………………………2
特定検診制度…………………94
特定保健指導…………………94
特定保健用食品（トクホ）
……………………… 57, 88
特許……………………………91
土鍋………………………… 130

＜ナ行＞

内部統合………………………21
二重性（duality）……………53
人間論…………………………44
認識論…………………………44
認識枠組み……………………17
認知枠組み……………… 28, 40
能力破壊型（competence-
 destroying）
 イノベーション……………13
能力発展型（competence-
 enhancing）
 イノベーション……………13

＜ハ行＞

ハイテク業界……………… 192
ハイドロキシアパタイト……65
排尿障害………………………48
鋼………………………………48
羽釜………………………… 136
白銀………………………… 128
パッケージ………………… 133
歯ブラシ………………………73
ハミガキ…………………… 192
歯磨剤……………… 59, 63, 73
パラダイム……………………24
パラドキシカルな状況………41
バリュー・チェーン…………23
バリュー・ネットワーク
……………………………5, 36
半構造化インタビュー………60
販売促進活動…………………90
反対者…………… 30, 147, 159, 160
ビジネス・アーキテクチャ…23
ヒット商品………………… 144
美白ハミガキ…………… 57, 63
ピロリン酸ナトリウム………67
品質管理…………………… 127
品質管理基準……………… 127
品質保証部門……………… 127
フィードバック・ルート
…………………… 162, 165
普及価格帯………………… 130
不協和……………………… 190
ふっくらしたご飯………… 125
物的エージェンシー……… 183
物的存在…… 6, 35, 44, 51, 79,
 80, 105, 144, 156
物的存在の支持… 81, 147, 161
ブランド・マネジメント……72
ブランド・マネジメント制
…………………………73, 79
ブランド・マネジャー………73
ブルー・オーシャン戦略
……………………………2, 19
フルオロアパタイト…………65
フロス…………………………73
プロセスとしての競争………27
分析的取り組み（analytical
 process）……………………29
分析枠組み……………………55
分断的（disruptive）
 イノベーション…… 5, 13, 18

ペリクル・クリーニング・
 レート（PCR）……………72
ヘルスクレーム………………88
辺境の企業………………… 166
方法論…………………… 43, 44
方法論的な矛盾………………45
保健の用途……………………88
ポジショニング………………14
ホームユーステスト……… 126

＜マ行＞

マイクロコンピュータ…… 114
マイコンジャー炊飯器…… 114
マーケット・プル………… 184
マーケティング………………4
マーケティング・ミックス
…………………………… 163
マスコミ…………… 144, 155
マテリアリティ（materiality）
…………………………… 186
マテリアル・エージェンシー
…………………………… 186
メーカー希望小売価格…… 134
メタ・アナリシス……………11
メタボリックシンドローム…93
モジュラリティ／
 インテグリティの罠………23
モノ型開発……………………29
ものづくり………………… 186
問題認識………………………16

＜ヤ行＞

薬事法…………………… 64, 88
誘導体…………………………48
釉薬………………………… 130
遊離型……………………… 102
ユーキャン新語流行語大賞…93
溶湯鍛造…………………… 137
溶融法…………………………49

＜ラ行＞

ライセンス契約………………72
ラウリル硫酸ナトリウム……71
ラテラル・マーケティング…2
リサーチ・クエスチョン……39
流体力学…………………… 141

流通チャネル……………………90
緑茶飲料………………………86
理論的パズル………………193
リンゴ酸………………………68
レーザー印字………………128
ローエンド型の分断…………18

論理実証主義………………29

<ワ行>

ワインブーム…………………68

人名索引

＜欧文＞

A 氏 ································90
Bijker, Wiebe E. ········ 51, 80
B 氏 ································97
Calantone, Roger ············13
Callon, Michel ················51
Christensen, Clayton ······18
Cooper, Robert ·················3
Garcia, Rosanna ············13
Griffin, Abbie ···················1
MacKenzie, Donald ········45
Wajcman, Judy ················45

＜ア行＞

赤石都良 ················ 120, 122
長田正史 ······ 125, 127, 129, 146

＜カ行＞

金丸等 ········ 130, 131, 132, 134
後藤卓也 ··························69

＜サ行＞

榊莫山 ························· 128
志田光正 ···················· 91, 95

＜タ行＞

高世尚子 ······················ 70, 75
高橋功一 ················ 90, 93, 101
高橋修一 ···················· 95, 102
瀧行雄 ··························81
田村友樹 ·························· 139
土田成人 ················· 73, 74, 76

＜ハ行＞

樋口 ······················ 120, 122
広野郁子 ·························· 120
藤澤考一 ············· 71, 72, 74, 75
藤重貞慶 ··························69

＜マ行＞

宮崎睦子
········ 120, 122, 126, 127, 146
宮本洋一 ·························· 140
村上悟郎 ················ 68, 72, 73

219

団体・企業名索引

<欧文>

GSK ……………………… 66, 67
MHK ……………… 125, 126, 129

<ア行>

アサヒ飲料………………………87
伊藤園…… 8, 57, 85, 86, 87, 91, 92,
　　　　94, 101, 102, 103, 105,
　　　　108, 109, 155, 192

<カ行>

花王…… 8, 57, 59, 68, 78, 85, 86,
　　　　89, 90, 94, 96, 97, 105, 106,
　　　　109, 153, 155, 164, 165,
　　　　166, 167, 189, 190, 192
キリンビバレッジ………………86
グラクソ・スミスクライン…66
げこ亭 ……………………… 136
コカ・コーラグループ………87

<サ行>

サンギ………………… 65, 66, 79
サンスター…… 8, 56, 57, 59, 63,
　　　　65, 66, 67, 70, 72, 73,
　　　　77, 78, 79, 82, 83, 84,
　　　　153, 155, 164, 166,
　　　　167, 175, 189, 190,
　　　　192

サントリー…… 8, 57, 85, 86, 87,
　　　　92, 93, 100, 101, 104,
　　　　105, 108, 109, 192
三洋電機………………………… 140
シャープ…… 8, 58, 113, 123, 142,
　　　　143, 165, 176, 192
ジョーシン………………………… 122
スミスクライン・ビーチャム
　　　　…………………………72
セブン - イレブン
　　　　………… 85, 90, 93, 101
象印マホービン…… 8, 58, 113,
　　　　121, 123, 135, 136,
　　　　137, 139, 143, 165,
　　　　176, 192

<タ行>

タイガー魔法瓶…… 8, 58, 113,
　　　　114, 117, 118, 121, 129,
　　　　130, 131, 134, 135, 139,
　　　　143, 153, 155, 161, 166,
　　　　167, 176, 189, 190
東京芝浦電気……………… 113
東芝 ………… 113, 117, 118
東芝ホームアプライアンス
　　　　……………………… 121

<ハ行>

パナソニック…… 117, 118, 140
ナショナルアプライアンス
マーケティング本部
　　　　……………………… 121

日立……………………… 117, 118
日立アプライアンス… 121
富士経済………………………64
フランス電力公社……………51

<マ行>

松下電器 ……… 70, 114, 117
三菱電機…… 8, 57, 58, 59, 113,
　　　　114, 117, 118, 120, 122,
　　　　123, 124, 128, 129, 134,
　　　　136, 139, 143, 153, 155,
　　　　161, 166, 167, 176, 189,
　　　　190
三菱電機ホーム機器……… 125

<ヤ行>

山之内製薬……………………48

<ラ行>

ライオン
　　　　……… 65, 66, 67, 68, 164, 192
ルノー……………………………51
ローソン…………………………90

製品名索引

<欧文>

AP ホワイト ………… 65, 67
GUM ……………………73
Ora2 ………… 67, 72, 73, 79
Ora2 ステインクリア … 8, 57,
　59, 63, 70, 77, 78, 79, 82,
　83, 84, 153, 155, 156,
　158, 160, 161, 163, 164,
　165, 175, 181, 185
Ora2 ステインクリア歯間
　クリーナーシリーズ………70
Ora2 ステインクリアペースト
　………………………………57
Ora2 ステインクリア
　ポリッシュ ………………70
Ora2 ハミガキ ……………72
White & White ……………67
White & White プライム
　……………………… 66, 68

<ア行>

アクアフレッシュ ……… 72, 76
アクアフレッシュ・
　ホワイトニング ……66, 67, 68
圧力 IH ジャー炊飯器『極め
　炊き』…58, 113, 123, 135, 137
アパガード M …… 65, 66, 79
エコナ ………… 96, 97, 106
おーいお茶 …………………87
おーいお茶 濃い味 … 91, 155

<カ行>

缶煎茶 ………………………86
極め羽釜 ……… 8, 113, 135, 137,
　143, 165, 176
クリアクリーン・プラス・
　ホワイトニング ……… 68, 78
クリスタ ……………………65
黒烏龍茶 OTPP …… 8, 57, 86,
　92, 94, 100, 103,
　104, 109, 176
健康エコナクッキングオイル
　………………………………96

<サ行>

ステインクリーナー
　EW1300P ………………70
炭炊釜 …………………… 123

<タ行>

土鍋 IH 炊飯ジャー
　<炊きたて>…… 8, 58, 113,
　117, 129, 130, 135,
　143, 153, 156, 158,
　160, 161, 163, 176,
　181, 185

<ナ行>

生茶 …………………………86

<ハ行>

引き締った味カテキン緑茶
　……… 8, 57, 86, 94, 101,
　103, 109, 176
冬緑茶 ………………………91
プライム ステインオフ ……68
ヘルシアウォーター ………98
ヘルシア緑茶 … 8, 57, 59, 85, 86,
　89, 90, 92, 94, 96, 103,
　104, 105, 106, 108, 153,
　156, 158, 159, 160, 163,
　165, 167, 175, 176, 185,
　192
ヘルシオ炊飯器 …… 8, 58, 113,
　123, 142, 143, 165, 176
ホワイト・サンスター ………67
本炭釜 … 8, 57, 58, 59, 113, 117,
　124, 134, 136, 139, 143,
　153, 156, 158, 160, 161,
　163, 176, 182, 185

■著者紹介

宮尾　学（みやお・まなぶ）
神戸大学大学院経営学研究科准教授。博士（経営学）。
1975年兵庫県生まれ。2000年京都大学大学院工学研究科高分子化学専攻博士前期課程を修了後，サンスター株式会社にて研究開発や商品企画を担当。同社勤務の傍ら，2006年神戸大学大学院経営学研究科専門職学位課程，2010年同博士後期課程を修了。2011年滋賀県立大学人間文化学部生活デザイン学科助教。2014年より現職。専攻はテクノロジー・マネジメント。

■**製品開発と市場創造**
　技術の社会的形成アプローチによる探求

■発行日──2016年6月16日　初版発行　　　　〈検印省略〉

■著　者──宮尾　学
■発行者──大矢栄一郎
■発行所──株式会社 白桃書房
　　　　　〒101-0021　東京都千代田区外神田5-1-15
　　　　　☎ 03-3836-4781　📠 03-3836-9370　振替 00100-4-20192
　　　　　http://www.hakutou.co.jp/

■印刷・製本──三和印刷

©Manabu Miyao 2016　Printed in Japan
ISBN978-4-561-26680-8　C3034

本書のコピー，スキャン，デジタル化等の無断複製は著作権法上での例外を除き禁じられています。本書を代行業者の第三者に依頼してスキャンやデジタル化することは，たとえ個人や家庭内の利用であっても著作権法上認められておりません。
JCOPY 〈(社)出版者著作権管理機構委託出版物〉
本書の無断複写は著作権法上での例外を除き禁じられています。複写される場合は，そのつど事前に，(社)出版者著作権管理機構（電話 03-3513-6969，FAX 03-3513-6979，e-mail : info@jcopy.or.jp）の許諾を得てください。
落丁本・乱丁本はおとりかえいたします。

好 評 書

組織論レビューⅡ
外部環境と経営組織
組織学会編

組織アイデンティティや組織変革など，変化の激しい現代ならではの重要イシュー5つをピックアップ。ごく最近までの戦略・マクロ組織論の研究成果を，新進気鋭の研究者たちが丁寧にレビューする組織論の必読書。

本体価格 3000 円

行為の経営学
経営学における意図せざる結果の探究
沼上　幹著

アメリカ経営学の強い影響を受けた実証主義経営学と解釈学的な色彩の強いアンチオーソドクシーが互いに対話不可能な状態に陥っている日本の経営学。本書は，両者の対話可能性を確保できる経営学研究スタンスを提示。

本体価格 3300 円

技術システムの構造と革新
方法論的視座に基づく経営学の探究
加藤俊彦著

新たな技術の発展過程を分析対象として，「経営現象における革新とは何か」「革新をめぐる過程の全体像とはいかなるものか」という〈革新〉の本質を考察。経営学における方法論の深層の問題にまで立ち返り，根源的な検討を加える。

本体価格 4400 円

非連続イノベーションの戦略的マネジメント
石井正道著

画期的な製品やサービスを生み出す非連続イノベーション。企業の持続的発展に不可欠なその成功事例をベースに，理論形成を目的とした複数ケーススタディ手法を解説。日本企業に適した戦略的マネジメントを提案する。

本体価格 2800 円

白桃書房

本広告の価格は税抜き価格です。別途消費税がかかります。